JN438668

깊은 밤에 홀로 깨어

깊은 밤에 홀로 깨어

국명자

신아출판사

머리말

백 세 시대가 오고 있다고는 하지만 내 몫으로 받은 한 생애는 이제 곧 접을 때가 되어오고 있음을 절감하고 있었던 터였습니다. 겸손과 감사로 재무장하면서 남은 날들을 조심스럽게 건너가야 한다는 것도 깨달아가고 있던 중이었습니다.

과분할 정도로 기적처럼 내 생애 위에 허락되어졌던 많은 아름다운 것들도 짐들을 싸면서 떠나려고 서두르고 있고 이미 적지 않은 것들은 말없이 떠나 버렸음을 뒤늦게 깨달으며 쓸쓸해하고 있던 중이었습니다.

조금은 서럽고 외로워진 이쯤에서 평생 써 온 글들을 모아 책으로 묶을 수 있게 된 것은 뜻밖에도 내게로 찾아온 놀랍고도 큰 선물이 되고 있었습니다.

한 작품 한 작품 새삼 감격하며 읽고 다시 읽었습니다. 작품으로서는 부끄러운 부분, 모자란 부분이 태반일 것이겠지만 내겐 다 보내버린 내 생애와의 반가운 재회였고 내 사랑과의 은밀한 재회여서 마냥 행복했었습니다.

글 탈고할 때마다 첫 번째 독자 되어 매번 '좋네'로 격려해 주었던 남편 이호선 장로, 어쩔까 하며 망설이는데 흔쾌히 반가운 목소리로 책 발간을 허락해 주신 서정환 사장님, 정성과 사랑으로 내 책을 만들어주신 전성예님께 감사드립니다.

늘 그러하셨듯이 막막했던 광야에서 내가 알지도 못했고 기대하지도 않았던 크고 비밀한 선물을 또 다시 보내 주시면서 위로해 주신 하나님께 이 영광을 올려 드립니다.

| 목차 |

1부 깊은 밤에 홀로 깨어

2부
그리운 시절

3부

이 밤 깨어 있는 분들에게

4부

그동안 어떻게 지내셨는지

5부
수만리 통신

6부
신문 칼럼

1부

깊은 밤에 홀로 깨어

깊은 곳엔 깊은 만큼의 슬픔이 고여 있다는 것을 요즈음에야 알게 되었습니다.

깊어서, 그 깊음이 경이롭고 놀라워서 굽어보노라면 거기엔 어김없이 처연한 서러움이 고여 있었습니다.

서러움은 저 홀로 깊고 깊은 곳으로 내려가서 드러눕는가 봅니다. 사람의 애간장을 서리서리 녹아들게 했던, 쇠도 바위도 삭인다는 세월까지도 두 손 들게 했던, 약으로도 치유되지 못하게 하고 그 어떤 위로에도 끄떡없었으며 그 누구와도 나눠지지 않아 가슴 저리고 시리게 했던 그것은 지상의 여기저기 깊은 곳을 찾아 그렇게 은밀하게 누워 있었던가 보았습니다.

밝게들 웃으면서 맛난 것들을 먹고 희망들을 이야기하며 모두들 겉으론 평화롭게 살고들 있는 것 같지만, 주의 깊게 눈여겨보노라면 놀랍게도 우리들의 발밑은 온통 서러움의 지뢰밭이었습니다.

깊은 곳 언저리는 되도록 접근하지 않도록 조심할 일이었습니다. 항상 발밑을 살펴보면서 조심스럽게 걸어다녀야만 될 것같았습니다.

문득 눈이 떠졌습니다. 깊고 깊은 한밤중이었습니다.

잠 속에서 허우적거렸을 나를, 냉수로 방금 세수 끝낸 사람처럼 이토록 명료한 의식으로 깨어나게 한 것이 무엇이었을까를 잠깐 생각해 보았습니다. 요즈음 들어 갑자기 잠에서 깨어나는 이런 증세들이 왜 빈번해지는 것인지 알 수가 없었습니다. 오장육부 중, 자야 할 때와 깨어 있을 때를 조절해 주는 장기 중 하나가, 그동안 오래도록 너무 시달렸다며 분명 파업을 한 모양이었습니다.

한밤중에 눈이 떠지면 다시 잠들 수가 없었습니다. 아무리 용을 써 보아도 의식만 더 또렷해져서, 까마득한 어린 시절들까지 선명하게 떠오르는 데다가 그 화면에 곁들인 감정들까지 격하게 고갤 내미는 바람에 이래저래 심란해지기만 했었습니다. 누군가는 그럴 때마다 미뤄뒀던 살림들을 하나씩 챙기면서 그 시간을 요긴하게 쓴다 했고, 홀로 사는 선배 하나는 방안 짐을 요령 있게 이리저리 옮기면서 땀을 빼는 시간으로 이용한다지만 자야 할 한밤중에 일어나서 사지를 버둥대며 일한다는 것은 참으로 괴이쩍은 일이 아닐 수가 없을 것이었습니다.

막막하였습니다. 늘 든든한 보호자가 되어 주었던 남편은 옆에서 곤하게 자고 있었지만 이제는 거꾸로 내가 간병인이 되어 돌봐 줘야 할 환자로 바뀌어져 있어서, 더듬더듬 이불깃을 잡아 그의 어깨 위로 올려놓고 그가 평생 병약한 나에게 그렇게 해 주었던 것처럼 다독다독 눌러 준 다음 거실로 나왔습니다.

벽을 더듬어 불을 밝혔습니다.

벽시계를 보니 자정을 막 넘기고 있습니다. 밖에선 한겨울의 거센 눈바람이 간단없이 불어대고 있었던 모양입니다. 불 켜서 어두움을 몰아낸 환한 방 안인데도 낯익은 살림들은 하나같이 눈을 내리깐 어둑한 표정인 채 두려움을 함빡 물고 침묵하고 있었습니다.

"관상동맥 세 개가 다 막히고 지선들까지 다 막혀 버렸습니다. 드문 일인데 어찌 이리 될 때까지……."

촌각을 다툰다면서 휠체어에 남편을 앉힌 채 여러 검사실로 정신없이 달리게 하더니 바퀴 달린 이동 침대에 눕혀 심혈관 수술실로 서둘러 들어가는 남편을 배웅하는데 집도의가 나오더니 보호자를 불렀습니다. 돌연사 급사 그런 흉한 단어들을 정신없던 와중에도 들었던 것 같았습니다.

"살려만 주세요"

하얗게 증발되어가는 머릿속에서 가까스로 골라낸 말이었습니다.

가끔씩 가슴께가 아픈 듯하고 묵직하다고만 했지 내내 멀쩡했던 사람이었습니다. 명의를 소개해 줄 터이니 노령에 접어든 몸, 검사나 해 보자는 친구의 우정 어린 강권에 무심코 병원에 들렀다가 일어난 일이었습니다.

우리 부부는 건강검진 외에는 평생 병원을 외면하고 살았었습니다.

둘이 다 겁이 많아서이기도 했지만 팔목의 맥만 곱게 짚어 주고도 너끈히 허약함을 회복시켜 주는 한의원이 어머님 때부터 우리들의 주치의가 되고 있었기 때문이었습니다. 금세 속을 편하게 해 주는 약국의 약까지도 금하면서 살고 있었던 터였습니다.

지난해 여름 내내, 수시로 호흡이 막히는 괴이쩍은 증세로 헐떡거리는 나를 볼 때마다 놀란 남편은 병원 응급실로 가 봐야 할 것 같다 하면서도 우린 그때도 용단을 내리지 못했었습니다.

갑작스럽게 휠체어에 실려 떠밀려 다니면서 겁 많은 내 남편은 얼마나 혼겁하였었을까. 이동 침대에 누워 어지럽게 달리는 병원 천장을 바라보면서 그는 무엇을 생각했을 것이며 홀로 얼마나 두려웠었을까.

산정기를 받은 산 사나이라며 호탕하기 이를 데 없는 남편이었지만 어느 부분에선가는 심약한 나보다 더 겁이 많았던 그였습니다.

"스텐트 박은 혈관으로 얼마나 더 살 수 있을지……."

노련한 심장혈관 수술로 수많은 생명들을 구하고 있다는, 말수 적은 차가운 명의에게 이 유치한 질문을 하는 데에는 많은 용기가 필요했었습니다.

"백 년은 너끈히 살 수 있습니다."

커튼 한편을 젖히고 밖을 내다보았습니다. 한밤중에 창밖 한 귀퉁이를 살그머니 떠들고 밖을 내다본다는 것은 조금 찜찜하다는 생각이 들면서 꼭 훔쳐보는 것 같아서 금세 커튼을 내려놓았습니다.

순간이었지만, 빨간 보안등 불빛에 음울한 칼바람으로 씻기우고 있는 흑암의 적막하고 냉냉한 산골짜기의 음산함을 보았었습니다.

아! 그리고 한 가지가 더 있었습니다. 내가 지금 서 있는 공간이 바로 그 조심해야 할 깊고 깊은 곳의 한가운데 중의 하나라는 것도 극명하게 내비치고 있었습니다.

비참한 돌연사의 위기에서 남편의 생명을 건지게 된 놀라운 기적을 선물로 받았으니 잔치를 베풀어야 할 경사라고 모두들 치하해 주었는데도, 사실 상황 또한 분명 경사 중의 경사가 되고 있었지만 가슴 안으로는 감당키 어려운 서러움들로 출렁이었던 이유를 이제야 알아내었습니다.

모두가 잠자고 있는 한밤중에는 결코 홀로 깨어나서는 안 될 일이었습니다. 바로 거기가 서러움이 출렁이고 있는 깊고 깊은 그 한가운데 중의 하나였으며, 생명의 본체 그 자체도 지극한 슬픔인 모양이어서 깊은 곳에 빠지게 되면, 그냥 함께 어우러져서인지 견딜 수 없을 만큼 더 서러워지기 때문이었습니다.

춤을 추면서

춤을 춥니다.

휘어져 내려온 손, 귀 뒤로 곱게 넘겨 께끼로 꺾고 종종거리며 달려나가 품을 열어 한껏 하늘을 껴안습니다.

일주일에 이틀, 대학교육원의 널따란 고전무용 강의실에서 성실한 수강생이 되어 열심히 춤을 배우고 있습니다.

"춤추러 가요"

가끔은 길목에서 만난 지인들이 행선지를 물을 때에 이렇게 대답하고는 뒤돌아서면서 혼자 웃습니다. 대답 내용이 좀 우스꽝스럽기도 해서이지만 그보다는 그렇게 대답할 수 있는 화사한 사연을 가진 내 삶이 내심 기뻐서입니다. 인생의 끝머리에서 아름다운 춤을 출 수 있도록 허락받은 내 삶이 참 괜찮아 보여서입니다.

실은 쭈글쭈글 늙어 버린 두 손 내려놓고 막 쉬려던 참이었습니다. 마음속에 있는 말 한마디 사람들 앞에 선뜻 들어 내놓기 어려워했었고 팔다리 움직이는 몸짓 같은 것들은 더더욱 엄두도 내지 못했던 부끄러움 많은 사람이었는데, 낡아진 두 손 높이 들어올리고 숨기고만 싶었던 몸뚱이 맘껏 움직이며 춤추게 된 그 놀라운 기적이 어떻게 내게로까지 온 것인지 도무지 실감이 나지 않았습니다.

춤의 짧은 기본 동작들과 긴 기본 동작들을 익힌 다음, 여러 지방마다 춤사위가 색다른 아리랑을 익히고 매.란.국.죽과 태평무 태평성대도 익히고 수준이 높아져야만 출 수 있다는 살풀이와 '어와 벗님네야'도 익히고 기생춤인 '교방무'까지 떼었습니다. 진도는 쑤욱쑤욱 나가고 있었지만 가끔씩은 지금 내가 추고 있는 춤이 정말 춤인가 생각하게 되었습니다.

평생 좋은 글 써 보려고 뼈를 깎는 고통과 땀을 쏟아왔었던 터였습니다. 말로 글이 이루어진다고 해서 쏟아 놓은 말들이 모두 글이 되는 것은 결코 아니었습니다. 오히려 그 점이 글 쓰는 데에 함정이었습니다. 춤 역시 내 몸뚱이 가지고 장단과 가락에 춤사위만 맞춘다고 해서 결코 춤이 되어지지 않는다는 것을, 춤 배우기 시작한 지 육 년째에 접어든 요즈음에서야 눈치채어 가고 있었습니다.

'창문을 연다' '창문을 열었다'

이리 간결하고 흠 없이 정다워 보이는 문장도 글의 첫 문장으로 끌어내기까지는 결코 쉬운 일이 아니었습니다. 이어 올 다음 문장들을 마음 편하게 열어 주면서 이끌어 주고 글의 마지막 문장까지 책임져 줄 수 있어야 하며 함께 올라와 있는 수많은 단어들의 조합과 배열 그들이 이뤄 놓은 문장들에게서 흐르고 있을 격과 리듬과 향기까지 해치지 않고 오히려 도울 수 있는 첫 문장의 결정은 찾아 놓은 수많은 단어들과 미사여구로 분 바른 근사한 문장들을 가차없이 떼어내 버릴 수 있는 용기를 가지고 여러날 밤을 새우며 피 마르는 사투를 벌여야만 되는 일이었습니다.

춤 역시 그리 녹록지 않다는 것을 알게 되었습니다. 춤은 춤추기 전부터 몸 위에 춤이 올라와 있어야하고 마음 안에 미리 춤이 들어와 있어야만 했습니다. 벌떡거리는 몸 구부려 엉덩이 높이 들어올리고 두 팔로 출발선 짚은 채, 출발신호 기다리는 육상선수들의 몸 안에 갇혀 있을 강렬한 열망과 에너지 같은 그 뜨거운 것들이 우아하고 유장한 한국춤 추려고 출발선에 조용하게 선 사람들의 몸과 마음 안에도 함께 올라와 있어야만 했습니다.

장단과 가락 울리기를 기다리며, 두 팔을 가슴과 등 뒤로 나누어 대기시키고 오른발 날렵한 돋음새의 정지된 인체로 서 있을 때에 이미 춤은 몸 위에서 몸 안에서 깊게 높게 곱게 추어지고 있어야 되며, 그래야만 눈매와 입매 순해지고 굴신 맡을 다리와 오금쟁이 부드러워지고 하늘 휘저어 가도 팔목과 팔꿈치 편안해지고 허리와 어깨 위에 흥이 올라오고 열 손가락 마디마디 표정 지어지며 가슴도 함께 뜨거워지면서 춤다운 춤이 시작되어진다는 것을 알게 된 것입니다.

요즈음은 까치체 발바치로 바닥 차며 나래체 멜체로 나아가고 휘돌아 서면서 줄부채 활짝, 활짝 폈다 접고 어깨춤과 여러 화사한 몸짓들과 함께 부채춤을 배우고 있습니다.

"겨드랑이 열어! 겨드랑이 열라고! 겨드랑이 안에 바람 넣으라고!"

"………왼 손도 함께 춤춰야지!"

춤 선생님은 힘주고 있는 우리들의 뻣뻣한 어깨와 오른손 춤사위 익히는 데에만 정신이 팔려 아무렇게나 뻗어 놓고 있는 반대편 손과 팔목과 다리를 지적하면서 겨드랑이 벌려 바람 넣고 온몸 함께 춤추고 온 정신 흥 위에 함께 올려놓아야만 한다며 불호령을 내립니다.

"그리고, 그리하여, 그랬기 때문에, 그래서, 나는, 내가… 수다떨 때 마구 함부로 내뱉는 이런 흔한 단어들이 여러분들의 시와 수필 위에 올라와선 절대 안 됩니다. 주제 소재 아무리 좋아도 글의 격이 낮아지면 아예 망쳐지고 맙니다."

춤 선생님처럼 국어 선생이었던 나도 수필 쓰려는 꿈 많은 여고 문학도들에게 이런 투의 많은 금기 사항들을 단호하게 늘어놓았었던 생각이 납니다.

그러나 단호하게 지도했던 그 금기 사항이 꼭 맞는 것만은 아니었습니다.

'…그대 그리고 나…'

수다스럽기만 하고 영양가 없을 거라는 단어들이 조합되어 그 어떤 고급스럽고 화사한 단어들보다 감동과 감격과 여운 깊은 아름다운 시어가 되고 노랫말이 되어져 전 국민들에게 사랑받는 것을 보면서 단어보다는 단어를 선택하는 사람의 가슴 안에 담겨져 있는 혼과 격과 향기가 더더욱 중요한 것임을 지도 선생인 나부터 깨달아야만 했었습니다.

손목 하나 조용히 올려 드는 데도 처연하도록 아름다운 춤이 되고 감동이 되는 고수 춤꾼들의 춤을 보면서 깨달은 것도 바로 그것이었습니다. 예술가들은 먼저 가슴 안을 알뜰하게 채워 놓고 자신부터 감동으로 무장시켜야 하는 모양이었습니다.

헐렁한 회색 셔츠를 무대복으로 입고 나와서 격렬하게 팝핀춤을 추던 한 청년을 화면으로 보면서 많이 울었던 생각이 납니다. 그는 세월이 인생에 주는 절망감과 슬픔 그러나 견뎌낼 수밖에 없는 인간의 서러움을, 지상에서 가장 무겁고 무서운 주제가 되는 그것을 춤으로 보여 주겠다고 하면서 가수 김정호의 '세월이 가면'이란 노래 위에서 춤을 추기 시작하였습니다.

'어쨌든 결국 견디며 산다는 것은 저리 서러운 것이구나' 청년이 온몸으로 간절하게 보여 주는 춤을 보면서 가슴을 치며 상당히 많이 울었던 생각이 납니다. 춤은 표현하여 전하여 주는 데에 있어서는 결코 불가능이 없는 불가사의한 마력을 가진 아름다운 예술이었습니다.

"당신의 춤이 깊어 보여서 감동했습니다."

초보 춤꾼이 받기에는 너무도 과분한 찬사였었는데 그러나 그 과분한 찬사 한마디는 춤을 더 사랑하게 하며 더 열심히 춤추게 하는 촉진제 아니 내 삶 자체를 일으켜 주는 위로제로는 그냥 최상이었습니다.

오늘도 성실하게 정직하게 더 겸손하게 춤을 추고 있습니다. 아주 열심히 춤을 추고 있습니다. '당신의 글이 깊어 보여서 감동했습니다.'란 말도 듣고 싶었던 모양입니다. 글 쓰듯 춤을 추고 춤추듯 글을 쓰면서 두루 감사해하며 행복해하며 살고 있습니다.

살살 달래가면서

미루고 미루다가 결국 삼 년만에 치과 병원에 들렀습니다.

오른쪽 씹기가 불편해지면 왼쪽으로 씹고 왼쪽이 불편해지면 다시 반대쪽으로 옮겨가며 음식을 씹다 보니 그런데로 견딜 만해서 의사와 약속한 시간이 훌쩍 지나가 버린 것입니다. 입 달린 사람들마다 치과는 하루만 늦어도 그 몇 배의 손해를 보는 것이니 하루라도 빨리 가는 것이 남는 장사라고들 했는데 서둘러야 할 그 하루가 금세 삼년이 넘어버린 것이었습니다.

젊었었던 날. 건강검진을 하는데 젊은 의사가 사랑니를 모두 뽑아야만 된다고 하기에 아프지도 않은 이를 왜 뽑느냐며 버틴 일이 있었습니다. 생니 뽑다가 멀쩡한 사람 심장마비로 죽는 놀라운 일을 가까이서 두 명이나 보았기 때문이었습니다. 딱하다는 듯이 나를 바라보던 의사는 오히려 뽑지 않아서 생명이 더 위험해질 것이라는 말로 복수(?)를 해 놓고 헤어진 일도 있었습니다.

어쨌든 그 사랑니를 입안에 숨겨 놓은 채 젊은 날들을 다 보냈었지만 어쩔 수 없이 병원엘 가야만 될 일이 결국은 일어났었습니다. 엎어져서 신문을 읽고 있는데 신문 위로 뭔가 툭 떨어지는 것이 있어 주워 보니 뜻밖에도 내 어금니 한 쪽이 쪼개어져서 떨어져 나온 조각이었습니다. 치과의 문을 두드려야만 했었습니다.

쪼개진 어금니를 살펴보던 의사는 일단 입안 깊숙이 숨겨 놓았던 그 문제의 사랑니부터 가차없이 뽑아내기 시작하더니 그 옆뿌리가 썩기 시작한 어금니들을 차례로 뽑아내었습니다. 졸지에 우아했었던(?) 내 볼과 입이 토끼 입 같이 합죽해져서 울상을 지었더니 임플란트는 다루지 않는 소신을 가진 그 유능한 의사는 어쨌든 우선은 그대로 견디라면서 그 대신 곧 치료받으러 나와야만 된다고 다짐을 해 놓은 뒤 나를 풀어 주었습니다.

그러나 무려 열세 번쯤 넘도록 길고 긴 치료를 끝낸 뒤라 '걸음아 날 살려라' 도망치다시피 병원을 뛰쳐나온 채 삼 년을 그냥 보내 버린 것이었습니다. 알면서 (?)을 싼 셈이고 알면서 매를 번 셈이었습니다.

수시로 신경성 질환으로 시달려 왔었고 유독 약하고 예민한 신경 때문에 마음 고생을 무던히 하면서 살아왔는데, 뇌에 직통으로 근접해 있다는 신경줄들이 날카롭게 포진해 있는 잇몸을 건드려야만 되는 치과치료는 참으로 내겐 힘들고 아팠었습니다. 옆에 누운 환자들은 하나 같이 모두들 자는 듯이 누워 있다가 편안한 얼굴로 치료를 마치고 일어나는데 나는 살까지 없는 잇몸들이 반기를 들고 일어나기 때문인지 참기 힘들 만큼 아파서 치료가 끝날 때까지 남몰래 두 주먹을 불끈 쥐고 카운트다운을 해야만 했었습니다.

"절개가 굳은 애국지사들이지만 일제강점 시대에 배신할 수밖에 없었던 사람들 중엔 선천적으로 고문을 감당하지 못하는 문사들이 많았다고 합니다. 신경이 예민한 분들이라 그랬겠지요"

어린애처럼 아니 어린애보다 더 아파하는 나를 위로하려는 것인지 아니면 흉보는 것인지 의사는 처음 들어보는 그러나 일리가 있음직한 이야기를 해 주고 있었습니다. 부끄러웠습니다. 절개와 지조까지 운운할 자리의 문사와는 먼 거리인 것도 부끄러웠고 문사 자격도 없으면서 큰 지조까지 굽힐 만큼 아파하는 못난 신경줄만 차고 있는 것이 더 부끄러웠습니다.

의사는 삼 년만에 찾아온 내 험한 입 속을 사진 찍은 것과 대조해 가며 샅샅이 살펴보고 있었습니다. 가슴이 두근거렸습니다. 겁에 질린 얼굴에 죽을상을 짓고 있는 나를 본 의사는 '어디 무슨 병이라도 그동안 앓으셨습니까' 하기에 한 달 전 백내장 수술 뒤 항생제 후유증으로 무척 고생하고 지금도 편하지 못하다는 말을, 행여 조금이나마 모종의 도움이라도 받지 않을까 기대하며 보탰더니, 입 안에 물을 쏟아 넣으면서 일단 샅샅이 씻어 내었습니다. 그런 다음 전에 보철해 넣은 앞니와 송곳니 외에 겨우 남아 지탱하고 있는 몇 개의 허름한 어금니들을 간단한 방법으로 위아래 맞물려 맞춰 준 뒤에 더 치료할 것도 없다는 듯이 손을 털더니 뜻밖의 처방과 진단을 내려 주고 있었습니다.

"됐습니다."

이미 간호사는 나에게 입혀 놓았던 치료 가운을 벗기고 있었습니다.

"예?"

"됐습니다. 살살 달래가면서 그냥 그대로 당분간 사용하셔도 되겠습니다"

내 귀를 의심하였습니다. 치료해야만 될 때를 넘겨 삼 년이나 미루고 방치한 데다가 평생 입안을 소홀히 관리한 벌을 단단히 받을 거란 각오 하에 치료비도 계산해 보면서 지독한 아픔들은 어떻게 견뎌 내야 하나 그러나 이제부턴 의사의 말을 잘 들어 입안을 건강하게 잘 지켜 내야겠다는 각오를 단단히 하고 있었던 참에 내 귀에 들린 의사의 말은 너무도 뜻밖이었습니다.

'불량 환자인 나를 의사는 버리는 것일까, 아니면 항생제 알레르기가 있는 내가 안정을 찾을 때까지 기다렸다 치료하려는 것일까'

'살살 달래가면서'가 뭐야, 어디 의사가 할 소리인가. 할머니들이 손자 궁둥이나 두드리면서 할 소리 아닌가

그러나 그런 호사스러운 생각들은 아주 잠깐이었습니다. 사랑니를 뽑지 않으면 생명에 이상이 올 수 있다는 무서운 진단을 받아 내고도 의연하게 잘 살아온 나인데, '살살 달래가면서'란 뜻밖의 놀라운 처방을 받아가는 것에 이의를 달 처지가 아니었습니다. 아니 일단 감격하였습니다. 감격해야만 했었습니다. 진리와 정도는 상상을 초월한 허름한 곳에도 있을 수 있는 것이라는 것쯤은 이미 알고는 있었습니다. 아니 그러고 보니 분명 있었습니다.

네 명의 아이들을 다 키운 늦은 나이에 상담교사 자격 연수를 받으면서 가슴을 친 적이 있었습니다. 소중한 내 아이들을 내 소유물인 것처럼 교만한 마음과 욕심만 가지고 강권적으로 몰아대면서 이미 다 키워 버렸는데 정도는 그 정반대 쪽에 있었음을 알았기 때문이었습니다.

교과서적인 원칙만을 고집하면서 여물지 못한 여린 아이들을 기다려 주지도 않았고 윽박지르면서 엄포까지 놓았으며 그리하여 그들의 가슴에 수많은 상처를 남겼을 것이며 이해하려 하지도, 안쓰러워하지

도, 참아 주지도 기다려 주지도 못하면서 황금 같은 귀한 성장기를 다 보내게 해 버린 어리석은 어미는 통곡하고 싶었습니다.

'맞아 그건 그래', '괜찮아', '너무 걱정하지 말아', '그럴 수도 있는데 뭘'

뜻밖에도 상담교육의 핵심이고 엑기스는 바로 이런 것들이었습니다. 성장기의 충격을 힘겹게 견뎌 내고 있을 연하디 연한 아이들을 곱게곱게 살피면서 살살 달래가면서 바로잡아 주어 키워 내야만 된다고 했었습니다.

'살살 달래가면서'

쉽디 쉬운, 어떻게 들으면 촌스럽디 촌스러운 우리들이 흔히 사용하고 있는 정다운 말 속에 인문과학 자연과학을 아우르는 모든 분야에서의 해결의 실마리가 숨어 있었음은 참으로 놀라운 일이었습니다.

훌훌 날아갈 듯한 해방감과 기쁨을 만끽하면서 집으로 돌아오는 길이 그렇게 행복할 수가 없었습니다.

'살살 달래가면서'

이제부턴 기회를 놓친 내 입안을 살살 달래가면서 보살피어 치유의 기적을 만나게 해 줄 것이며 기회를 놓치고 보내 버린 자식들을 위한 어미의 닫혀 버린 한스러운 길도 다시 열리게 해 줄 것이며 기력이 점차 쇠해져서 더 힘들어질 남은 날들의 삶도 두려움 없이 지혜롭게 잘 헤쳐 나갈 수 있게 해 줄 것이었습니다.

기상천외하다고 생각되었던 처방은 그러나 뜻밖에도 명처방이었습니다. 벌써부터 그 효력을 십분 발휘하고 있는 중입니다.

노부老婦의 연가戀歌

유별나게 긴 속 눈썹을 매달고 있었던 남자였습니다. 소리 없이 웃던 눈웃음과 그렇게 웃을 때마다 소년처럼 수줍게 옴폭 패이던 양 볼의 보조개는 여자인 나에게도 없는 매혹적인 것이었는데, 그것만으로도 평생을 이유 없이 무한 기분 좋게 해 주었던 남자였습니다.

다리 긴 아저씨를 연모하였던 철없던 어린 처녀시절부터 그에게 따라다니는 여풍女豊, 여다女多, 여난女亂의 흥미로운 소식들을 간간이 들으면서 살아오고 있었는데 어느 날이었던가 길일을 택해서 용기 내어 그를 직접 만나 보았더니, 주말마다 산을 탔었다는 그의 긴 건각健脚부터가 감히 나 같은 애송이가 욕심내기엔 너무도 과분해 보였던 남자였었습니다.

신문지상에 올리던 그의 유쾌한 문장의 해박한 글들과 날카로운 논조는 독자들의 탄성을 이끌어 내는 데에 부족함이 없었다는 소문이 널리 돌고 있었습니다. 그의 영문 이니셜이 글 꽁무니에 붙어 나왔던 상자 안의 맛깔스러웠던 짧은 글들과 고정란의 그의 긴 글들을, 나도 날마다 빼놓지 않고 감탄하면서 읽고 또 읽곤 하였습니다.

동서양의 아름다운 시들이 그의 입에서 막힘없이 암송되어 나올 때면 듣는 사람들마다 그만 감격하고 말았다는데, 숱한 후배들과 선배들이 그리고 꽃다운 여인들이 그에게 끌리고 반할 수밖에 없게 하였던 이유들을 그는 두루 그렇게 갖추고 있었던 모양이었습니다.

부모님을 일찍 여의고 홀로 살아왔었던 외로움이 그의 눈가와 목언저리에 깊게 서리어 있었지만 반면 무척 유쾌한 사람이어서 가곡이건 유행가이건 그가 노래를 부르고 있으면 낯선 사람들까지 그의 노래를 듣고자 구름처럼 모여들었다고 전해져 오고 있었습니다.

그가 내 남편이 되어 내게로 왔을 때에 두려웠었던 것은, 그는 그리움의 대상으로는 최상의 남자였으나 남편감으로는 단연 최악의 부적격자일 것이라는 생각 때문이었습니다. 하늘의 별처럼 뭇 사람들의 가슴을 설레이게 하면서 살아왔었던 그가 한 여자만을 바라보면서 삶의 진흙땅으로 어떻게 발을 들여놓을 수 있을는지, 먼저 그것부터가 걱정이 되고 있었던 것이었습니다.

삼십 년 전 일이었습니다. 남편은 큰 딸애의 서울대학교 원서를 접수시키기 위하여 강추위로 꽁꽁 얼었던 날, 서울행 버스에 몸을 실었었습니다. 원서는 학교에서 단체로 보내던가 아니면 우편으로 보내어도 되었을 일을 왠지 접수하는 첫날이어야만 되었고 그것도 내 손으로 원서를 접수시켜 주어야만 될 것 같았던, 소심하고도 치기 어린 내 마음을 읽어 준 남편은 두 말도 없이 딸애의 원서를 가슴 안에 품은 채 떠났었습니다.

원서 접수, 시험, 논술고사, 합격자 발표, 신체검사, 오리엔테이션,

입학식까지 연달아 일곱 번을 그는 줄곧 춥고 어설펐던 겨울날에 딸과 함께이거나 아니면 그 홀로 그렇게 서울행 버스에 몸을 실었고 또 꽁꽁 얼어서 돌아오곤 했었습니다.

오리엔테이션을 받고 있었던 딸애는 학부모들이 대기하고 있는 뒷좌석에서 버스럭대는 소리에 뒤돌아보니, 그지없이 숭배해 마지 않았을 제 아빠가 펴런 비닐우산을 접으면서 내는 소리였다고 했었습니다.

먼 훗날 제 아빠가 지상에서 떠나는 날이 온다면, 규격 맞추기 결벽증이 있는 아빠가 우산 접는 것에 골몰하느라고 잔뜩 구부리고 있었을 모습을 떠올리면서 분명 통곡하게 될 것이라는 생각을 나는 하고 있었습니다.

먼 자리에서만 빛날 줄 알았던 남편은 딸애의 뒤에서 비닐우산을 접고 있는, 어찌 보면 초라해 보이기까지 했었던 그 자상한 모습으로 내 옆에서도 그렇게 있어 주었고 지켜 주었던 남자였었습니다. 뜻밖이었습니다.

아들이 사법시험에서 일이 점 차이로 서른 살이 넘어설 때까지 계속 떨어지는 아픔을 치러낼 때마다 나보다는 남편이 먼저 소리 없이 때로는 몸부림치면서 울었었습니다. 다시 공부하러 들어가겠다며 우릴 위로하고 추레한 모습으로 들어가던 불쌍한 내 아들보다는 차가운 거실 바닥에 몸을 던져 놓은 채 '내 아들 불쌍해서 어찌 할거나'라며 슬퍼하던 거구의 내 남편이 더 불쌍하여 그 때문에 내가 더 서럽게 울었던 기억이 선명하게 남아있었습니다.

사랑하는 가족을 향하여 들어내 보이는 그 애연한 슬픔과 약함을 보면서, 세상의 아름다운 것들만을 찾아 정신없이 헤집고 다닐것만

같았던 그에 대한 나의 불안감이 단번에 해결되어 버리고 있었습니다. 뜻밖이었습니다.

남편이 기도하기 시작한 것이 언제부터였는지는 생각나지 않았습니다.

남편의 자유로운 영혼을 막을 자 없었고 중앙동 거리에서 긴 다리를 가진 방랑자 사나이로 널리 소문나고 있었던 사람이어서 사 남매의 아이들과 함께 돌아가면서 맡았던 밥상머리에서의 식사 기도만은 그가 빼 달라고 부탁했었을 때 당연히 그래야만 된다고 생각하고 있었던 터였습니다.

병약했었던 나는 그 앞에서 여러 번 사경을 헤매었었고, 그가 끔찍이 아끼던 두 딸애들은 대학교와 대학원을 한국에서 다 마치고도 팔 년씩 독일과 일본에서 계속 공부하느라 아까운 청춘들을 늙히면서 썩히고 있었는데, 넓은 세상으로 나가야만 된다면서 그들을 등 떠밀며 적극적으로 도와주었던 남편은 그것에 대하여서도 무척, 아주 무척 가슴 아파하고 있었습니다.

자신을 위해서는 언감생심 생각지도 못했을 기도를 남편은 견딜 수 없는 아픔이 그의 가슴 안으로 들어오기 시작했을 때부터 시작하였을 것이었습니다. 주권자께서는 그 어떤 것으로로도 무릎 꿇을 생각이 없는 그에게 사랑하는 사람들을 만들어 주시고 그들을 통한 통절한 아픔을 주시면서 그를 부르셨는지도 모를 일이었습니다. 주권자께서도 그를 사랑하지 않으실 수가 없었던가 보았습니다. 뜻밖이었습니다.

그는 이제 여든한 살의 극 노인의 대열에 올라섰습니다. 세월은 참으로 잠깐이었습니다. 나와 뭇 사람들을 감동시켰었던 그의 빛나던 것들은 이제 곧 그에게서 떠나갈 것이었습니다. 당당했던 목소리도 유쾌한 웃음소리도 유난히 빛났던 총기까지도 그에게서 떠날 날을 잡아 놓고 서두르고 있을 것이었습니다. 몸 안팎 여기저기에서는 하루가 다르게 생각지도 못하였던 여러 잡다한 고장들이 얼굴을 내밀고 있었습니다.

늘 아픈 몸이었지만 더욱 수상하다 싶은 심한 증세가 내게 찾아올 때면, 남편부터 떠오르면서 목이 메어 오기 시작하였습니다. 남편 홀로 남게 될까 봐 가슴이 메어지는 것이었습니다.

그는 심신이 평생 동안 병약하기만 했었던 내 앞에, 최상의 그리운 남자로만 멀리 서 있어 주어도 행복했었을 것인데, 뜻밖에도 자상하고 따뜻한 최상의 남편으로 변신하여 기적처럼 달려와 주었던 고마운 사람이었습니다. 그는 내게 남편이기 전에 흔하지 않을 옆에 있어도 그립고 다시 보고 싶어지는 그리운 사람이 된 것이었습니다.

심혈관 수술 후부터 한 번이라도 놓치면 절대 안될 시간에 맞춰 복용해야 할 여러 약들이며, 먹고 자는 여러 소소한 일들까지 두루 서투른 내 남편 때문에 어쨌든 나는 그보다 하루라도 더 오래 살아야만 되는 몸이었습니다.

눈가와 목 언저리에 인장처럼 외로움이 박혀 있는 그의 옆에서 그를 빛나게 해 주었던 소중한 것들마저 이제 곧 떠날 참인데 나까지 먼저 떠나버려서는 절대 안될 일이었습니다.

그와의 하루가 너무도 소중하고 감사한 생각이 들어서 그의 옆에 가만히 다가서니 평생 동안 날 이유 없이 기분 좋게 해 주었고 반하게 하였었던 그 볼우물을 만들면서 그는 눈웃음을 치고 있었습니다. 가슴이 또 메어 오고 있었습니다.

새벽

참으로 어여쁩니다

정갈한 한옥 마루로 문고리 잡고 서둘러 나온 어여쁜 누나의 모습입니다. 흰 저고리 옷고름 매면서 흐트러진 머릴 쓸어 올린 뒤 우물가로 바삐 걸어가는 고모의 뽀얀 목덜미입니다.

방긋 미소가 함빡 올라와 있는 어린 아이의 얼굴이고 소녀의 수줍음에 소년의 단정함 그리고 낯선 사이인데도 고개 숙여 목례하며 지나가는 젊은 댁의 예의 바름입니다.

매우 반갑습니다.

저만큼 어스름 가르고 아파트 출입문 따며 일터로 나가기 위하여 바삐 나온 청년, 그 길쯤한 몸매에 아직도 떠나지 못하고 있는 덜 깬 잠에서도 어여쁜 새벽을 만납니다.

입을 아직 열지 못한 사람들이 드물게 침묵하고 있는데 높은 나무 잔가지 끝에서는 어여쁜 새들이 정적을 깨우며 하이 소프라노로 끊임

없이 지저귑니다. 고갤 올려 그들을 찾아보던 사람들은 탄식처럼 입이 터집니다.

'거 이쁘네!'

어여쁜 말이 입으로 터지는데 그렇게 꽃잎처럼 향기처럼 벙그러지기 시작하는 사람들의 표정 위에서도 반가운 새벽을 만납니다.

싱그럽고 싱그럽습니다.

긴 어둠 뚫고 오느라 켜켜이 말갛게 씻겨졌을 것이었습니다. 지상에 선물하려고 하늘만큼의 희망과 기쁨을 장착하고 날아와서 무한 감격일 것이었습니다. 코끝이 달고 향기로워서 숨쉴 때마다 저절로 탄성이 새어 나옵니다. 계절은 달라지는 데도 새벽 향은 똑 같은게 신비롭습니다. 숨 끝에 묻어 들어오는 싱그러운 하늘 향이 맛깔스러워서 들이마시고 또 들이마십니다.

오장육부가 가동하기 시작합니다. 부지런한 폐장이 가장 먼저 문 열어 하늘 기운 영접하고 솜씨 좋은 위장과 신장이 잠을 깨어 엔진을 돌리기 시작하면 점잖은 간장이 조용히 문을 열어 놓고 장기의 제왕인 심장이 거엽스러운 몸짓으로 모든 장기의 점검에 들어갑니다.

온몸에 고루 퍼져 있는 삼백예순 혈들이 동시에 깨어나고 근육과 뼈들이 눈을 뜨고 기지개를 켜면 생명은 하루치의 힘을 얻어 힘차게 작동하기 시작합니다. 매일 깨어나면서 만나는 그 뜨거운 감격 때문에 몇 가지씩 알게 모르게 지니고 있던 고질병 증세들은 은밀한 중에 자연치유되곤 합니다.

활짝 문을 엽니다.

꼭꼭 닫아 걸었던 문들을 열어젖힐 시간입니다. 창문 열고 방문 열고 현관문 열고 쪽문 열고 대문 열고 마음 문을 활짝 열어젖힙니다. 하늘을 바라볼 시간입니다. 창밖으로 일단 팔 하나를 내놓아 본 뒤 더 정확하게 하늘 소식을 알고 싶으면 온몸을 세상으로 내어놓고 가장 정확한 기상 예보관이 되어야 합니다.

바람 · 풍향 · 온도 · 물기 · 날씨를 온몸으로 만나고 예감하면서 걸칠 옷들을 계획하고 해야 할 일들의 순서를 정해 놓은 다음 하루 종일 얼굴에 올릴 몇 가지의 표정들을 결정해 둡니다.

악몽들도 도망치고 해꼬지 하려던 악귀들도 삼십육계 줄행랑쳐서 집 안팎과 마음속 모두 깨끗하게 청소가 되는 유일한 때입니다.

간절하게 기도할 때입니다.

두 손 모으고 허락된 하루를 위하여 간절하게 기도드릴 때입니다. 멀리 흩어져 손 닿지 않는 새끼들을 위하여 알 수 없는 내 하루의 행보를 위하여 더 나아가 국가와 유한한 생명으로 하루하루 사위어갈 수밖에 없는 안쓰러운 내 이웃 모든 인간들을 위하여 간절하게 기도할 때입니다. 기도가 하늘에 전보처럼 가장 빨리 도착되는 때가 바로 새벽이기 때문입니다.

창조주께서 가장 깊이 지상으로 몸을 기울이시며 귀를 열어 주시는 때가 새벽이라고 했습니다. 성경 가방 끼고 골목골목에서 달리는 사람들도 골방 서재 안방 마루에서도 이부자리 위에서도 산 오르는 험한 산책 길에서도 정성껏 두손을 모으는 것은 기도하기 위해서이고 꼭 기도해야 할 시간이기 때문입니다.

기적을 만납니다.

묻혀지고 감춰졌던 선들이 다시 그어지고 이어지면서 지붕들이 올려지고 모든 모양들이 다시 재현되는 것이 신기합니다. 골목길과 신작로들이 이어지면서 자동차들이 달리고 새들 노래하고 개와 고양이 사지를 켜고 닭들이 꼬꼬거립니다. 어제와 다름없이 세상 모든 것들이 우리들 눈앞에 그대로 다시 놓여집니다. 기가 막힌 기적입니다.

구하는 것들을 허락해 주실 은혜의 마당이, 한 번 더 기회를 주시며 기다려 주실 용서의 뜨락이, 뜨거운 사랑을 물 붓듯이 부어 주실 사랑의 공간이 우리들 앞에 다시 나타납니다. 참으로 놀라운 기적입니다.

사랑하는 사람을 다시 보기 위하여서는 빨리 눈을 떠야 합니다. 사랑하는 사람을 다시 볼 수 있음이 또 놀라운 은혜입니다. 너무 좋아서 두 손 번쩍 들고 하늘 우러러 히죽 웃어도 되는 때입니다.

출발선에 선 운동선수처럼 춤사위의 흥이 몸에 올라오는 춤꾼들처럼 모두들 출발선에 서 있기에 추레하지 않고 씩씩해 보입니다. 뒤쳐진 자도 아직 없고 포기한 자도 아직 없고 낙심한 자도 아직 없고 잘난척 하는 자도 아직 없어서 모두 보기에 어여쁩니다. 놀라운 기적입니다.

다시 기다립니다.

태양이 지구 밑에 숨어서 높은 산 뒤에 숨어서 노을을 쏘아 올리기 시작하면, 어둠을 누르면서 지상에 드리워져 있었던 청옥, 지상의 그 어떤 그림에서도 표현된 일이 없는 오직 구약성경 한 줄에서만 만날 수 있었던 신비로운 색깔 청옥이 금세 사라집니다. 새벽이 사라집니다. 아주 잠깐입니다.

드디어 사람들은 몸을 숙여 오늘을 향하여 씩씩하게 전진해 들어갑니다. 내일 다시 그 새벽이 온다는 것만으로도 백배의 용기까지 이미 얻고 있기 때문입니다.

잠깐 세상 밖으로 나왔었습니다

이 년 전 늦여름, 마지막 더위가 기승을 부릴 때였습니다. 낙심하고 있는 남편에게 큰 위로가 되지 않을까, 그리하여 그 위로가 원인도 모르게 사위어 가려는 그의 생명력에 불을 붙여줄 것이라는 일념 하나로 대문을 박차고 세상으로 뛰어나갔었습니다.

세상일 도맡아 해결해 주던 믿음직했던 남편이 갑작스러운 수술 후 유증으로 몹시 힘들어 하며 두 손 모두 놓고 있었던 중인데, 그가 건강했었을 때부터 그의 생애 마지막 과제가 됨 직한 큰일 하나를 남겨 놓고, 어떻게 해야 될까 엄두가 나지 않았는지 미루고만 있었던 일을 내가 추켜들고 일어선 것이었습니다.

권면 통지서가 다시 왔었을 때 '늘 미루었듯이 또 미루어 둘까, 남편도 힘들어 했었는데. 세상물정도 모르는 방안퉁수인 내가 이런 일을 감히 어떻게' 우선은 그렇게 생각 했었습니다. 그러나 우리 부부에겐 건강한 훗날들이 차츰 더 줄어들 것이어서 더 미뤄선 안 될 거란 생각이 들면서 급한 마음이 들었습니다. 결단을 내리고 싶었습니다. 어찌 보면 나에겐 절호의 기회였을 것이었습니다. 그를 위로하고 기쁘게 하기 위해서는 하늘의 별이라도 따오고 싶었던 때였습니다.

나의 첫 외출은 세상 밖 낯선 남자에게 전화를 걸고 약속하여 만나고 부탁하고 허락받아야만 되는 낯설고 황당한 일에서부터 시작되고 있었습니다.

〈전주시 시설관리공단 공원묘지〉

조상의 묘를 개장해 가지 않으면 무연고 묘로 불원 처리될 것이라는 독촉이 통지서로 날아오기 시작한 지가 벌써 여러 번이었습니다. 시부모님 친정 부모님 내 외조모님 다섯 분의 귀한 몸이 잘못하면 무연고 묘로 파헤쳐져서 여러 낯선 뼈들과 섞여져서 천하게 버려질 천하의 대불상사가 불원 있게 될 것이라는 독촉장이었습니다. 즉각 나는 다섯 분의 개장을 결심하였고 그날로 실행에 옮기기로 결단을 내렸습니다.

끝 간 데 없이 넓고 넓은, 적막하기 짝이 없고 황량하기 짝이 없는 공원묘지 안으로 들어가서 침묵하고 있는 수많은 봉분들을 곁눈질하면서 깊숙이 들어가야만 첫 번째 만나야 할 남자를 만날 수가 있었습니다.

아주 작은 사무실에 홀로 근무하고 있는 남자와 수인사를 끝낸 다음 이야기를 나누는 중에 그가 작은 사무실에서 홀로 맡은 일들을 얼추 짐작해 볼 수가 있었는데 그 엄청난 일감에 먼저 입이 벌어지고 있었습니다.

일만 육천 기나 된다는 많은 봉분 속에 누워 있는 망자들을 관리하고 지켜내는 일 말고도 개장해 가도록 자손들에게 연락하여 찾아오는 자손들에게 파묘하여 그 뼈들을 추려 태워서 다른 곳으로 이주해 가도록 안내하고 도와주는, 사람 한 번 땅에 묻히는 일 인생사 중 막장의 가장 험한 일일진대 묻은 망자를 다시 파묘하여 태워 옮기는 일을 진두지휘해야만 되는 생과 사, 이 생과 저 생의 그 한가운데에서 그는 동분서주하고 있었습니다.

누구건 한 생을 살면서 생업으로 하여 생긴 그늘이 얼굴 위로 올라와 찍혀서 숨길 수 가 없다는데, 그닥 나이 들어 보이지 않는 호리호리한 몸집과 잘 웃는 얼굴의 그에게서, 일만 육천 기의 망자들을 관리하고 파내고 태우는 험한 일들에 부대끼며 분명히 강하게 찍혀 올라와 있을 그것을 확인해 보느라고 세상 밖에서 처음 만난 남자의 얼굴을 주제넘게도 요모조모 살펴보고 있는 나 자신을 발견하면서 그 와중에도 실소를 금할 수가 없었습니다.

내 부모님들의 묘를 파묘하고 뼈들을 추려서 상자에 담아 화장터로 가져다주는 그 다음 만난 개장업자를 지켜보면서는 몸 안 오장육부 중 어딘가가 닳아져 녹아지는 아픔을 느꼈었습니다. 지켜보고 있기에 만도 힘들어서 어딘가로 숨어들고 싶었습니다.

어린 시절부터 누군가의 집에서 파묘하고 뼈를 추려내고 뼈에 금이 갔다든가 여러 흉한 이야기를 들으면 귀신 이야기보다 더 섬뜩하였습니다. 이장이나 개장은 특별난 아주 유별난 사람들만이 그리고 그런 일 하도록 팔자에 찍힌 사람들한테만 찾아오는 험한 일인 줄만 알고 있었던 터였습니다.

시신 입관식할 때 몸 벗겨 수의를 입히는 것을 보면서 내 친한 지인에게 내 수의는 남의 손 대지 않게 하고 자네가 입혀 줘야 하네 미리 굳은 약속을 받아두기까지 했었는데 저리 살까지 벗겨진 뼈들을 들추어내는 것을 보면서 망자들은 얼마나 춥고 허망하며 슬퍼할 것인지. 애통의 크기의 끝을 보는 것같아서 가슴이 다시 아려오고 있었습니다.

자연장으로 옮기기로 결단을 내릴 수 있었던 것은 참으로 다행이었습니다. 사십 년이 지나면 묘 앞에 꽂힌 이름표(비석)를 뽑아내고 묘지나 망자의 몸 모두 자연으로 돌아가게 한다고 했었습니다. 언젠가 다시 무연고 묘만 되지 않는 몸 눕힐 자리라면 그 곳이 바로 가장 좋은 명당일 것이었습니다.

"수맥水脈 위에 있는 묘는 참 힘듭니다요. 묘를 파 보면 몇십 년이 지난 시신도 그 모습 그대로 그득한 물 위에 둥둥 떠 있는데 이것 함부로 물 떠낸다고 손 넣었다가는 큰 낭패입니다요. 그냥 깡그리 형체도 없이 녹아 버립니다요 수습하려면 영 낭팹니다요"

상주로 홀로 종종대는 나에게 동사무소 서류 제출이며 개장 허가신고서 접수며 묘지 확인과 계획한 스케줄 상의 등 여러 번 만나게 된 친근감을 보이면서 개장업자는 위로하고 싶었는지 본인 생업의 애환을 이야기하기 시작하였습니다. 그때 마침 나는 적막하기 짝이 없는 봉분들에게서 조용히 끓어오르고 있는 통곡소리를 듣고 있던 중이었습니다. 공원묘지의 봉분들이 한결같이 침묵하며 지니고 있는 저 적막함은 하늘로 오르는 통곡이 산 자의 귀를 지나치고 있기 때문일 거라는 것을 왜 진즉 몰랐는지 모를 일이었습니다.

혈연을 땅에 묻으면서 흙을 쥐어뜯어 가며 애간장이 녹아들도록 가슴 치며 울었을 상주들이 보이고 있었습니다. 사랑하는 가족과 친지들의 애통과 슬픔이 묘지를 뜨겁게 덮었을 하관식 날의 서러운 장면들도 보이고 있었습니다. 참으로 묘지는 적막한 곳이 아니었습니다. 생명을 위하여 산 자들이 가장 아프게 서럽게 울었었던 곳. 생명의 귀한 유적지였습니다.

친정 어머님은 잔뼈 몇 개만 남아 있어서 쓸쓸했었습니다. 묘 안에 물이 없어도 뼈가 흘러간다고 했습니다. 약한 딸 시집올 때까지 따라오셔서 내 아이들 다 키워주시고 살림해 주시고 깊은 병에 수시로 시달리는 딸을 보면서 슬퍼하셨던 어머님의 뼈는 이미 살아 계실 때 녹으셨을 것이었습니다.

"엄마. 얼마나 힘드시었습니까. 어머님! 고맙습니다. 고맙습니다.

생전에 말씀드리지도 못하고 정신없이 헤어졌던 감사의 말씀을 가만가만 가슴 안에서만 녹이고 있었습니다.

"이명규 배수임 상주님 국승섭 고송자 이일정 상주님…….

화장터 대기실에 앉아서, 멍하니 지쳐 있는 초상 상주들의 어깨 위로 올라와 있는 극심한 피곤을 눈여겨보면서 생과 사로 갈라진다는 것은 진실로 참혹한 일인 것이구나 그렇게 생각하고 있던 중인데 방송에서 나를 부르는 소릴 들었습니다. 태워진 뼈들을 항아리에 담아 놓고 개장 상주를 찾고 있었습니다.

– 첫 외출, 한 달 동안 세상 밖 어디까지 나는 갔다 온 것일가.

무엇들을 보았고 무엇들을 만났으며 무엇들을 데리고 온 것일까.-

"존경하는 수령 각하로 모시겠습니다. 참으로 대단, 대단하십니다."

남편은 일을 끝내고 돌아온 나에게 과분한 작호까지 수여하면서 진심으로 환영해 주었습니다. 여전히 수려한 그의 외모처럼 다시 불끈 일어나서 내 믿음직한 보호자가 되어 주어야 할 막강한 책임을 가지고 있는 그는 매우 감격해하며 기뻐하는 모습이어서 일단 그것만으로도 행복하였습니다.

두렵게 홀로 외출하는 동안 줄곧 놓지 않고 붙잡고 있었던 기도 안의 나의 주님께 감사 기도를 올린 후에, 이젠 열고 나갈 일이 없을 대문 빗장을 다시 단단히 걸어 놓았습니다.

서럽게 울 때 당신은 가장 아름답습니다

가슴이 저립니다.

오장육부 어디쯤이 이리 오그라지듯 아리는 것인지. 가슴속 켜켜이 뒤적여 보는데 눈가로 먼저 물기가 모입니다. 짙은 비애감이 안개처럼 자욱하게 몰려옵니다.

며칠 전 구정을 맞이하여 내려오지 못하고 있는 큰딸과 둘째 딸이 보고 싶어서 상경했었습니다. 옆에서 우연히 본, 활짝 웃고 있는 큰딸애의 눈매가 여전히 앳되고 고운 게 어미의 가슴을 갈라놓았던 모양입니다. 그 아픔이 수백 리 고향길까지 따라와서 가슴을 이리 저리게하는가 보았습니다. 저도 내일 모레면 쉰 살이라며 웃던 딸애는 여전히 곱고 고운데 아직도 사랑하는 사람을 만난 적이 없습니다.

전주 전동시장 골목에서 출근하는 나를 배웅하기 위해 나오신 친정어머님의 등에 업힌 채, 팔짝팔짝 뛰어오르며 나를 향해 까르르 웃어

대던 세 살 때의 그 사랑스러운 모습이 아직도 딸애의 얼굴에서 떠나지 않고 있는 것을 어미만 알아봅니다. 딸애는 그렇게 사랑을 흠뻑 받으면서 자랐고 사랑받기에 부족함이 없었던 아이였고 계속 사랑을 흠뻑 받아야만 되는 아이였는데.

'첫 남자를 조심해야 해. 반드시 첫 남자를 조심해야 한단다' 못된 어미였습니다.

일곱 살 어린 딸의 손을 잡고 기자촌 돌계단을 오르면서 무책임하게도 딸에게 아무런 생각 없이 던졌었던 말이었습니다.

어미 말이라면 유난히도 잘 듣던 애였었습니다. '선생님만 쳐다봐야 해' 단단히 타일러 초등학교에 입학시켰더니 쉬는 시간, 담임도 좀 쉬려고 몸을 풀어놓으려는데 깜짝 놀랐더랍니다. 딸애가 여전한 부동자세로 담임만 진지하게 쳐다보고 있었다면서 내 친구였던 담임은 나에게 하소연까지 했었습니다.

유난히 연하고 여렸던 딸애의 가슴 안으로 틀림없이 스며들어 왔었을 그리움들을 그러면 딸애는 모두 가차없이 몰아내어 버렸단 말일까. 설마. 그럴 리는 없었겠지만 그러나… 그리움으로 다가오는 세상 남자들은 그에게는 하나같이 모두들 첫 남자가 되었을 터인데.

저 고운 눈매에 갈수록 외로움과 서러움으로만 가득 넘치게 될 터인데 홀로 험한 세상 살아가려면 아아! 저 연하디 연한 내 딸 어찌할거나…….

마침 T.V 화면에선 송창식과 양희은 톱 가수 둘이 듀엣으로 깊고 서러운 노래를 장중하게 부르고 있었습니다. 내 설움과 함께 울었습니다. 공연장을 가득 메운 청중들의 눈에도 눈물들로 흥건해 있었습니다. 묻어둔 실연의 아픔과 그리움들 때문만은 아닐 거란 생각이 들었습니다. 설마 어리석은 나처럼 딸에게 첫 남자를 조심하라고 해 놓고 가슴을 찧으면서 흐르는 눈물은 더더욱 아닐 것이었습니다.

분위기가 숙연하면서도 드물게 감동적이고 아름다웠습니다. 슬픔은 인간의 몸 위에만 올라오면 탓 잡을 것 하나도 없는 아름다움이 되고 감동이 되는 것이 신기하였습니다. 슬퍼하는 모습은 하나같이 사랑스럽고 선해 보여 누구이건 간에 달려가서 어깨를 싸안아 주고 싶은 마음이 솟아나오는 것도 신기하였습니다.

많은 사람들이 가슴 깊이 묻어 놓고 까마득하게 잊고 있었을 진솔한 슬픔들을 꺼내 놓고 모처럼 슬퍼하며 귀한 눈물을 함께 흘릴 수 있도록 감동시킨 가수들의 가창력에 박수를 보내고 싶었습니다.

화면이 바뀌자 내 서러움도 떠나고 있었습니다. 슬픔은 으레 그러하였듯이 가슴 안을 깨끗하게 씻어 비워 놓곤 그 빈자리에 따뜻한 위로와 일어설 명분까지 분명하게 밝혀 놓고는 금세 떠나곤 했었습니다.

서울과 인천의 국립대학교 교수들이 되어 학자의 길로 정진하고 있는 자랑스러운 딸들을 놓고 청승맞게 울었던 것이, 많은 것들을 허락해 주시고 나를 지켜보고 계실 그분에게 그리고 이웃들과 딸들에게까지 몹시 죄송하고 미안했습니다. 주시는 대로 기뻐하고 감사하고 감격해하며 살아도 부족한 삶인 것을. 그것들을 이젠 깨달을 나이도 되었는데 왜 이리 청승을 떨었는지. 아마도 힘든 서울 오가는 길과 반가운 자식들 보면서 기운이 쇠잔해지면서 약해 빠진 마음이 또 잠깐 비뚜로 나간 모양이었습니다.

그러나 잠깐의 그 슬픔과 눈물과 애통도 괜한 낭비가 아니어서 다행이었습니다. 사랑하는 딸들을 위하여 늦었지만 이제부터라도 첫 남자를 조심하라는 투의 어리석고 쉽게 세상 길을 안내해서는 안 된다는 깨달음과 딸들을 위하여 어미가 이제부터라도 해야 할 일들을 단단히 일깨워 주고 떠난 반가운 손님이었습니다.

한국 춤을 추다가 뜻밖에 칭찬을 받은 일이 있었습니다. 전공도 아닌 낯선 춤을 늘그막에 후배들과 함께 배우는데 힘들고 막막했었습니다.

감기 몸살이 오려고 그러는 것일까. 처음엔 그렇게 생각했었습니다. 발표회를 앞두고 맹연습을 하고 있는데 우수수 가슴이 내려앉고 있었습니다. 하늘을 가르는 팔목과 들어올리는 발목이 괜시리 서럽고 아래와 위로 번갈아 뻗어올리는 손목과 손끝도 서럽고 시선 올리는 곳마다 거기 슬픔이 있어서 서러워하며, 서러워하며 춤을 추었었습니다.

"아름다움이 무엇인지 알고 추는 고운 춤을 오늘 보셨지요? 격이 있는 참으로 어여쁜 춤을 우리들은 지금 함께 보았습니다."

선생님의 눈길에 띄었었던 것은 내 춤 안에 있었던 깊은 슬픔이었을 것입니다. 슬픔은 춤사위 안에 들어가서도 아름다움이 되고 춤추는 사람 가슴 안에 들어가서도 아름다움이 되고 많은 사람들의 심금을 울리는 깊이가 되는 모양이었습니다.

인간에게만 허락되어졌을 〈슬픔〉. 유한한 생명을 주시면서 주신 분은 안쓰러워서 슬픔을 함께 넣어 주시고 그 슬픔 안에 위로와 구원의 길도 분명히 장치해 놓으셨을 것이란 생각이 살아갈수록 확신으로 오고 있습니다.

내 몫으로 가끔씩 슬픔이 찾아오게 되면 주저없이 반갑게 불러들여 부여잡고 통절하게 슬퍼할 일입니다. 모처럼 정직해지고 겸손해지며 아름다워지면서 격이 오를 것이며 위로받고 구원받을 절호의 찬스가 될 것이기 때문입니다. 다만 아무도 모르게 홀로 울어야만 합니다.

지금 어디 있어요?

요구르트 상자들이 가득 실린 수레를 길가에 세워 놓은 채, 핸드폰을 들고 통화 하고 있는 한 젊은 여인을 보게 되었습니다.

생업인 수레를 끌고 가야 할 바쁜 아침 시간인데도 통화가 더 급했던 모양이었습니다. 차들이 쉬임 없이 오가며 굉음을 내뿜는 찻길 옆에서 하루치의 목표량이 가득 담긴 수레를 세워 놓고 통화를 하는 것을 보면, 전화로 불러낸 상대방은 수레에 가득 실린 오늘 하루치의 목표량보다 더 큰 모종의 성과를 가져다줄 상당히 중요한 사람일 거란 생각이 들었습니다.

통화에 여념이 없는 그녀 옆을 스쳐 지나가려는데 그녀는 마침 통화의 가장 핵심이 될 듯한 마지막 말 한 마디를 핸드폰에 꾹꾹 눌러 넣어 보내고 있었습니다. 핸드폰으로 보내는 간절한 그녀의 외침이 내 귀청에 닿는 순간 무심코 걸어가던 내 가슴이 돌연 쪼개지고 있었습니다.

"지금 어디 있어요?"

흔하게 사용하는 친근한 말이지만 언젠가는 생의 막장에 홀로 서게 될 때 손 내밀어 주고 도와줄 세상 누군가를 향하여 보내는 간절한 외침이 될 수도 있을 그 말이 바로 그 뜻을 담아 가지고 내 귀청에 꽂혀 온 것이었습니다.

삼십 년은 족히 더 지났을 때의 일일 것이었습니다. 잊고 싶었던 충격적인 일이어서 씻은 듯 잊어야만 해서, 지우개로 여러 번 지우고 또 지우고 지금도 계속 지워내고 있는 중이었습니다.

큰 아이가 취직시험에 합격하여 서울로 올라가서 연수를 받고 있던 중. 하숙집에서 심한 연탄가스 중독으로 사경을 헤매다가 치료받아 가까스로 회복되어 가고 있었는데, 연수를 마쳐야겠다는 일념으로 남은 연수를 받던 마지막 날 아이가 실종된 것이었습니다.

날은 어두워지는데 낯설고 추운, 넓고 넓은 서울 바닥에서 연탄가스 후유증과 과로로 모든 기억들을 놓아 버리고는 어딘지 모를 곳에 주저앉아 있을 아들을 찾아내기 위하여 아이 친구들과 고향에 있었던 우리 부부는 모두들 제 정신이 아니었습니다. 지금처럼 편리한 핸드폰도 없었을 때였습니다. 모래사장에서 바늘 찾기보다 더 어려운 절망적인 상황이었습니다.

"…가야할 집이 어딘지, 나 지금 아무것도 생각도 나지 않고……."

아들의 맥 풀려 가는 목소리의 마지막 통화가 그렇게 희미하게 끊겼다고 했었습니다. 연탄가스가 뇌세포를 얼마나 마비시키고 망가뜨려 버리는지를 몸서리 쳐지도록 그 무서운 증세를 훗날에야 자세히 알게 되었습니다.

연수까지 끝냈으니 자축연을 열어 준다면서 학교 동창들이 한 친구의 집에 다 모여 있었더랍니다. 오래도록 주인공인 우리 아이만 오지 않아 무슨 일인가 기다리고 있었을 때였다고 했습니다.

"지금 어디 있니?"
"지금 어디 있어요?"
"지금 어디 있을까요?"

어디 있는지도 모를 아들을 향하여, 함께 찾고 있는 아이 친구들을 향하여, 신고해 둔 파출소 경찰들을 향하여 그리고 잘 돌봐 주시리라고 믿고 있었던 우리의 절대 주권자를 향하여 온 세상과 우주를 향하여 우리 부부는 절망하고 두려워하면서 미친 듯이 외쳐 가며 울부짖고 있었습니다. 정신줄을 놓아가는 마지막까지도 아이는 달려와 줄 부모와 친구들을 향하여 사력을 다하여 손 내밀었을 것이었습니다.

충격과 상처는 아물리는게 아니었습니다. 완치되는 것이 아니었습니다. 그 시절 그 상황에 서울에서 정신까지 놓고 길 잃은 자를 찾아내는 확률은 거의 불가능했었다는데 하늘의 도우심으로 기적적으로 아들은 찾아내었지만 그 아픔과 두려움 공포감과 절망감과 애연함은 그대로 우리들의 가슴 안에 뿌리를 내려놓고 함께 살고 있었습니다. 슬픔과 절망 그리고 아픔은 싱그럽고 아름답기 짝이 없는 생명 옆에 늘 함께 있었음을 통절하게 깨닫게 해 준 사건이었습니다. 참혹함과 함께 바로 지척에 있었습니다.

"지금 어디 있어요?"

부르짖고 찾으면 즉각 달려와 줄 사람이 있어야 하고 달려올 수 있어야만 생명은 최소한 안전한 것이러는 것을 알게 해 주었습니다. 찾으면 달려와 줄 사람이 있어야만 그 생명은 생명일 수 있다는 것도 알게해 주었습니다.

내 새끼들이 언젠가 그 생명줄을 놓아야만 될 때 손 뻗어 구원자를 간절하게 찾고 있을 때에 달려올 사람이 없을까봐 그리고 그때에 이 어미까지 없게 될까봐 이 생각이 가끔씩 찾아들면 큰아이를 잃었을 때의 그 참혹한 아픔으로 오장육부가 다시 요동치곤 했었습니다. 아마도 아니 당연히 나이든 이 어미는 먼저 떠나고 없을 것이었습니다. 나를 통하여 생명을 주시었으니 그 귀한 생명이 걷어지는 가장 안타까운 때에도 오직 사랑으로 돌봐 줘야 할 이 어미가 있어야만 하는데 왜 그것을 창조주께서는 어긋나게 해 두시었는지 모를 일이었습니다.

젊고 행복하게 살고 있는 건강한 자식들을 보면서도 수시로 홀로 가슴을 앓았습니다. 남모르게 당한 깊은 상처는 이렇게 남모르게 앓는 부끄러운 증세를 심어 놓고 떠났던 모양이었습니다.

길가의 여인은 통화를 끝냈는지 세워 둔 수레를 끌고 떠나고 있었습니다. 얼굴 가득 웃음기가 퍼져 있음은 핸드폰 속의 상대는 언제건 달려올 수 있는 자리를 분명하게 정확히 알려 주면서 그녀를 안심시켰던 모양이었습니다.

하루치의 수레에 올려놓은 무거운 목표량 같은 것은 그까짓 아무것도 아닐 것이었습니다. 여인은 생기 있는 걸음걸이로 씩씩하게 걸어갔었고 행복해 보였습니다.

으스스 가슴이 추워지고 있었습니다. 이제 나도 외쳐 부르면 달려와 손잡아 줄 사람을 불러야 할 나이에 이르고 있는데 남편이 더 먼저 나보다 더 많은 나이 위로 올라가고 있음이 안타까운 두려움이 되고 있었습니다.

"지금 어디 있어요?"

언젠가는 나도 잡고 있었던 세상 것들에게서 손을 놓아가고 기억하고 있었던 모든 것들까지 내려놓아 가며 마지막으로 애타게 누군가를 부를 때에 평생 동안 활짝 웃으며 든든하게 달려와 주었던 사람, 바로 그 멋있었던 해결사 남편이 내 옆에 앉아 있는데도 지금부터 그리워지고 있습니다.

전입신고 I

새벽 운동을 마치고 돌아오는 남편에게 마중 나갈 시간입니다.

아침 차리던 물 묻은 손을 바삐 닦아내고 다듬지 못한 머리와 얼굴을 가려 줄 모자를 깊이 눌러쓴 채 아파트 공동 출입문을 따고 나갔습니다.

제일 먼저 만나지는 사람은 언제건 경비실 아저씨였습니다. 아저씨는 캄캄한 어둠 속에서도 언제건 환하게 불을 밝힌 채 반듯하게 집무 태세를 갖추고 앉아 있었는데 그 모습이 산골짜기에서 막 옮겨온 내 눈엔 매우 신선했고 신기해 보였습니다.

'몇 시부터 저리 일어나 앉아 계시는 걸까'

지켜 주고 보호해 주기는 커녕 아무 것도 그 어떤 존재도 얼씬도 하지 않았던 오히려 피하고 싶은 산짐승들과 뱀과 쥐와 무수한 벌레들 그리고 하루가 다르게 여기저기에서 무럭무럭 자라오르는 잡초들의 침범이 일상으로 이뤄지고 있었던 또 그런 것들이 좋아서 들어갔었던 산골짜기의 맨 앞줄 집에서 장장 십육 년을 살았었습니다.

그렇게 짧지 않은 기간 동안 시골 사람 되어 살아온 내 눈엔 하늘 높이 치달아 오른 거대한 아파트 단지의 안팎을 물샐 틈 없이 불철주야 지켜 주고 보호해 주고 도와주고 있는 제복의 경비 아저씨가 무한 믿음직스럽고 신기해 보였습니다.

"저 105동 702호로 내일 이사올 사람인데요"

우리의 전입신고를 제일 먼저 건네어 드린 사람도 바로 그 아저씨에게였습니다. 생애 마지막이 될 가장 큰 결단을 내리고 새 마음으로 무장한 채 씩씩하게 탈출하여 온 역사적인 우리의 출사표를 전했는데도 눈이 유난히 큰 그 아저씨는 별 말도 없었고 표정도 없었습니다.

"……."

"앞으로 잘 부탁드립니다."

이제부터 우리의 남은 날 동안 우리의 뒷모습을 가장 가까운데서 지켜보면서 지켜 줄 분이기에 간곡한 부탁을 드렸던 첫 번째 도시의 사람도 바로 아저씨였습니다.

사실 도시 아파트로의 이사는 금년 계획에도 아니 내년 그 다음 해에도 아예 없었던 갑작스러운 사건이었습니다. 평안하게 살아오던 어느 순간, 지금 사는 곳에서 하루라도 빨리 탈출하여야만 된다는 것을 갑작스럽게 깨닫게 된 것이었습니다.

이미 극 고령으로 진입하고 있는 우리 부부가 남은 날 동안 최소한의 기본 생명권만이라도 보호받고 위로받으면서 조용하게 살아가려면 교회와 자식 그리고 친구들과도 가깝고 도움받을 여러 시설들이 있는 익숙하고 친근했던 곳으로 하루라도 빨리 다시 돌아가야만 된다는 것을 알게 된 것입니다.

건강했던 남편이 갑작스러운 심혈관 수술 후유증으로 힘들어 하고 있는 데다가 본래부터 허약했던 내 몸의 기력과 정신력에도 점차 수상쩍어지는 증세가 속속 나타나고 있던 터였습니다.

자식들 다 키워 내보내고 두 사람 생업도 대과 없이 끝내었으니 도시의 모든 기억들과 흔적들을 아낌없이 훌훌 털어내고 지워버리다시피 하면서, 감격해하며 들어갔었고 무한 더 감격해하며 행복하게 살았었던 아름다운 산골짜기는 그러나 이제는 우리가 길지 않을 남은 날들을 맡겨야만 될 그곳과는 너무도 멀리 떨어져 있는 외로운 곳이라는 것을 결국 알게 된 것이었습니다.

아파트로 옮겨 온 뒤부터 아침 운동을 끝내고 돌아오는 남편에게 반드시 첫 번째 꼭 묻는 말이 있었습니다.

"오늘도 그 맨발의 청춘 만나셨어요?"

먼저 남편의 걸음걸이와 몸 컨디션부터 살펴보는게 순서가 되겠지만 나는 맨발의 청년이 늘 더 궁금하였습니다.

"응 나 왔어."

"역시 인사를 먼저 하던가요?"

"오늘은 걷고 있는데 뒤에서 인사를 건네왔어."

"뭐라고요?"

"일찍 나오셨네요, 하더라고"

그 청년은 고맙게도 남편에게 만날 때마다 인사를 건네오는 모양이었고 짐작하건대 남편에게 지극한 호감과 존경을 보내오고 있는 게 분명해 보였습니다.

"아는 사람이셔?"

눈이 오나 비가 오나 아파트가 지어진 이래 오 년이나 넘게 하루도 빠짐없이 운동장에 나와 운동하셨다는 옆 701호 할아버지와 그 친구들이 맨발의 청년과 남편의 대화하는 모습에 기적의 사건이나 만난 것처럼 놀라움을 표시하며 남편에게 묻더랍니다.

청년은 눈이 오나 비가 오나 할아버지들과 함께 같은 운동장에서 오 년여 동안 맨발로 돌고 있었던 모양인데 지금까지 입을 한 번도 열지 않았던 침묵의 청년이었더랍니다.

유일하게 벗은 맨발로 운동장을 매일 한 시간여씩 열심히 성실하게 돌고 있던 청년에게 남편은 눈부셔하며 반했을 것이고 수줍은 남편이지만 경의를 표하는 데에는 결코 인색함이 없기에 아마도 용기 내어 먼저 말을 건네었을 것이었습니다.

'대단하시네. 나는 여기 옆 H아파트로 막 이사온 사람이라네. 보기에 참 대단하시네'

짐작컨대 남편은 이렇게 말했을 것이었습니다.

그 이후로 나는 얼굴도 한 번 보지 못한 청년의 안부를 남편에게 늘 묻게 되었고 그 청년이 빠지는 날 없이 남편에게 건네어준다는 따뜻한 인사말은 내 가슴 안에까지도 더 큰 다사로움이 되어 흘러 들어오고 있었습니다.

다시는 보고 싶지도 않다는 듯이 버리고 떠났던 도시는 늙어서 힘없이 돌아와서 눈치보며 멈칫거리고 있던 우리에게 이렇게 따뜻하게 그 큰 품을 열어주기 시작하고 있었습니다.

〈적막〉이 좋아서 무작정 달려 들어갔었던 산골짜기에서 이젠 그

〈적막〉이 서러워진 나이가 되어서 부랴부랴 다시 뛰쳐나왔습니다. 〈수만리 통신〉을 사랑해 주시었던 분들에게 새벽 산책길에서 만난 두 아저씨와의 작은 이야기로 우선 첫 번째 전입신고를 올립니다.

전입신고 끝

팽나무 2길 7, 이사해 온 새집 주소입니다.

팽나무 가지 위에 어여쁜 둥지를 틀고 하늘 위에서 살고 있습니다.

별들이 지상으로 내려와서 작은 지붕들과 그 틈새 안으로 어떤 모습이 되어 착지하는지, 어둠을 걷어낸 후 아침노을 뒤에 숨어 있던 햇살이 지상으로 그 얼굴을 내밀게 되면 또 어떤 놀라운 일들이 벌어지게 되는지. 그 감격스러운 장관과 은밀한 비밀들이 속속들이 보여지고 들통나고 있는 하늘 한가운데에서 살고 있습니다.

이삿짐을 풀었을 때 제일 먼저 만난 것은 놀라움이었고 그 다음은 감격이었습니다. 높고 높은 아주 높은 곳에 앙증맞도록 쬐꼬만 집이 나무 위의 새 둥지처럼 불끈 들려 올려져 있었기 때문이었습니다.

몇십 리는 족히 됨직한 아득히 먼 곳에, 사지를 나른하게 뻗고 누워 있는 고덕산 말고는 막힐 것 없고 가릴 것 없는 하늘 한가운데에서 저희 집 남녘 창들이 모두 열려 있었는데, 이사했다면 으레 몇 평이냐며 묻곤 하는 지인들에게 이만 오천 평쯤은 된다고 말해야만 될 것 같은, 집 계약 문서에도 기록되지 않았고 값을 치른 적도 없는 광활하고도 신비로운 공간이 내 작은 집 창밑으로 딸려와 있었기 때문이었습니다.

도시개발에서 제외되었음직한 그래서 더욱 친근해 보이는 동전주변두리의 조용한 시가지가 고향 같은 뒷모습을 보이면서 고덕산 발치께까지 닿아 꿈결처럼 흐르고 있었는데 중개사에게 부탁도 하지 않은, 아니 할 수도 없는 그 정다운 풍광은 값으론 매길 수 없을 큰 덤이어서 두고두고 꺼내어 보면서 기뻐할 사안이 그렇게 또 하나 더 딸려와 있었기 때문이었습니다.

'어찌 이리 아름다운 곳에 저희를 옮겨 놓아주시고 살게 하시었는지요.'

몸 눕혀 꿈 꿀 그리고 다시 몸 일으켜 새 하루를 맞이하게 될 작고 아늑한 침실은 하루를 마치고 들어설 때마다 동화 속으로 들어서는 것 같아서 어둠이 창밖을 덮어올 때도 쓸쓸하지가 않았었습니다.

침실과 나란히 남녘을 향하고 있는 더 작은 거실과 더 작은 서재의 투명창 너머로 발밑 지상의 모습들이 이십사 시간 멈추지 않는 스펙타클 화면이 되어 흐르고 있었는데 이것도 거저 얻은 행운이었습니다.

작은 부엌과 빨래 잘 마르는 작은 베란다에 더 작게 숨어 있던 골방까지 어디에서건 두 손을 맞모으고 앉게 되면 간절한 기도실이 되는 게 또 좋았습니다. 방바닥에 퍼질러 앉아 있어도 하늘 한가운데가 되고 누워 있어도 세상 위가 되는게 신기하였으며 시원한 바람과 따뜻하게 덥혀진 맑은 물과 훈훈한 난방과 따뜻한 FM 선율이 스위치만 누르면 집 안 구석구석 그득그득 채워지고 있어서 더할 나위 없는 위로와 힘이 되어주고 있었습니다.

도마 식칼 행주를 위한 살균 건조실을 어제서야 찾아내었는데 그것 말고도 신기한 것들이 곳곳에 더 숨어 있는 모양이어서 시골에서 갓 올라온 촌뜨기 안주인을 행복하게 하였습니다.

비바람은 막아주고 고운 달빛과 다사로운 햇살만 스며들어 올 수 있는 신비로운 공법으로 높은 나무 가지 위에 원룸으로 지어졌다는 까치둥지를 생각하였습니다.

이리 작은 공간을 더 잘게 잘게 쪼개어 그 작은 칸칸마다 커다란 감격을 장치해 놓은 솜씨를 보면 설계와 시공을 맡은 아저씨들이 신비로운 공법 말고도 지극한 사랑과 정성까지 더 보태어 지어 올렸을 것이란 생각이 들었습니다.

잔가지를 쳐내고 큰 가지들까지도 과감하게 잘라낸 간결함만이 가장 아름다운 것이 될수 있는 것이며 최선이 된다는 것을 진즉부터 알고는 있었지만 쉽게 가져지지 않았던, 가지기도 어려웠던 그 귀한 것들을 우린 지금 무상으로 선물받고 있었습니다.

"언덕 위의 하얀 집!"

– 높다란 언덕 위에 더 하늘 높이 올려 지어진, 그 선두 줄에 서

있는 하얀 아파트에서 다시 더 높이 올라선-.

아득한 옛날(?) 결혼식장에서 지인들이 가난하게 출발하는 우리 부부에게 정성을 모아 축가로 열창해 주었던 노래 제목이었습니다. 꿈은 미리 미리 그렇게 꾸어 놓아야만 되고 목청껏 부르짖어 놓아야만 되는 모양이었습니다.

창 너머로 하늘 아래로 발밑으로 오밀조밀 모여 있는 여러 색깔 여러 모양의 지붕들과 가로 세로로 뻗은 길들 위로 바쁘게 오가는 차들과 사람들을 하염없이 바라보고 있었는데 문득 그 틈새에서 흐르고 있는 세월이 보이기 시작하는 것이었습니다.

뜬금없이 내내 잊고 있었던 내 살아온 날들까지도 생생하게 리바이벌되어 보여지고 있었습니다. 어느 부분들은 일목요연하게 간추려져서 결론과 해답까지 얹혀져서 강렬하게 보여지는 것도 있었습니다. 부끄러웠습니다.

높은 산을 향하여 왜들 그리 힘들어 하며 올라들 가는지 알았습니다. 낮은 지상에선 보이지 않던 것들을 만날 수 있기 때문이라는 것을 새삼 다시 절감하였습니다.

"찌찌봉 찌롱" "지지배 지지배"

"뽀…뽀… 쪼옷" "그그그그읏"

산골짜기에서는 귀청 가득히 고운 산새 소리만 넣고 살았었는데 도시로 옮겨 주시고 높은 팽나무 위의 고운 둥지에서 살게까지 해 주시었으니 이제부터는 우리들이 어여쁜 산새가 되겠습니다. 높은 곳 광활한 지상 위에서 그리고 쬐꼬만 둥지에서 보여 주시고 만나게 해 주신 귀한 사연들을 고운 노래로 만들어 목청껏 노래 부르는 산새가 되어 살아가겠습니다.

2부

그리운 시절 1

출장 나온 이모부 지프차 뒷좌석에 실린 채, 전주 유학길에 오른 때는 봄철이었다.

열여섯 살.

연두빛 스웨터는 빛바래고 옷 모양이 미워 항시 두 손으로 윗몸을 싸안고 다녔다. 봄볕은 살기 없이 비쭉 나온 손목을 어설프게 드러냈는데 가슴속은 더 스산했다.

— 우리를 알아줄 사람이 있을까

전쟁 전 도시에서 부러움을 받을 만큼 화사하고 우아하게 또 귀하게 살았던 행복을 생각했다. 모든 것을 잃고 시골의 가난에 묻혀 폐인이 되다시피한 불쌍한 아버지와 아름다움이 망가져 가는 어머님.

— 앞으로 나는 그냥 이대로인 채 남에게 전달되어질 것인가

두렵고 슬펐다. 게다가 처음 대처로 나가는 길이어서 더욱 불안했다.

「외가에 가면 얌전하게 해. 엄마가 가르쳐 준 대로 알았지?」

전주사범 합격으로 유학 가는 철부지 딸을 떼어 보내며 어머님은

남의 속도 모르시고 「얌전」만이 가장 믿음직스러운 것이라도 되듯 그 것만을 간절히 건네어 주셨다.

이모부는 여러 고을을 들르시는 모양이었다. 지프차의 흐릿한 차창 밖으로 낯선 마을들이 노리끼한 봄볕 속에 몇 개인가 지나가고 이모부의 성화에 억지로 처음 내려서 점심을 먹은 곳은 부안이라고 했다.

어둑해서 도착한 곳은 익산이었다.

「잠깐 이 댁에서 쉬고 있어」

이모부는 으리으리한 집의 주인과 나가시며, 그 댁 정중한 부인에게 나를 맡기셨다. 안방에선 식모애의 혼수감 바느질이 한창이었다.

「편히 앉아요」

딸이랑 그 댁 여자들은 친절했다. 그때 방 창살에 긴 그림자가 어른거리며 방안을 굽어보는 이가 있었다.

「아이고, 우리 잘 생긴 서울 도련님」

그 댁 아들인 듯 성큼 들어와서 낯선 내 옆에 덜퍽 앉더니 뚫어지게 내 얼굴을 쳐다보는 모양이었다.

「아이고. 이 부끄럼 타는 손님 얼굴 닳아지겠네. 아버지 전주 친구분 따님이시다. 여기는 먼지 나니까 네가 접대하렴」

봄방학으로 내려온 서울고 2학년이란 그 아이는 기다렸다는 듯, 동생방이며 넓은 집안의 이곳 저곳을 구경시켜주었다.

— 아버지 이외의 남자는 모두 늑대여. 나도 늑대여, 사내는 치다도 보지마야혀.

고향 학교 훈육 선생님의 말씀을 철석같이 믿고 있는데다가 또 사람들이 두려웠지만 그의 씩씩하고 깍듯한 친절은 뜻밖에 기쁘고 신선했다.

「나는 시골은 질색이에요. 뭐 진안 무주란 곳도 있고 또 뭐 고, 고창이라던가 이름만 들어도 소똥 말똥 냄새가 나는 것 같아요. 시골에 사는 사람과는 이야기도 통하지 않을 것 같아요. 서울에 있다 오니까 이곳 이리(익산)도 답답해요. 전주는 그래도 이리보다는 훨씬 낫지요?」

근사하고 유창했던 그의 이야기들은 이제 잊어 버렸지만 헤어질 무렵의 이야기는 잊히지 않는다. 내 대답도 기억하고 있다.

「전주는 처음 가게 되는 걸요. 저 사는 곳은 고창이어요. 또 저를 맡긴 분은 아버지가 아니고 이모부셔요」

솔직하고 거짓 없는 눈으로 나를 쳐다봤듯이 또한 숨기지 못하고 실망하던 명문고 다니던 그 소년의 얼굴, 불안한 대처에서 만난 첫 번째 사람의 얼굴을 기억한다. 이모부가 오셔서 그 댁 온 식구들의 정중한 배웅을 받으며 떠날 때 그 애는 보이지 않았다.

이제 세월은 흐르고, 또 봄볕이 다사롭다. 빛 바랜 스웨타 차림의 두려워하고 얌전하고 정직했던 그 시절이, 그 봄이 그리워진다.

그리운 시절 2

전주 사범으로 유학遊學왔던 때는 꽃들이 다투어 피고 봄볕이 무르익던 4월이었습니다.

물기 덜 마른 머리카락을 내려뜨린 채 노오란 햇살을 받으며 골목길로 걸어 나갔던 일이 생각납니다. 물색 고운 감빛 스커트를 입었던 것도 생각납니다. 한가롭게 동네 구멍가게를 찾아 나선 길이었을 것입니다.

골목은 조금씩 정겹게 휘어져 있었는데 아이들이 엉겨 놀 때 이외에는 낡아 가는 고만고만한 집들이며 삐어져 나온 양철조각이라든가 시궁창 물기 스며서 썩어 가는 판자 울타리들이 더 많은 이야기를 담고 있는 것 같은 조용한 골목이었습니다.

물기 닦은 맨발과 발목 부근이 부끄러웠을 테지만 또 그만큼 은밀하게 더 즐겁고 개운하기도 했을 것이었습니다.

그날은 시골 중학교를 졸업하고 남부러움을 받으며 어려운 시험에 합격한 뒤. 외가에 짐을 풀어놓고 대망의 입학식을 하루 앞둔 특별한 날이었습니다.

펵은 이뻤으리란 생각도 듭니다.

도시로 나와 새롭게 출발하게 되는 흥분에다가 어머님의 엄격하신 교육에 의한 가지런한 분위기, 거기에 한창 물기 오르려는 나이였으니 꽤나 괜찮아 보였을 것입니다.

그때였습니다.

「야! 저 애 이쁜데. 전여중 졸업생인가? 아냐 이화여중생쯤 같은데…….」낯선 남학생들의 찬사에 부끄러워 줄달음질쳤지만 그 찬시만은 오래도록 가슴에 남게 되었습니다.

그날 이후론 오래도록 그런 찬사를 들을 수 없게 되었기 때문입니다. 입학하자마자 겨우 며칠 학교 다닌 후, 혹독한 고열로 쓰러져 앓아눕게 되었으며 그 고열은 나에게 있었던 것들을 모두 가지고 떠나 버렸기 때문이었습니다.

내가 생각할 때 나는 시골에서 올라온 시골뜨기였고 당연히 시골뜨기로 보일 줄 알았는데 서울 아이로까지 봐 준 게 뜻밖이었습니다.

「너 혹시 외국에서 살다 왔니?」

입학식 다음날 이렇게 바로 관심을 보여 주신 낯선 남 선생님도 계셨습니다.

그러나 선병질의 나약했던 내게 기습해 온 장기간의 고열은 나를 나 아닌 모습으로 망가뜨려 버렸던 모양이었습니다.

정말 나는 꽤 괜찮았던 아이였을까. 아무리 생각해 본들 그러나 떠나간 것은 이미 내 것이 아니었습니다. 내가 가지고 있던 걸 기억해 주는 사람도 없었습니다. 나 자신도 잃어버린 내 모습이 어떠하였는지 알 수조차 없었습니다.

자기가 가지고 있을 때 가지고 있는 걸 알고 있다면 참 행복할 것이었습니다. 그러나 사라지고 뺏긴 후에야 알게 된다는 깨달음을, 나는 뼈를 깎는 아픔과 아쉬움 속에서 유학의 첫 행사로 비싸게 치루게 된 셈이었습니다.

전쟁 때문에 망가진 부모님 때문에 「난 다 빼앗겨 버렸다」 줄곧 한탄하며 가난해했던 어리석음을 뒤늦게야 알게 되었지만 어쨌든 안타까운 일이었습니다.

고열로 볼품없이 빠진 머리와 뼈만 남은 몸에, 절망과 두려움만이 가득한 표정으로 어쩔 수 없이 뒤늦은 지각 신입생으로 다시 출발할 수밖에 없었습니다.

선배들은 아름다웠습니다.

그들이 지나가면 우리들은 창문을 열고 그 우아한 걸음걸이를 홀린 듯 지켜봤고 섬세한 눈길과 마주치면 눈부셔서 우리가 먼저 눈을 내리깔았습니다.

철부지들을 입학시켜 3년의 짧은 세월 속에서 「선생님」을 급조하는 사범교육 과정은 매우 벅찼고 수재들인 남학생들도 근사했지만 우리의 관심대상은 단연 여자 선배들이었습니다.

머리를 땋아 내리거나 하나로 곱게 묶은 그들은 모두가 백합 같았고 여린 풀꽃 같기도 했는데 그에 비하여 신입생인 우리는 잡초 같아서, 우리도 상급생이 되면 달라지려니 했으나 「고운세대」는 바로 우리 위 상급생으로 끝나 버렸음을 뒤늦게 깨달아야 했습니다.

무용부장 L선배의 타오르는 듯 우수 어린 시선이 침묵과 함께 땅을 응시하고 서 있으면, 직원조회가 한 시간씩 늦어지는 선생님들을 기다리며 운동장에 서 있어도 지루한 줄을 몰랐습니다.

L의 기쁨이 물결치는 듯한 조용한 시선이 나뭇가지나 그 위 하늘로 치올려질 때, 그 옆모습은 운 좋게 만날 수 있었던 완벽한 아름다움이었습니다.

피아노 치는 J선배의 눈가의 잔주름까지도 사랑하였습니다. 비난받는 그의 화려한 거드름도 사랑하였습니다.

유일하게 바이올린을 들고 다니던 P선배의 큼지막한 눈, 팔짱 끼고 미소년처럼 서 있곤 하던 공부 일등의 K 선배. 애교 넘치는 데도 정중한 품위를 색깔 깊게 지녔던 T선배. 그들이 어울려 서 있으면 참으로 장관이었습니다.

그들만 사랑한 것은 아니었습니다.

초췌한 몸과 마음으로 한쪽에 비켜선 듯 목마르기만 했던 나는 민감한 흡수력을 가지고 보여지는 모든 것들에게서 눈을 떼지 못하였습니다.

무조건 재미있기만 했던 문학작품들, 선생님들의 말씀 한마디, 그리고 손등에 내려앉던 이른 봄의 싸아한 햇살 한줄기. 히말리아시다 가쟁이 밑에서 무심히 옮겨지던 그늘 한 장까지도 사무치게 각인되어지던 시절이었습니다.

열일곱 살에 「아사코」를 만난 피천득님의 「인연」을 읽으면서 「열일곱 나이」를 생각하다가 까마득히 잊었던, 내 그리운 「열일곱」 시절의 몇 장면들과 만나게 되었습니다.

만나지는 모든 것이 운명으로 스며들어서 생애 외형의 「안」이 되어 흐르게 한다는 나이.

그 시절. 잃어서 애태웠던 나의 그것은 무엇이었고 사랑했던 것들은 무엇이었는지.

우리는 낙엽 한 장의 흔들림같은 이쁜 것들과 어깨를 나란히 하여 남의 눈매가 되기도 하고 가슴속 숨소리도 되게 하면서 살아가는 모양입니다.

잊고 있던 내 열일곱 살의 그 풋풋했던 모든 것들이 나의 외양과 영혼을 채우며 지금도 흐르고 있으리란 생각을 하면 늙어가던 마음이 잠깐 멈춰지고 아주 기뻐집니다.

그리운 시절 3

내 유년의 고향에선 여름 소나기가 자주 내렸다.

그 모양은 격렬하여 매번 놀랍고도 감동적이었다.

"아이고 소나기다!"

대개는 어머님의 이런 다급하신 외침 속에서 우리집 뜨락의 반란과 함성은 시작되곤 했었다.

쏴아아—

억수같이 내리꽂히는 하늘의 물줄기.

담 밖에선 다급하게 내달리는 사람들의 발자국 소리.

아 참, 항아리들은 어찌될까.

고추장 된장 찌엄장 간장 묵은 젓갈들 하며…….

뙤약볕에 저마다 속살들을 들어내 놓고 쪼삭쪼삭 곰삭으며 익어가고 있었는데….

맨발로 달리시던 어머님.

바지랑대에 받혀진 빨랫줄엔 휘어지게 가득 널린 빨래들이 꼼짝없이 젖어가고 마당가 여기저기에 괴어 놓은 채반들 위에선 산나물들과 채썬 호박들이 빗물을 받아 안는다.

"아이고……."

아낙네들의 비명이 담 너머로 넘어오고 둥둥둥 북이라도 울리듯 하늘 끝에서는 자진몰이조로 천둥이 끓는다.

닭들을 몰아주고 돼지우리 덮어 주고 강아지 줄 옮겨 주고 신발들은 밀어 넣고 크고 작은 문들 닫아걸고…….

열리고 젖혀지고 들어나 있는 여름 살림들을 강종거리며 비 설겆이 하시는 어머님은 내 눈엔 아무래도 소나기보다 더 빠르시다.

장대 같은 빗줄기.

바지랑대 끝엔 빗속에 갇힌 잠자리 한 마리 꼼짝도 못한다.

양철지붕 위에, 밭두렁 위에, 미류잎새 위에, 분꽃잎 위에, 섬돌 위에. 뜨락 구석구석 위로 내리쏟아지는 빗물들은 다시 튀어 오르고 궁글어 내리고 몸부림치며 함성을 지른다.

벌건 황토물로 마당은 금세 강이 된다.

장작 껍질이며 온갖 잡동사니 속에 비누곽 뚜껑까지 둥둥 떠다닌다.

수챗구멍 앞은 비상사태가 벌어지고 홈통은 소리소리 지르다가 기어코 떨어져 나간다.

부엌문에 기대섰던 쭈그렁 대야는 미적미적 물살을 타기 시작한다. 물 넘치는 널빈지와 물 바다 된 마당에서는 쏟아지는 빗줄기들이 수천 수만 개씩 방울방울 와글와글 자갈자갈 아우성친다.

천둥은 지축을 흔들고 번개는 하늘에서 달린다.

험상궂게 내려앉은 하늘, 스미는 물 냄새, 자욱한 물안개, 꽈르릉 벼락치는 소리.

소나기는 으레 포르테와 휘몰이조로 전진했으며 그때마다 나는 그 끝에 드디어 와장창 뭔가 결단날 것 같은 두려움으로 가슴을 태운다.

빗줄기 속에 연약한 꽃목을 나부대는 나팔꽃도 포르테이고 빗물로 얼룩져 가는 무심한 담벽도 포르테시모이다.

여름 태양으로 지글지글 뜨겁게 끓던 세상이 금세 물 천지로 젖어내리고 천둥 하나 터질 때마다 세상은 다시 파삭파삭 쪼그라드는가 싶어 걱정하는데 '쫘르릉 쫘아아아—'벼락치는 소리에 그만 내 가슴이 먼저 콩알만 해진다.

놋날 같은 빗줄기.

자욱하게 어우러진 마당에 「후두둑」 붕어새끼 한 마리 떨어져 팔딱인다.

– 동네 방죽은 한참 먼데 –

비 들이치는 마루에 발가락을 오므리고 쪼그려 앉은 나는 빗줄기에 두들겨지고 씻겨지고 또 씻겨지는 부지깽이 도마를 넋을 놓고 바라본다.

문득 빗소리가 그친다.

고개를 드니 방금까지도 뜨락 안을 가득 채웠던 것들의 흔적을 찾을 수 없다.

물 빠진 마당 구석에 두꺼비가 앉아있고 꽃밭에선 분꽃잎이 해맑은 얼굴을 든다. 높아진 하늘엔 태양과 무지개가 함께 빛나고 담장 덩굴과 나뭇가지들이 물방울을 흘리며 뜨거운 햇살을 받는다.

새들과 매미는 다시 노래를 이어가고 강아지는 빗물을 털어낸다.

닭들은 놀랐던 얼굴을 거두고는 목안에 소리로 고롱거리기 시작한다.

고실고실한 저고리로 갈아입으신 어머님은 항아리 뚜껑을 다시 여시며 하늘 끝을 보신다.

「장엄하게 격정적으로 그리고 산뜻하게」
「생명과 두려움과 환희를 위하여」
「감동적으로 더 감동적으로」

내 뜨락에서 연주된 저 상쾌했던 교향악은 태초에 조물주께서 듣고 계셨던 「천지창조」의 악보 악상과 비슷하지 않았을까.

∞ ∞ ∞

요 근래에는 여름 소나기가 없어졌다.
천둥과 번개도 만날 수 없다. 자연 파괴의 일환인지.

산성비일지라도 빗줄기가 지상에 착지하는 그 그리운 소리만이라도 듣고 싶은데. 문화시설로 막혀진 현대 건물 속에서는 불가능해졌다.
내 유년의 「여름소나기 뜨락」으로 돌아가서 어머님과 함께 장대비를 흠씬 맞고 싶다.

그리운 시절 4

하루가 다르게 몸이 자라던 때가 있었습니다.

마른 팔목은 소매 깃에서 삐져 나오고 바지는 내려 입어도 엉성한 발목을 감출 길이 없었습니다.

옷 바꾸기가 어렵던 때여서 성장기의 몸은 남의 눈에 금방 들어나보였습니다.

내 의사완 상관없이 마구 자라나는 몸이 부담스럽고 부끄러웠습니다. 길쑴하게만 뻗어 나갈 뿐 남들에게는 거저이다시피 붙어있는 통통한 살집은 몸 어디에도 없었으며 올라올 조짐조차 전연 보이지 않는 게 더 부끄러웠습니다.

제 멋대로 길어나고 있는 두 팔목을 꼬아서 가슴에 붙이고 엉거주춤한 모양새로 앉고 서고 걸었습니다.

별과 시를 사랑한다며 먼 곳으로 목을 빼어 올리고 있었지만 통통하고 뽀얀 발목을 가진 가까운 친구 성자를 내심 몹시 부러워했었습니다.

열다섯 살.

친구들은 유행하던 나이롱 벨트로 허리를 조여 매고 수줍게들 웃기 시작했었습니다.

훈육 선생님 몰래 허리를 조여 매고는 숨쉬기도 어려워 쩔쩔맸던 친구들이나 조여 맬 데도 없던 허리로 친구들을 부러워했던 나에게 우리의 봄은 바야흐로 오고 있었던 모양이었습니다.

1950년대 중반.

모두가 참으로 가난했던 시절이었습니다.

그때 우리는 허름한 옷 사이로 감출길 없이 몸은 커 오르고 그 몸 속에선 또 꿈과 설레임이 막을 길 없이 솟아오르고 있었던 모양입니다.

산으로 둘러싸인 구석진 시골 읍은, 열리고 있는 우리의 열정과 영혼을 채워 주기엔 턱없이 좁고 답답하지 않았을까 그런 생각이 듭니다.

오일장이 서는 저잣거리 하나와 경찰서 군청 면사무소 금융조합들이 모여 있는 사거리 하나 그리고 냇물을 사이로 몇 개의 동으로 나누어지고 있는 소읍은 매일매일이 그저 그날이었며 조용하기만 하였습니다.

우리는 늘 심심하였습니다.

주욱 심심했겠지만 새삼 심심해지는 걸 강렬히 느끼기 시작하였습니다.

살 없는 고민 하나를 더 얹어 가진 데다가 피난 왔다가 시골에서 그냥 눌러살게 된 나는 친구들보다 더 심심하였습니다.

우두커니 서 있다가 어머님에게 곧잘 꾸중을 들었습니다.

웃다가도 꾸중듣고 문 소리 밥 먹는 소리 크고 자주 들랑거려 음전치 못한 데다 억양까지 공손치 못하다며 동서양 어른들의 말씀과 가통으로 내려오는 질책의 말씀으로 눈물나게 꾸중을 들었습니다.

남들은 조신하다고 칭찬해 주시는데도 앉음새는 그게 뭐며 아우에게 그래서 되겠느냐며 일거수일투족 매사에 어머님은 꾸중을 내리셨습니다.

무수히 내리는 꾸중 속에서 심심함은 더러 중단되기도 했었습니다.

김치포기는 아버님이 잡숫고 김치 국물로 비벼먹으며 밥은 아껴 먹었습니다.

옷은 몇 년씩 때로는 대물림까지 하며 입어야 했기에 늘 아주 크거나 작았습니다. 그 크거나 작은 부분 혹은 마음에 들지 않는 부분을 손과 팔로 요령껏 감추고 교정시키고 보완하느라고 손과 팔을 자유롭게 펴고 흔들며 다닌 기억이 별로 없었습니다.

어느 날부터인가 우리는 우리의 정면 무대에 오랫동안 여러 모습으로 서 계시는 학과 선생님들을 은밀히 관찰하기 시작하였습니다.

마음은 열리기 시작하는데 볼 것 누릴 것 없이 심심했던 우리들로서는 자연스럽게 우러나온 행동이었을 것입니다.

솔직히 선생님들 말고는 쳐다볼 사람도 없었습니다.

지루한 말투, 괜스레 지으시는 엄숙한 표정, 더듬거리는 말씨, 옷깃이 뒤로 넘겨진 양복 맵시, 입가에 모여지는 허연 침, 소매 속에서 와이셔츠와 함께 조금씩 보이던 시계, 땡땡 무늬 우단저고리, 빨갛게 칠한 입술 사이로 카랑카랑 빠져나오던 목소리, 비로드 치마, 무표정한 눈매, 깨끗한 칠판에 새 분필로 쓰는데도 늘 비뚤린 글씨여서 우리 마음을 상하게 하던 선생님…….

새삼스러울 것도 없는 익숙한 그 모습들을 우리는 자세하게 보고 또 바라보곤 했었습니다.

우리 주위엔 기대할 만한 게 없다는 걸 우린 이미 알고 있었기에 앞에서도 말했듯이 늘 우리 앞에 서신 선생님들을 자연스럽게 그냥 바라본 것이었습니다.

그런데 그게 아니었습니다.

무심히 바라보기 시작하던 우리는 문득 우리의 가슴에 그 바라봄을 통하여 뭔가 오밀조밀 차곡차곡 채워지는 듯한 느낌을 가지게 된 것입니다.

묘한 일이었습니다.

선생님의 흔들리는 소매 깃과 비뚤린 글씨 동정 깃들을 열심히 보고 있노라면 그 소매깃과 비뚤린 글씨 그리고 동정 깃의 정다움 뒤에서 우리는 괜스레 그냥 철이 들어버리는 것이었습니다. 심심한 것까지도 그냥 해결되어 버리는 것이었습니다.

방정식을 열 번도 넘게 설명했는데도 아는 놈이 없다고 한탄하시는 수학선생님의 꺼벙한 양복 맵시를 열심히 바라보며 우린 엉뚱하게도 만 가지 정감을 일으키고 만 가지 생각을 뽑아올리기도 하며 시공을 초월한 온 세상을 휘젓고 다니곤 하였습니다.

선생님의 꺼벙한 양복 맵시는 방정식 한 개 정도와는 비교도 안될 많은 것들을 우리 앞에 끌어다 주었던 것입니다.

정다운 만남은 그게 아주 작은 한 가지 것일지라도 또 다른 많은 것들을 향한 출발의 통로가 되기도 하고 무한한 힘을 가지게도 했었나 봅니다.

정면 무대에 오르시는 선생님들만이 심심했던 우리의 주인공은 아니었습니다.

몸을 부비고 살았던 부모형제도 저만큼 떼어놓고 새롭게 바라보기 시작했었습니다. 친지나 이웃들 낯선 길가는 사람들까지도 열다섯 꽃다운 눈으로 열심히 바라보았습니다.

자세히, 자세히 바라볼 수 없기에 슬쩍 바라본 모습들을 마음속에 담아놓고 있다가 혼자 있을 때 다시 꺼내 오래오래 바라보기도 했었습니다.

사람만 바라본 것은 또 아니었습니다.

수시로 고무신을 발가락에 걸치고 마루 끝에 오래 앉아 있곤 했었습니다.

토담 위로 반짝이는 햇살이 보이고 뻗어오르는 담장이 넝쿨이 거기 있었습니다. 마당을 가로질러 이끼가 오르는 음습한 담 밑으로 가면 그곳에만 있는 침묵과 소란. 그리고 푸른 냄새가 아득하였습니다.

참새가 날아간 자리. 잡풀 우거진 담 모서리. 작은 돌 언저리. 이름 붙일 수 없고 설명도 안 되는 어수룩한 데까지도 얼마나 열심히 바라보았는지 모릅니다.

이제 생각해 보면 산으로 둘러싸인 작은 시골 읍은 우리의 영혼을 채워 주기에 터무니없이 좁고 답답했던 곳이 아닌 것 같습니다. 넘치고도 남는, 뭔가 무궁무진하게 감춰져 있던 신비한 공간이었을 것 같은 생각이 듭니다.

그립습니다.

나무 잎새 한 장을 보며, 선생님의 재켜진 옷깃을 보며, 그렇게 작은 것들을 목마르게 바라보며 웅대하고 아름다운 세상을 향해 영혼을 열어 가던 시절이 그립습니다.

지금은 키도 줄어가고 발도 오그라드는 허망의 나이인데 몸이 자꾸 자라 부끄러웠던 시절. 눈물나게 꾸중들으며 심심해했던 그 시절이 그 시골 읍이 무한 그립습니다.

그리운 시절 5

돌다리를 건너는 그 두 사람의 모습은 아주 인상적이었습니다.

주택가와 신작로 사이로 돌물이 흐르고 그 위로 널찍한 돌판이 서너 개 놓여 다리 구실을 하는데, 남자와 여자는 그 다리로 막 올라서고 있었습니다.

무심코 길을 가던 나는 홀린 듯이 그들을 바라보기 시작하였습니다.

내 이웃들이 늘 둘러쓰고 있던 그 싱겁고 흔한 표정이 아니었습니다.

K소읍 사람들의 표정은 메마르기 짝이 없었고 단순한 몇 가지로만 통일된 듯 모두가 거의 똑같다는 느낌을 주었습니다.

시절이 그러하였는지 아니면 외진 지리적 여건과 좁게 둘러싼 산이며 가난이 그렇게 만들었는지, 시종 렌즈를 열어 놓고 살피고 있는 내게 내 이웃들은 별 도움을 주지 않았습니다.

인간의 표정이라는 것이 다 끝나 버린 것 같은, 완료형의 저 굳어버린 몇 개의 표정들뿐이라면 너무 삭막하였습니다.

굳어 버리기 전의 저쪽 멀리에 있었던 것, 시작되는 첫 발자국 언저리, 「그랬었다」로 끝나는 게 아닌 「생생히 흐르는」 그런 연한 것들을 내 이웃들에게서 보고 싶었습니다.

돌다리 위 두 사람은 낯선 사람들이었지만 반가운 화면이었습니다.

시골서는 보기 드문 젊은 남녀의 짝지은 모습이어서, 그것만으로도 화면은 오랜만에 풋풋하고 싱그러웠습니다.

두어 걸음이면 쉽사리 건널 수 있는 돌다리를, 그들은 아주 조심스럽게 건너고 있었습니다.

옆모습 곁들인 뒷모습이어서, 보고 싶은 게 보이지 않을 것 같은데 보고 싶은 것은 다 내비치고 있었습니다.

앞서 길을 트고 있는 처녀의 옷고름 따라 수줍게 내려온 눈길이, 아무래도 그들의 걸음 속도를 잡아매고 있는 것 같았습니다.

흔들릴 때마다 잔무늬부터 반짝이기 시작하는 검은빛 뉴똥 치마, 그 가지런한 치맛단 밑에서 굽 높은 구두 사이로 조심스럽게 드러난 새하얀 다리가 눈부셨습니다.

그녀의 조심스러운 걸음 뒤에 바싹 다가서서 걷고 있는 청년은, 상기된 얼굴에 약간 고개 숙인 모습이었습니다.

조금은 냉정해 보이는 하늘빛 신사복에, 어린 청년기는 이미 지난 듯 살 붙은 어깨가 마음에 걸렸지만, 그게 오히려 그의 깊은 표정과 어울려서 또다른 묵직한 느낌을 그에게 보태고 있었습니다.

박 이사댁 따님과 K 병원댁 큰 아드님. 생면부지였지만 그들이 누구들인지는 처음부터 알아볼 수 있었습니다.

양 명문가의 약혼은 진즉부터 작은 고을 안 큰 소문이었습니다.

대처에 있다는 병원댁 큰 아드님. 깊이깊이 묻혀서 신부수업 중일

이사댁 규수.

어른들 소맷길 틈으로 언뜻언뜻 들어왔던 아득한 느낌의 먼 이야기였었는데 뜻밖에도 그 먼 이야기가 독점 화면되어 내 앞에서 꿈처럼 지금 흐르고 있었습니다.

여린 여자 뒤에 큰 남자로 선 남자의 어깨 위에, 옷고름 타고 수줍게 내려온 여자의 눈길 옆에, 햇살 끌어들여 잔잎 무늬 반짝이는 뉴똥치마 위에, 상기된 남자의 수려한 이마 위에, 조용하고 느릿한 그들의 걸음 위에…….

그 빛나는 부분들을 향하여 깊숙이 렌즈를 밀착시키고 바라보고 또 바라보았습니다.

그들이 감추지 못하고 어쩔 수 없이 들어내 놓고 있는, 연하고 화사한 것들을 부신 눈으로 바라보았습니다.

병원 댁 형제들의 빼어난 용모며 재주, 그리고 바람기…그런 집안 내력을 보태지 않아도 섬짓할 만큼 가득해 보이는 남자인데 비해 여자는 오직 수줍음 달랑 그것 하나뿐인 것이 자꾸 마음에 걸렸습니다.

그들 사이엔 아직 아무것도 시작되지 않고 있음을 보고 있었기 때문이었습니다.

이해할 수 없는 일이었습니다.

명문가의 약혼 그 굵은 표제하며, 여러 입줄에 얹혀 이제 굳어졌을 소문 끝머리에 나타난 그들의 모습이, 너무 연하고 순백하여 숨죽이며 바라보고 있었습니다.

이웃들 간에 흔히 오가는 눈 맞춤, 작은 웃음, 몇 마디의 오가는 말들이며 악수조차 나눈 흔적이 아무리 찾아보아도 그들 사이엔 없었습니다.

이제 돌다리를 넘어선 뒤, 그들은 드디어 살아가는 일, 예를 든다면 웃는다던가 악수를 한다던가 눈을 맞춘다던가 또 뭐가 있더라 어쨌든 그 어느 가닥에서부턴가 함께 조금씩 조금씩 시작하게 될 것이었습니다.

그 점이 또 얼마나 황홀한 일이겠는지 내가 먼저 가슴이 설레기 시작하였습니다.

아주 어여쁘게 시작할 것이었습니다.

가진 것 무궁한 남자 옆에 달랑 수줍음 하나뿐인 여자 있음이 그들의 그 순백함이 가슴저리도록 아름다워 보였습니다.

때로는 감추어진 것이 보이기도 하고 관념 속으로만 흐르던 것이 우리의 삶과 우리의 표정 위로 곱게 나타나기도 하는가 봅니다.

나는 그날 끝나 버린 소문을 거꾸로 되짚고 올라가서 그 고운 첫머리에 함께 서서 꿈처럼 서 있었던 모양이었습니다.

열여섯 살 꽃눈에, 꽃처럼 찍혔던 그들은 내 그리운 추억의 돌다리 위에서 느릿한 걸음으로 오늘도 걸어가고 있습니다.

그리운 시절 6

오십 년 만의 혹서가 기승을 부리자 밥맛을 잃게 되었다.

빈 아파트에서 혼자 점심을 먹으려니 수저 들기도 싫었다.

밥맛을 찾으려고 궁리를 하다가 결국은 아득한 내 「그리운 시절」의 문을 두드리게 되었다. 그 그리운 문을 열고 들어가서 거리거리를 오랜만에 휘휘 돌아다니다가는 먹기 거북한 밥맛을 끌어내는 비결 하나까지 기어이 찾아들고는 보무도 당당하게 다시 되돌아 나왔다.

냉장고에 채워둔 생수에 밥을 말아 놓고, 밥숟갈 위에 잘게 찢은 신김치 한 가닥을 손가락으로 집어 얹었다.

풋고추 잘게 썰어 놓고, 갖은 양념 넣어 찐 새우젓 한 마리씩을 역시 손가락으로 집어서 다시 그 신김치 위에 얹었다.

내 여린날 여름 밥 먹을 때, 꿀맛 나게 먹던 바로 그 밥숟갈이 되었다.

반찬 물 흐르는 왼손을 좌악 펴서 상 위에 대기시켜 놓고, 밥숟갈마다 그렇게 해서 먹으니 역시 옛 맛 그대로 맛이 있었다.

사이사이 탱탱하게 약오른 풋고추 된장 찍어 먹고, 가무잡잡하게 장에 알맞게 절은 마늘씨 몇 알을 사각사각 씹으니 그 시원하고 개운한 맛이야말로 이 여름 어느 진수성찬도 감히 따를 수가 없는 맛이 되었다.

왜 진즉 생각 못해 냈을까.

「그리운 시절」 그 그리운 맛들을 잊은 것조차 까맣게 모르고 살고 있었다.

이 시리도록 차가운 샘물에 소쿠리에 식혀 놓았던 찬밥덩이를 쪼개어 말은 후, 깊은 맛들게 저려 놓았던 간실간실한 밑반찬들을 조금씩 얹어서 풍성한 맛으로 즐기며 어른들은 지혜롭게 여름을 넘겼고, 어린 것들은 짠 무말랭이며, 곰삭은 젓갈들이 싫증나면 맨 물에 만 밥만 연거푸 삼키다가 수저를 거꾸로 돌려 고추장을 찍어 먹기도 했었다.

텃밭에서 솎아온 상추와 쑥갓 여러 장을 포개어서 손바닥에 펼쳐 놓고, 밥 한덩이 놓고 된장, 찌엄장, 고추장 발라 요리조리 오무려 입안에 밀어 넣으면, 속 맛은 무궁무진한데 얼굴 표정들은 모두 엉망이 되곤 했었다.

호박잎 뒤에 숨어서 때를 넘긴 억센 호박은, 숭덩숭덩 썰어서 참기름 두룬 작은 솥에 놓고 꽁보리밥, 열무김치, 고추장을 넣고 볶아서 먹기 전부터 군침 도는 벌건 비빔밥을 만들어 식구 수대로 숟갈 꽂아 솥단지 그대로 상 위에 내놨었다.

논두렁 막아 잡은 송사리나 붕어 새끼 몇 마리를 고무신짝에 얻어오면, 어머님은 울안에서 익어가고 있는 호박과 채소들을 잘라다가, 금세 얼큰한 매운탕을 끓여 내셨다.

마당에서, 텃밭에서, 담장과 지붕 위에서, 방죽과 닭장 속에서 지천으로 자라며 익어 가고 있는 정다운 것들이 어머님의 손만 거치면 계절에 딱 맞고 몸에 딱 맞고 입맛에 딱 맞는 여러 이름의 맛난 반찬이 되어 우리들 모두의 상에 푸짐하게 올라왔었다.

어느 집에서건 사시사철 끼니끼니 투가리에선 보글보글 찌개가 끓고, 불씨 묻은 화로 안에서는 구수한 찌개 냄비가 늦는 식구를 기다리고 있었다.

어느 집에서건, 행복은 비슷비슷한 모습으로 그렇게 자욱하게 피어오르고 있었다.

「아이고, 김치고 뭐고 반찬 다 떨어졌네!」

모처럼 외가에 다녀오신 어머님이 울안 앞뒤로 텃밭으로 장독대로 숨 넘어가게 뛰어다니시며 비명을 지르셨지만, 잠깐 후 들여온 상위엔 더 놓일 자리가 없이 반찬만 그득하였었다.

찐 호박잎, 애호박 나물, 오이 냉국, 하지감자 넣은 된장찌개, 깻잎 버무림, 가지무침, 달걀찜, 상추쌈에 매운 고추 네댓 개, 황새기젓 두드린 것에 밑반찬 네댓 가지, 그리고 이 시린 냉수 한 대접씩에…….

왜 그리 다 맛있었던지. 세상에 부러울게 없었다. 때론 반찬 가짓수가 한두 가지라도 좋았다. 그저 다 맛있었다.

명절이나 특별한 날 먹는 특별한 음식이야 말할 나위 없지만 늘 먹은 음식이 늘 그렇게 맛이 있었다.

부끄럽게도 항상 다음 끼니를 기다리며 살았었다.

어린 우리들이 찾아 먹는 간식거리도 다 별미였었다.

미리 꺾어 먹는 단수수는 개심심했고 꽃 떨어질 때부터 깨물어 보기 시작하는 땡감 때문에 매일 목이 메었지만 우리에겐 맛 없는게 없었다.

길 가다가 풋다래 따먹고, 어머님 몰래 덜 익은 가지나 토마토 미리 미리 따먹고, 쌀 한 줌씩 소리 안 나게 깨물고 다녔고, 풀뿌리도 씹어 보고, 꽃잎, 풀잎도 씹으면서 다음 계절 먹거리들이 빨리 자라고 익어 가기를 학수고대했었다.

우리 옆에 있는 곱고 순한 것들을 그렇게 먹으며 기다리며 우리도 아마 그들처럼 결 고운 심신으로, 심성으로 함께 자라고 철들어 갔을 것이었다.

어쨌든 가계부에 기록 않고도, 맛나게 의심 없이 먹을 수 있는 기본 먹거리들이 손닿는 곳에 무궁무진했던 시절이었다.

누군가는 말하기를 '그 시절 너무 가난해서 주렸기에, 모든게 그저 맛있기만 했을 거며 또 지금의 맛있는 음식에 감히 비교하겠는가' 라고 했지만 진실로 맞기만 한 말일까.

온갖 독한 약 다 뿌려 키우고 강한 약 섞어 갈무리 한 후, 여러 손 거친 상품화된 재료에 조미료와 기계화된 솜씨로 아첨하듯 울긋불긋 만들어진 현대의 기름진 음식 앞에서, 우린 입맛을 잃어가고 병만 깊어진다는데, 체중만 무거워 가고 심성만 사나와져 간다는데.

그 시절 그 음식상 앞으로 다시 돌아갈 수는 없는 것인지.

지금도 외진 산골 마을을 만나면 민가 한 집 골라 대문 열고 들어가서 '당신들께서 먹는 그대로 밥 한 상만 차려주셨으면' 하며 체면 접고 간절히 청하고 싶은 마음이 늘 굴뚝같다.

투박한 그릇 몇 개에 소박하게 담겨 있을, 사람 입맛에 아첨하지 않는 그 원초적인 우리의 반찬들이 너무 그리워서였다.

올 여름처럼 또 밥맛을 잃으면, 아니 밥맛뿐이 아니고 살맛이나 살길이 막막해질 때면, 나는 내 「그리운 시절」 문을 활짝 열고 들어가서,

생각나는 대로 이 골목 저 골목, 발길 닿는 대로 이집 저집 쏘다녀 볼 계획이다.

모든 게 맛있었고 모든 게 따뜻했던 그곳에 가서, 이것저것 먹어도 보고 여기저기 휘휘 맘껏 쏘다니며 생명력을 충전해 올 계획이다.

그리운 시절 7

한옥 마루는 그리운 고향 일 번지입니다.

그곳은 내 식구와 동네 식구들은 물론이고 광주리 인 타관 장사치 아낙네들까지도 언제건 스스럼없이 함께 앉아서 말 나누고 음식 나누고 정 나누던 유정한 공간이었습니다.

울안 앞뒤로 동네 안팎으로 틈만 나면 내달리며 하루가 다르게 몸집 커 가던 우리들의 속 알맹이가 그 몸집에 뒤질세라 탁신하게 여물어 가던 곳도 바로 그 마루 위에서였습니다.

마치 장독대에서 장맛이 깊어가고 담장에선 애호박이 익어가며 지붕 위에선 여린 박이 단단해져 갔듯이 어머님이 아침 저녁으로 지성껏 닦아 놓으시는 결 고운 마루 위에선 철딱서니 없던 아이들이 하루가 다르게 철들며 익어갔었습니다.

마루에 앉으면 함께 자라고 함께 달리던 것들이 새삼 보이기 시작했고 그것들은 또 우리의 가슴으로 흐르기 시작하였습니다.

바람에 풀잎들이 눕는 게 보이고 어미를 따라가는 병아리의 발목이 보이고 울 밖 미류목에 햇빛과 바람, 거미줄이 함께 어울리며 춤추는 것이 보였습니다.

어둠을 가르며 터 오던 찬란한 아침과 황홀하게 어울어져 가던 어스름녘 땅거미는 매일 가슴으로 흘렀습니다.

아름다운 것들과 함께 도착했다가 슬그머니 홀로 떠나곤 했던 계절들은 항상 그 첫 발자국을 우리의 가슴속에 먼저 내렸습니다.

우리들의 가슴은 점점 하늘의 별에까지도 닿아질 것같은, 막힘없는 통로가 되어가고 있었습니다.

뿌리는 끊겼어도 호흡을 하는 나무로 만들어져 토방과 섬돌을 그 아래 내려놓고 안방과 우주 그 사이에 다리처럼 놓였던 마루는, 바로 집의 한가운데였으며 세상 모든 것들과 닿아지던 삶의 한가운데였습니다.

그곳은 또 가슴속에서 출렁이는 여러 생각들을 하나로 결정지어야 하는 자리이기도 했습니다. 나갈까 들어갈까의 마지막 결정도 거기서였고 방안의 어른께 드릴 말씀의 내용과 순서도 거기서 매듭을 짓곤 했었습니다. 방안이나 밖에서 굴뚝처럼 솟아오르던 뜨거운 생각들을 식히고 누르고 바꾸던 곳도 마루 위에서였습니다.

어둑한 겨울 새벽, 급전 구하려고 동저고리 바람으로 달려오셨던 차독백이 골 아재가, 왠일이냐며 들어오라는 할머님 성화에도 들어서지 못하고 마루에 팔 짚고 앉아서 땀만 흘리더니 밥 한 상만 받고 말없이 돌아갔던 곳도 마루였습니다.

필시 아재는 밤새도록 생각해 놓고 그를 새벽길로 허둥지둥 달려오게 했던 간절한 소망을 차가운 겨울 마루에 앉아서 누그려뜨리다가 아예 뽑아버렸을 것이었습니다.

우리들도 아재처럼 내 집 마루에서 때론 남의 집 마루에서 간절했던 생각들을 남몰래 땀흘리며 누그러뜨리고 바꾸고 뽑아내기를 수없이 반복하며 자랐었습니다.

반가운 손님 찾아와 버선발로 마당으로 내려서고 분기탱천한 객이 신발 신은 채 안방으로 쳐들어가는 일이 더러 있었지만 흔한 일이 아니었으며 대개는 조신하게 마루를 오르내리며 착하게 살았었고 편하게들 올라앉은 마루에서도 가슴속의 결정만은 가혹하리 만큼 어렵게, 어렵게 다듬고 다듬으며 살았있습니다.

마루는 집의 한가운데였듯이 우리들의 속 알맹이 속에서도 중심을 잡아 주던 신비로운 공간이었습니다.

세찬 햇살은 비껴들게 하고 달빛만은 성큼 다 건너오게 하던 한지 창호지에, 격자 나뭇살 무늬 그어 문들을 만들어 놓고 그 방문 하나 열고 보면 그냥 함께 자연 되고, 그 문 하나 닫으면 옹골진 막힘 되면서도 바람 들어오고 향기 들어오고 창호지 한 장 너머 은밀히 스며오는 바깥 기척이 무궁무진하였습니다.

지금은 집 안 동서남북 여기저기에 대형 유리들을 자랑스럽게 끼우고 살아갑니다. 햇살 강한 우리나라이니 햇살 비껴드는 창호지여야 하는데, 햇살 모두 끌어드리는 유럽식 창문 때문에 집안 살림 다 바래우며 말리우며 가슴 답답해하며 살아갑니다.

첨단 재료와 시멘크 철근들로 단단하고도 높게 지어진 양옥엔 흙소식 바람소리 들녘 향기 차단된지 이미 오래입니다.

더욱 불행한 일은 많은 생각의 갈래들을 결정 내릴 곳이, 넓고도 호사스러운 우리들의 집 안 그 어디에도 없다는 사실입니다.

아파트 층계나 지하도 입구에서 마음을 굳히고 매듭을 지은 때가 많았습니다.

매일 굴뚝처럼 일어서는 곧지 못한 생각들을, 내 아이들은 어디에서 누르고 뽑아내는지 또 그들 속 알맹이는 어디에서 여물었는지 전연 알 수가 없습니다.

햇살과 달빛이 곱게 깔리던 그 마루가 그립습니다.

시골길에서 허물리는 집들의, 먼지 쌓인 손바닥만 한 마루만 봐도 그냥 반갑고 가슴이 아릿해 옵니다.

그립고 아름다운 것들이 자꾸 없어져 갑니다.

발전과 편리 혹은 변화라는 미명 밑에서 흔적도 없이 사라져 갑니다.

지금도 한적한 시골길을 달릴 때면, 따스한 햇살을 받으며 울타리 안에서 아늑하게 열려 있을 마루를 가슴에 그리며, 보일 리도 없는 그쪽을 향하여 고개를. 길게 빼어 올립니다.

내 그리운 고향 일 번지를 향하여 고개를 길게 빼어 올립니다.

그리운 시절 8

칭찬을 들으면서 무럭무럭 컸었다.

"이이고 벌써 저 이진 것 좀 봐. 처녀꼴 다 백였네. 고모 꼭 빼닮았다."

"쑤욱쑤욱 잘도 큰다. 꼭 장군감이다."

내 어렸던 그리운 시절 안에선 몸 자라는 것만으로도 훌륭한 칭찬감이 되었었다.

골목이건 샘터에서건 어른들은 하루가 다르게 자라는 우리들에게 칭찬을 후하게 내리시고는 눈부신 표정으로 쳐다보시는 것이었다. 그러면 우리들의 가슴속에서도 덩달아 불이 켜지고 박하 같은 향이 터지곤 했었다.

"완섭이 조카 아니당가? 승섭씨 장녀 아닌가베. 국일주 씨댁 자손이제."

존재 자체가 그냥 또 칭찬감이었다. 우리는 특별하게 잘한 일도 없으면서 의기양양해져서 어깨를 한껏 펴고 거리를 활보했었다.

'잘한다.' 선생님들께서도 제자들에게 이 대사를 제일 많이 사용하셨다. 우리들은 수시로 '잘한다'는 칭찬을 받았다. 간단하기 짝이 없는 이 단어 하나가 선생님을 통하여 우리에게 도착하기만 하면, 우리에게서는 또 기적이 일어나곤 했었다.

우리는 소나기처럼 쏟아지는 칭찬을 온몸으로 받으며 어른들의 예언대로 쑥쑥 그렇게 커 나갔었다. 금세 이쁜 고모도 되고 우후죽순도 되고 어여쁜 꽃잎도 되면서 하루가 다르게 무럭무럭 커 나갔었다.

그래서인지 허술한 입성과 가난한 먹거리로 메마른 육신들이었지만 우리 서로에게는 모두가 하늘만큼 커 보이기만 했었다. 모두가 소중한 존재들이었다. 믹음직하기만 했었다. 꽉 차오르는 속 알맹이들이 그렇게 보이게 했던 모양이었다.

피난 내려온 시골에서 꽁꽁 얼어 있었던 나를 일으키고 키워 내었던 것도, 그 칭찬의 따뜻한 물줄기였을 것이었다.

열다섯 살. 어머님을 뵈오려고 사람들이 가득 모여 있는 어둑한 주인댁 안방문을 열고 막 들어서고 있을 때였었다.

부끄럽게도 낯설고 고운 여인이 나를 바라보고 있었다.

"고상하고 지적인 아름다움을 지니고 있군요."

자라다가 만듯한 메마른 몸과, 두루 어정쩡한 어설픔을 감추기 위해 두 팔을 항시 엮어 쥐고 있던 참으로 촌스러웠을 어린 나에게, 주인댁 따님은 감당하기 어려운 칭찬을 보내고 있었다.

얼마나 부끄러웠던가. 그 어여쁜 단어들이 가리키는 것들이 내게 입혀지기엔 나는 그때 너무 어렸고, 모자란 데가 많았던 시골뜨기였었다.

그러나 낯설은 그 단어들 사이로 뜨겁게 쏟아지던 기쁨과 샘솟듯 올라오던 감동을 어찌 잊을 수 있었을까. 잠깐 스쳤던 작은 신뢰의 눈길 한 번에도 눈물 거두고 온 몸을 기대었던 가난한 가슴으로는 감당하기 어려울 만큼 벅찬 칭찬이었다. 시골에선 한 번도 들어볼 수 없었던, 그 어느 누구도 받아 보지 못했던 참으로 아름다운 어휘의 칭찬이었다.

살아오면서 나는 나에게 보내온 칭찬의 말들을 한 획도 흘리지 않고 모두 입력하여 두었었다. 일어설 기운이 다 빠져 나갔을 때 '나'라는 존재가 오리무중이어서 허망할 때는 그리운 시절 환한 표정으로 나를 일으켜 주셨던 분들의 눈길을 기억해내고 다시 나를 찾아냈으며 또 용기를 챙겼던 일이 한두 번이 아니었었다.

이제 뒤돌아보는 자리에 서서 그리운 시절을 소중하게 열어 본다. 다정한 얼굴들이 명멸한다. 보잘 것 없이 작았던 우리를 신뢰와 기대와 아낌없는 칭찬으로 키워 주셨던 그리운 분들이 앞다투어 다가오신다.

"고상하고 지적이고 아름답다."

손 내밀어도 닿기 어려운, 참으로 높은 덕목의 빛나는 어휘가 아직도 저만큼 멀리서 빛난다.

칭찬이란, 평생 모르고도 넘길 수 있는 자기의 것을 찾게 해 주는 유일한 통로가 아닐까, 아니 아예 자신에게 담겨 있지도 않았던 것들마저 가지고자 소망하며 달리게 해 주는 신비로운 힘을 가진 위대한 축복일 것이었다.

잊을 수 없는 칭찬들이 건너왔던 그 자리, 그 냄새, 그때 앉았던 이웃 사람들의 표정들까지 다 기억한다. 칭찬 들었을 때 내 입었던 옷매무새며 쑤욱쑤욱 커 오르던 내 속 숨소리까지도 기억한다.

그 시절이 그립다. 크는 것만으로도 휘둥그레한 큰 표정 지으셔서 칭찬해 주시고 미리 큰 예언에서 마음 설레이게 해 주시고 부족한데도 두루 칭찬하시던 고운 어른들이 그립다.

지금은 세상이 험해져서 아이들을 키우던 칭찬도 사라져 버렸다. 아니 아예 그 고운 칭찬이 놓일 자리가 없어져 버렸다. 그 후유증으로 아이들의 속 알맹이가 자라지 않아서 국가와 가정의 가장 심각한 문제가 되어 버렸다.

기말 시험이 끝나서인지, 드물게도 대낮에 몇 명씩 낄낄거리며 어울려 하교하는 중학생들을 바라보면서 가슴이 철렁 내려앉았다. 분명 어느 가정의 귀한 아들들일 텐데도 마치 범법자로 가고 있는 용의자로 보여서, 근심이 그득 담긴 불신의 미운 눈길이 그들에게 먼저 다가가는 것을 막을 길이 없었다.

체격은 당당해지고 입성들은 더할 나위 없이 화려해졌지만 무표정하고 냉소적이고 반항적인 얼굴 위로 그들의 속 알맹이는 자라지 않고 있음을 내비치고 있었다.

학교로 학원으로 쫓아다니며 어렵게들 공부는 많이 해도 대부분 못난이로 남게 되는 요즈음 아이들이 안쓰럽다. 그 아이들 모두를 내 그리운 시절로 데리고 가고 싶다. 물 붓듯이 쏟아지던 그 후한 칭찬을 흠뻑 받게 해서 그들이 잊고 놓쳤던 많은 아름다운 것들을 다시 회복하게 하여 하늘만큼 어여쁘게 자라게 해 주고 싶다.

낭 꽁 네

「셧셧셧」

낭꽁네는 이렇게 쇳소리를 내면서 빨래를 했다.

'척척' 비누질을 하고 '셧셧' 주무르고 '탕탕' 두들겨서 물에 헹구면, 땟국에 절은 빨래들이 금세 아주 뽀얘지는 것이었다.

낭꽁네가 빨래를 시작하면, 나는 그 앞에 쪼그리고 앉았었다. 무슨 일이건 '셧셧' 하며 다 잘했지만 특히 그녀의 「빨래」는 내가 가장 보기 좋아하는 프로그램 중의 하나였다.

시골 중학생이었던 나는 늘 심심했었다.

우두커니 앉아서 나무 끝도 올려다보고 소가 허연 침을 흘리는것도 쳐다보며 시간이 가기만을 기다리곤 했었다.

그러던 어느날.

길자 말자 낭꽁이 마실이란 별난 이름의 연년생 딸들과 또 딸맥이란 갓난 딸까지 들쳐업은 허우대 큰 낭꽁네가 곱살한 면서기 남편과 함께 주인댁 본채의 옆 방으로 세 들어오자, 온 울안은 금세 시끌벅적해지고 나의 심심함도 끝나 버리게 되었었다.

검은 몸빼 차림인 그녀는 적삼 밑으로 길게 빠진 젖을 흔들거리며 '셧셧' 신나게 일을 하였다.

보리 찧고 고추 갈아 김치 담고, 상추 솎아 점심 차리고 밭매고 청소하고 빨래 치다꺼리에 종일 방 밖에서 살았다.

쌀 뉘 가리고 콩 추리고 시댁 바느질에 다림질 다듬이질에 양말 깁고 아이들 무릎에 얹어 놓고 머리에서 서캐 빼고 마루에 앉아서도 쉴 틈이 없었다.

일하는 사이사이 그녀는 또 고만고만한 딸들을 번갈아 불러댔다. 온 울안이 쩌렁쩌렁 울리게 악을 써서 불렀고 욕을 퍼붓고 무섭게 매타작을 하며 자기 가슴을 치기도 했지만 한이 있다거나 화가 난 얼굴은 아니었다.

가까이 있는 딸 하나씩 붙잡히는 대로 '셧셧' 씻어서 닦아 놓은 마루로 올려보내고 젖을 먹인 갓난이는 첫째에게 업히고 넷째는 셋째에게 맡겨 내보내고 그녀는 딸 다섯의 진두지휘를 썩 잘해 냈었다.

틈만 나면 나는 낭꽁네 마당으로 달려갔었다.

그리고는 홀린 듯 그녀의 행동 하나하나를 꼼꼼히 다 바라보았다.

그녀는 내 어머님으로부터 교육받은 「여성상」과는 거리가 멀었고 생활에 쫓겨 감정과 표정이 거세된 듯한 그에게서 친근감도 느낄 수 없었으며 그리고 어린 내가 보기에도 가장 지겨운 여건 속에서 지겹게 살고 있었는데도 나는 홀린 듯한 표정으로 늘 그쪽을 향하여 쫓아가곤 했었다.

그것은 '셧셧' 두들겨서 뽀애지던 가난한 빨래감 너머로 그녀가 당당하게 지탱하여 이고 있던 그녀의 건강한 사랑과 행복을 어렴풋하게나마 건너다 볼 수 있었기 때문이 아니었을까.

지금 내 딸들이 「이충희」나 「조용필」에게 정신없이 반하듯이 낭꽁네는 외롭고 가난했으며 아무도 만날 수 없었던 내 소녀시절 인상깊었던 나의 슈퍼스타 중의 한 사람이었던 모양이다.

3부

이 밤 깨어 있는 분들에게

불면으로 뒤척이다가 홀연 일어나서 불을 켰습니다. 추석 달빛이 걸린 창호지 창밖에선 풀벌레들의 심야 합창이 흐드러지게 흐르고 있었습니다.

참깻대 두드리던 어깨도 아프고 이것저것 가을걷이로 지친 몸은 단잠을 반가워할 것 같았는데 머릿속은 물론이고 몸속 구석구석 모든 세포들까지 말간 얼굴로 깨어나고 있었습니다.

곤한 몸을 돌아눕히는데 사무치도록 간절한 어떤 기척이 들리고 있었습니다.

식어 내리는 밖은 칠흑 밤이었는데 무엇인가 끊임없이 달려오는 소리, 떠나는 소리, 은밀하고도 처연하게 움직이는 어떤 발자국 소리가 내 온 감각의 마디마디를 깨워 일으키고 있었습니다.

그 장중한 낌새는 벽 모서리 베개 머리맡까지 밀려와서 내 가슴을 두드리고 있었습니다.

모른 척 잠잘 수가 없는 시간이었습니다.

하늘이 높아지고 나뭇잎들이 피곤한 기색을 들어내고 살갗이 서늘해지면서 시야가 투명하게 뚫리고 있어 두루 눈치채고 있었습니다만, 지금 밖에선 놀랍고도 신비로운 사업이 한창 벌어지고 있었습니다.

가을은 차갑게 식어 내리고 있는 칠흑 밤 은밀한 중에 그렇게 본격적으로 달려오고 있었습니다.

새롭게 태어나는 것들은 밤에 달려오고 밤에 만들어지는 모양이었습니다.

생명이 오고가는 것도 그러하고 아픔과 기쁨도 밤에 더 간절하며 밤을 새우지 않은 생각들은 깊지 않아서 세상을 움직이지 못하는 걸 우린 알고 있었습니다.

피곤한 생명들을 잠들게 하시고 그 손길을 더욱 바쁘게 움직이시는 여호와의 기척을 이 밤 귀 기울여 듣습니다. 천지창조의 그 치밀하신 계획도 저 장중하고도 심오한 밤의 장막 안에서 이루어졌으리란 확신이 듭니다.

깨어 있어야 할 시간입니다.

거기 그 어떤 변명도 끼어들 틈 없는 정직한 의식 한가운데에서 섬광처럼 보여지는 적나라한 내 모습도 보였습니다. 무장하고 위장하고 살던 밝은 날들의 내 부끄러운 모습이어서 얼굴을 붉혔습니다.

이 밤 서둘러 소등하고 가슴속의 심지만을 한껏 돋우고 안테나를 뽑아 올린 채 귀 기울이시고 있을 당신들의 겸허하고 아름다운 모습을 상상합니다.

당신의 간절한 기도가 하늘로 온전히 오르고 있을 귀한 시간입니다.

눈 씻고도 찾기 힘들던 용서와 사랑 같은 아름다운 것들도 함께 달려오는지 창밖에선 소리 없는 함성이 지축을 흔들고 있습니다.

만종 晩鐘

지난 화요일 오후엔 J대학교 교정에 앉아 있었다. 5월 하순의 훈풍이 산들산들 불고 있어 등나무 밑 나무 벤치는 무한 감미로운 자리가 되고 있었다.

고열 몸살을 치르고 회복세에 오른 남편의 강의 길을 돕기 위해 운전기사가 되어 그를 실어나른 후 그의 강의가 끝나기를 기다리고 있던 참이었다.

칡넝쿨 사이를 뚫고 내려온 빛줄기들이 발밑에 땡땡 무늬를 만들고 옆 벤치에 앉은 어여쁜 여학생들은 소곤소곤 수다의 삼매경에 빠져있었다.

「갠 참 예뻐. 무조건 귀엽고 사랑스러워.」

남학생들 이야기며 성형한 친구와 선배의 결혼 소식들로 종횡무진 하던 수다의 끝머리쯤에 그들은 뜻밖에도 어떤 여학생의 사랑스러움에 마지막 합의를 이끌어 내고 있었다. 쿨한 요즈음 세대들답다는 생각이 들었다. 따가운 정오의 햇살이 내리쏟아지는 인도 블록으로 삼삼

오오 바삐 오가는 젊은이들이 햇살보다 더 싱싱하게 빛나고 있었다.

저들 같은 젊음의 긴 다리로 중앙동 거리를 성큼성큼 걷고 뛰던 남편을 내 젊음을 다하여 사랑했었던 날들이 있었다. 이제 남편은 진즉 정년을 마쳤고 은퇴한 노교수가 되어 주 하루씩 강의를 나오고 있었는데 그것마저 끝낼 것을 오늘 통고할 참이었다.

한창 점심시간일 즈음이어서인지 캠퍼스는 젊음의 열기로 팽창하고 있었다. 차를 몰고 대학으로 진입할 때는 어지럼증이 날 정도로 두루 눈이 부셨다. 핸들 잡은 손이 흔들리고 있었다. 낯설어서 들어서기가 망설여질 정도였다.

"감사한 일이야."

남편은 모처럼 내게 운전을 맡겨놓은 채 차창을 통하여 눈부시게 펼쳐지고 있는 그가 떠날 무대를 내다보고 있었다. 언론인으로서 문화운동의 기수로서 학자로서 마음껏 하늘로 비상할 수 있도록 그에게 허락되었던 아름다운 무대를, 지난 날들을 뒤돌아보고 있었는지도 모른다.

"두루 자격도 부족한 사람이었는데 정말 과분하도록 감사한 일이었어."

그는 깊은 감회에 젖어 있었다. 우린 막 큰 한 매듭을 끝내고 있는 중이었다.

하루의 노동을 은혜 가운데서 마친 농부 부부가 일몰과 종소리를 배경으로 일터에서 두손 모으고 경건하게 기도하던 밀레의 그림이 떠올랐다.

한 생애를 깊이 감사드리며 기뻐하는 우리들의 기도 옆에서도 젊은이들의 함성과 오월의 향기가 감격의 종소리가 되어 무한으로 진동하고 있었다.

빗줄기 사이로 보여 주신 사연

세찬 빗줄기가 무섭게 쏟아진다.

하늘에 구멍이라도 뚫린 것 같다. 이 비가 그치지 않는다면?

세계 도처에서 빈번하게 일어나고 있는 재앙들이 생각나면서 내리퍼붓는 빗줄기를 두렵게 바라보는데 그치지 않고 쏟아지는 빗줄기 때문에 오히려 기쁨과 감격으로 울었을 한 사람이 문득 떠올랐다.

'길이 오백 큐빗 넓이 오십 큐빗 높이 삼십 큐빗 창은 위에서 한 큐빗이며…… 잣나무를 사용하되 물 샐 틈 없게 안팎을 역청으로 발라야하며…….'

햇살 쨍쨍한 세상에서 「노아」는 물난리만을 위한 이상한 건물을 짓는 데에 온 생애를 다 바치고 있었다.

먹고사는 생업에만도 정신없어 하던 세상 사람들은 그를 손가락질하고 미친 사람이라며 돌멩이를 던졌을 것이었다.

매일매일 이어지는 맑은 날들과 별이 빛나는 밤하늘 밑에서 거대한 방주를 홀로 지어 올리며 노아는 얼마나 외롭고 힘들었으며 또 지쳐갔을까.

지상의 호흡하는 생명들을 다 없애기로 여호와께서 작정하신 날.

노아와 그 자녀와 씨앗 될 지상의 모든 육축과 식물들을 방주로 끌어들이고 문을 닫게 하신 후 드디어 하늘에선 물이 쏟아지고 땅에서도 물줄기가 솟아오르기 시작하였는데 방주 안에서 하늘로 낸 창을 통하여 홀로 그것들을 바라보았을 노아를 생각한다.

당신 말씀 하나만을 붙잡고 순종하기 위하여 온 생애 다 바쳐 곤고하게 일하느라고 쇠잔해져 허리 굽어진 노인 되어 있을 노아.

그러나 빗줄기를 향한 형형히 빛나는 그의 아름다운 눈빛 안에 넘쳐났을 기쁨과 감격이 손에 잡힐 듯이 보이고 있어 나도 그만 함께 감격하고 만다.

어느 날 갑자기 하늘이 열리면서 노아 앞에 쏟아지던 저 빗줄기처럼 심판과 천국 문이 우리 앞에 나타나고 드디어 그리운 주님 뵙게 되었을 때 나도 노아처럼 감격할 수 있을 것인가.

부끄럽고 죄스러워 고개도 들지 못하고 숨어 버리고 말 것이었다.

지으라 하시는 방주는 손도 대지 못하고 편하게 살아온 빈 손으로 어찌 감히 노아의 그 「감격」의 자리에 설 수 있을 것인가.

노아는 손가락질받던 자신의 삶을 자식들에게 어떻게 이해시켰으며 방주에까지 따라 들어오게 할 수 있었을까.

무조건의 효자였을까.

나는 하나님 말씀을 읽도록 자식을 설득시키는데만도 무려 사십 년의 세월을 보냈는데.

이젠 그치지 않고 내려치는 세찬 빗줄기가 두려운 것이 아니다. 늙어가며 남은 날은 짧아지고 있는데도 빈손인 내 모습이 너무 두려운 것이다.

통로 通路

'거저 받은 것을 이웃에게 나누라'고 하신 말씀을 묵상하면서 부끄러워한다.

가지고 있는 것들 대부분이 거저 받은 것들 뿐이어서 마음에 걸리기 때문이다.

무엇을 어떻게 쪼개어 누구에게 얼마큼 나눌 것인가.

일상에 휘몰려 살다가도 정신이 들고 깨어날(?) 때면 빚진 자 된 심정으로 가슴이 무거워지는 증세를 앓는다. 거저 받은 것들 다 탕진하고 남은 것 나 쓰기도 모자라는데 어떻게 나누란 말씀인지.

'통로가 되자. 차라리 은혜로운 통로가 되는 것도 좋지 않을까.'

전쟁과 가난으로 점철되었던 내 지난날들을 뒤돌아보면 기적의 연속이었었다. 파산선고나 다름없는 징벌을 받으시고 설상가상으로 중병까지 얻으셨던 부모님 밑에서 더 병약했던 내 성장기는 험난함 투성이었었다.

그러나 울 때마다 누구에겐가 위로받았고 외로울 때마다 누군가가 있어 주었으며 절망에 휩싸일 때마다 손잡아 주며 구원의 지름길을 일러 주었던 참으로 고마웠던 누군가가 내 옆에 반드시 있었던 것이다.

절망 속에서도 달릴 수 있었던 것은 더 불행하면서도 더 잘 달렸던 누군가가 내 앞에 있어 희망을 주었기 때문이었다. 성실한 이웃들이 나를 감동시켰고 그들을 바라보는 것만으로도 기뻤고 기운이 솟아났었다.

문턱에 수틀을 놓고 땀 훔쳐 가며 여름 내내 공작을 수놓던 말없던 산골 처녀조차도 누구도 가르쳐 주지 않았던 여인의 길을 짐작해내게 하였었다.

내 옆엔 항상 그렇게 수많은 은혜의 통로가 열려 있었다.

절대자께서 보내 주시는 위로와 꼭 만나야만 될 것들을 만나서 역경 속에서도 무럭무럭 자라고 아픔들을 이겨 내게 했던, 크고 비밀스러운 것들이 소리 없이 몰려오던 통로가 있었다.

나도 이제 누구에겐가 그러한 은혜의 통로가 되고 싶은 것이다.

누군가의 삶 위에서 꼭 만나야만 될 것들을 내 몸과 내 삶의 자세를 통하여 전해 주는 은혜로운 통로가 되고 싶었다.

그러나 목말라 하는 한 사람에게 위로가 되고 구원이 되는 것들을 운반해서 만나게 해 주는 통로가 되려면 쉽게 되는 것이 아닌 것을 금세 알게 되었다.

감동과 감격이 있는 뜨거운 삶을 살아야만 되는 것임을 알게 되었다.

그것은 통장 속에서 남은 내 아까운 돈을 꺼내어 남에게 건네어 주는 일 못지않게 어려운 일이었다. 아니 더 어려운 일이었다.

안타깝게도 내 통장과 내 모습은 은혜로운 통로의 재목이 되지 못하고 있었다.

그래도 나는 오늘 머리를 곱게 빗고 일어선다.

혹여 빈 통장 안에 남을 위해 쓰일 돈이 채워질지도 모른다는, 내 하찮은 일거수일투족일망정 바라보면서 눈물 거두고 위로받으며 일어설 누군가가 있을지도 모른다는, 그런 푸르른 소망을 가지고 하늘 위에 계신 분을 바라보면서 일어서고 있다.

그리 아니하실지라도

이 말은 한국의 어머님들이 공경하는 어른들을 위로해 드리기 위하여 지극히 몸을 낮추시고 조심스레 말씀을 꺼내실 때 사용하셨을 법한 극존칭의 접속사다.

이제는 아득히 잊혀져 가고 있는 그리운 말투이다.

전투적으로 변형된 토막말들만 범람하고 있는 인터넷 언어 시대에 모처럼 만난 아름다운 어휘여서 기록된 역사의 근원지를 찾아보는데 뜻밖에도 이 접속사는 위로의 말 가운데에 놓여 있지 않았었다. 만인들이 굽히는데도 굽히지 않겠다며 이천 육백여 년 전 분연히 일어섰던 유대의 아름다운 소년들의 외침 가운데서 시퍼렇게 선 칼날 같은 힘을 발휘하고 있었다.

"절하지 않는다고 당신이 우리를 불 속에 넣을지라도 우리 하나님이 우리를 극렬히 타는 풀무 가운데서 능히 건져내시겠고 그리 아니하실지라도 우리는 당신이 강요하는 우상에게는 절대 절하지 않겠다."

설혹 하나님이 구해주시지 않는다 할지라도 믿음을 지키겠다며 다니엘의 친구 사드락과 메삭과 아벳느고가 바벨론 궁정에서 격노하고 있는 느부갓네살 왕에게 단호하게 외치고 있었다.

내가 바라는 대로 「그리 해주었어도」 성에 차지 않아 조목조목 따지면서 가족과 이웃들을 가차없이 상처 내며 살아왔던 우리들에겐 상상하기조차 어려운 믿음이었고 아름다운 헌신이었으며 순종이었다.

「사랑」, 「용서」, 「충성」…… 가끔씩 삶의 태도를 바꿔 보고자 화사한 이정표가 가리키는 곳을 향하여 출발했다가도 이내 돌아서곤 했었다.

모처럼 이웃을 사랑하려면 사랑해선 안 될 조건들만 줄을 서서 달려왔었다. 모처럼 용서 한 번 하려면 잊었던 서운함까지 기억나면서 더 분통이 터지곤 했었다.

움켜쥐고 있던 것들을 미련 없이 내려놓으려면 더 움켜쥐고 싶은 많은 것들이 눈과 마음을 사로잡곤 했었다. 가족의 볼멘소리 하나에도 이성을 잃고 화난 공격자가 되곤 했었다.

이런 강팍한 심성을 가진 자가 보이지 않는 분에 대한 믿음에 대해서는 과연 무엇을 고백할 수 있을 것인가.

나를 사랑해 주시면 좋겠지만 '그리 아니하실지라도' 당신에 대한 존경과 사랑은 변함없이 끝까지 지키겠습니다…… 우선 이웃들에게부터 이렇게 고백하며 살아야 했었다.

고칠 곳이 어디서부터인지 구체적으로 보이고 있었다.

「…그리 아니하실지라도 당신을 사랑하겠습니다」 하나님께도 이렇게 고백할 수 있어야 할 것이었다.

단어 하나가 주는 여운이 깊고도 높았다.

들깨 모를 옮겨 심으면서

장맛비로 촉촉해진 땅에 들깨 모를 옮겨심고 있다.

기다리던 단비가 내렸는데도 더 급하게 손봐 주길 기다리며 줄 서 있는 다른 작물들에게 관심을 쏟느라 들깨 모종을 차일피일 미뤘더니 밀식된 모판에서 키만 웃자란 들깨 모들이 손만 대면 줄기가 툭툭 부러져 나간다.

시금자와 참깨 모종을 끝냈고 메주콩은 일차 보토와 제초까지 마쳤다. 추석에 맞춰 먹을 늦옥수수 모종도 끝냈고 키만 자라는 밤콩들의 순을 서둘러 끊어내어서 몸집 불리기로 방향도 바꾸어놓았다.

돔부콩과 울강정들이 아우성치듯 내밀고 있는 여린 순들을 위한 지줏대도 박아 주었다. 이틀만 돌아보지 않아도 사잇 순과 괜한 잎사귀들을 슬그머니 내놓는 토마토와 가지 고추들도 일일이 손봐 주고 비바람에 상하지 않게 줄기들을 끈으로 잡아 매주느라고 꽤나 땀을 쏟아내었다.

이제 마지막 들깨 모종만 끝나면 이른 봄 완두콩 심기부터 시작되었던 작물들의 파종과 모종들이 일단 모두 끝나게 된다.

괴롭히던 억센 잡초들도 칠월이면 무성해지는 작물들의 기세에 눌려서 한풀 꺾일 것이어서 한숨 돌릴 수가 있을 것이다. 이젠 가을을 기다리며 추수의 기쁨만 남겨둔 셈이다.

들깨 모 서너 개씩을 모아 잡고 호미로 긁어놓은 고랑에 길게 눕힌 뒤 잎사귀들만 땅 위로 나오게 한 뒤 흙으로 덮어 눌러 준다. 마치 탤런트 최수종이 어떤 화면에선가 머리만 내놓고 땅에 묻혔던 모습 같다는 생각을 한다.

매운 기가 덜 든 청양고추와 오이 따서 된장과 고추장에 찍어 먹고 애호박 나물에 가지와 여린 호박잎 찌고 익은 토마토로 후식을 즐기는 여름 밥상이 풍성하다. 완두콩과 강낭콩 놓아 밥해 먹고 상추 쑥갓 치커리 쌈을 즐긴다.

평생 좁은 교실에서 학생들에게 국어만을 가르쳤던 도시 여자가 육년 차 농부가 되어 산골 넓은 들녘을 무대 삼아 호미 들고 뭇 생명들을 진두지휘하고 있다.

계획에도 없었고 상상해 보지도 않았던 놀라운 일들이 내 앞에서 지금 벌어지고 있는 것이다.

'…… 삶의 지경을 넓혀 주겠으며…… 네가 알지 못하는 놀랍고 큰 비밀한 일까지 보여주겠다…….'

들깨 모종이 끝난 밭에서 들깻잎들의 향이 코를 찌른다. 공로도 없는 죄인에게 보내 주신 놀라운 사랑과 은총이 감사해서 매일 감격해하고 또 감격한다.

콩, 콩 장단

콩은 또르르 구른다.

세워지거나 정지되지 못하는 게 그들이다. 틈만 나면 어디로든 굴러갈 준비를 하고 있는 장난꾸러기들 같다.

돌잡이 어여쁜 꼬맹이가 덜 여문 빨간 입술 좌악 벌린 채, 까만 눈 꼬불치며 소리 없이 웃을 땐 가슴이 뒤집어진다.

"아유! 저 콩알만 한 것이 사람 속을 있는 대로 잡아 흔드네"

그 사랑스러움! 한마디로 집어줄 수 있는 것에 콩만 한 단어가 또 있을까.

"콩알만 한 것이 누구한테 감히 덤비려고 그래?"

폭력이 폭발할 것 같은 음산한 자리에서도 오가는 말 속에 콩알이 나왔다면 안심할 일이다. 조그맣고 사랑스러운 콩알에게 덤빌 사람이 어디 있겠는가.

"콩고물이 많은 자리여서 모두들 탐내나 봐."

"먹을 콩이 분명 있으니 사람들이 저리 많이 모였겠지."

세상 먹거리들 셀 수 없이 많지만 가장 맛있는 것으론 콩을 당할 게 없나 보다. 사람들이 구름처럼 모여든다지 않는가.

"영감님은 진즉 콩 팔러 가셨지."

"무엇이 바빠서 그렇게 빨리 콩 팔러 가셨는지?"

"콩가루 집안이더니 이젠 알콩달콩 잘사는 모양이지"

서러운 마지막 길까지, 말로는 켜켜이 설명해내기 어려운 인생살이의 어려운 고비, 고비마다 대변인이라도 되는 것처럼 또 콩이 나온다.

콩깍지가 씌워야만 짝을 찾을 수 있다고도 한다. 나이든 싱글들이 역사 이래 여기저기 가장 많이 우글거리는 이유는 먹을 콩에 고물 떨어지는 맛난 콩이라면서 짝 찾아줘야 할 빈 콩깍지까지 다들 먹어치워서인 모양이다.

짭짤한 된장 · 간장 · 고추장 · 찌엄장 · 청국장 만들어 먹으며 오장육부 바로 세우고 푸성귀 섞어 맛난 반찬 만들어 새끼 키우면서 오천년 역사의 긴긴 가난을 이겨 내어 오늘의 부흥을 지켜 오게 한 콩 아니던가.

웰빙을 위해서 성인병을 뿌리 뽑기 위해서 콩부터 먹어야 한다며 지금도 콩 찾아 먹기에 정신들이 없다. 또르르 구르는 그 쬐끄만 몸속에 무엇이 그리도 많이 숨어 있기에 하늘 찌르는 인기가 식을 줄 모르는가.

매년 나는 그 신비로운 콩을 심는다.

땅속에서 여무는 땅콩만 빼놓은 메주콩 · 밤콩 · 대콩 · 돔부콩 · 완두콩 · 강낭콩 · 주녀리콩들을 심고 가꾼다. 콩밭에서 일어나는 콩 이야기가 무궁무진하다.

"내가 콩만도 못하냐?!"

한 손은 삽자루 위에 얹고 한 손은 옆구리를 짚은 남편이 활활 타는 듯한 성난 눈으로 나를 노려보면서 버럭 던진 공격의 일성이다.

선배 농부들이 가르쳐 준 대로 간격 맞춰 호미로 판 구덩이마다 네 알씩의 밤콩 씨앗을 넣고 제 몸 크기의 세 곱씩의 흙을 덮어 주고 싹이 나오기를 고대하고 있는데 서투른 솜씨 때문인지 우리의 콩은 싹을 내놓을 기미가 보이지 않아서 애가 타고 있던 중이다.

무심코 밭을 둘러보는데 감감 무소식이던 밤콩이 쪼개진 콩 한 조각씩을 베레모처럼 머리에 얹고 푸르른 속살을 보이면서 무거운 흙덩이들을 막 들어올리고 있지 않은가. 한 생명이 장엄하게 탄생되고 있는 신비로운 현장이다. 생명을 키울 수 있음을 드디어 허락받은 것 같아서 남편과 나는 감동하고 또 감격한다.

여린 콩 사이에 돋아나는 불청객 잡초들을 골라내던 중, 무심코 고개 돌린 내 눈에 잡초 제거에만 정신 팔린 남편의 거대한 장화발이 콩 한 무더기를 밟아 누른 후, 그 옆 여린 밤콩 싹을 향하여 다시 내려오는 것이 보인다.

절체절명의 순간이다. 어떻게 저 무자비한 발밑에서 얼굴 내밀려는 새 생명을 죽어가도록 내버려둘 수 있단 말인가. 급박한 절규와 원망과 비명이 내 입에서 매몰차게 가차없이 날아갔을 것이다.

졸지에 당한 아내의 무례하고 과격한 공격에 놀라고 분기탱천한 남편이 지체 없이 응징의 칼날을 무섭게 뽑아든다.

"내가 콩만도 못하냐?"

오직 남자로 보였던 한 사람, 내게는 늘 고맙고 소중했던 사람, 태산만큼 크고 큰 사람이 자신과 쬐꼬만 콩알 중 어느쪽이 나은지 하나를 당장 선택하란다. 아무리 위대한 능력 가지고 종횡무진 사랑받는 콩이라지만 어디 사람, 그것도 내 남편과 감히 비교할 수 있단 말인가.

그러나 어쩌겠는가. 남편의 발밑에 놓인 여린 콩을 본 순간만은 내 사랑은 분명 남편이 아닌 콩이었으니.

그것을 간파해 버렸기에 남편은 두고두고 부끄러움으로도 남을 수 있는 그 단순 유치찬란한 대사를 과감하게 뽑아 공격 무기로 사용했을 것이다.

'내가 콩만도 못하냐'

남편이 뽑아든 무기는 직효 명중탄이 된다. 격앙되었던 두 사람의 가슴이 눈 녹듯 금세 녹아내리면서 웃음보까지 터졌으니 말이다.

우리의 가슴 안으로도 어여쁜 콩이 또르르 굴러 들어오는 게 선명하게 보였던 아름다운 날이었다.

건健

건健이의 미소가 일품이다.

생후 10개월밖에 안 되었는데 설익고 연한 얼굴 위로 수시로 오르는 미소가 어찌 저리 어여쁜지. 제 어미 뱃속에서부터 내내 웃다가만 나온 모양이다.

가는 눈을 꼬불치고 콩만 한 입을 벌려 소리 없이 웃는 모습이 혈연들의 가슴을 흔든다.

뭐든 닥치는 대로 잡아 입으로 가져간다. 엄마 손도 가져가고 전화기도 가져가고 책상 모서리를 잡고서도 조그맣고 빨간 입을 쫘악 벌린다. 그 콩만 한 입으로 세상을 일단 모두 감식하려는 모양이다.

야무진 기술 하나 전수받아 가지고 나온 모양인데 가소로우면서도 대견해서 어른들은 볼 때마다 또 웃는다.

건이는 장남 영욱의 아들로 우리 앞에 가장 늦게 나타난 신참이다.

뒤늦게 합류해 온 그에게 말해 주고 전수해 주고 싶은 것들이 한두 가지가 아니다. 긴 인생 살아오면서 어렵게 얻어낸 귀한 노하우들을 어서 빨리 건네주고 싶은데 저 신참은 언제쯤부터나 말귀를 알아듣고 할아버지 할머니를 알아보려는지.

일사불란하고 탄탄했던 우리 패밀리의 질서가 일시에 무너지고 평지풍파가 일어난 것도 바로 신참 건이 때문이다. 새 며느리를 맞아들인 김에 기강을 조여볼 참이었는데 웬걸 그동안 면면히 이어져 온 질서부터 와르르 무너져버렸다.

오늘도 기라성 같은 삼촌 고모들이랑 온 가족이 모였다.

건이는 아랑곳없다. 한마디의 말귀도 알아듣지 못하니 어찌할 것인가.

작은 몸뚱아리를 비벼대며 신나게 이 무릎에서 저 무릎으로 올라가고 내려오고 굴러떨어진다. 보이는 것마다 잡아 입으로 가져가고 고개를 올리고 소리 없이 혼자 웃는다.

어른들의 몸을 놀이기구 삼아 쉬임 없이 종횡무진 움직인다. 잠시의 정지도 없이 막무가내로 움직이는 반란자의 일거수일투족을 따라잡느라고 가족들 간에는 대화를 나눌 겨를도 없다.

오랜만에 만난 도련님과 새언니도 소용없다. 아이가 움직일 때마다 탄성들을 지르고 중계방송하고 추임새 넣느라고 침 튀기고 아이의 관심 끌어내느라고 괴성 지르고 온통 난리법석이다.

은근히 남편에게 미안하다.

집안의 뿌리요 어른이요 존경과 예의의 구심점이었던 그의 자리가 일시에 해체되어 버린 것같아 민망하다. 슬쩍 남편을 보니 그 역시 근엄했던 마스크는 내려놓고 함박 웃음 머금은 채 온 방안을 해집고 돌아다니는 건이를 함께 좇고 있다.

우리는 저 아이의 무엇을 그리도 열심히 보며 쫓아다니는 것일까.

보는 것만으론 성이 차지 않아 다투어 안아 보고 손잡아 보고 작은 어깨를 짚어 보기도 한다. 빠져나가려고 바둥거리는 몸뚱이를 붙잡아 볼을 비벼 본다.

아이의 얼굴은 제 아비를 통하여 할아버지 즉 내 남편을 판 박았다.

윤곽과 피부는 제 어미이고 떼쓰다가 눈치보는 것은 꼭 어렸을 때의 제 아비다. 고개 숙인 모습은 그동안은 나타나지 않았던 외조부 모습이고 날이 갈수록 더 외탁해 가고 있는 중이란다.

남편의 불같은 정열과 내 소심함도 분명 저 작은 가슴 안에 숨어 있을 것이다. 이모와 고모는 꿔어서라도 닮는다는데 외국에서 공부하고 있는 그리운 큰 딸애의 모습은 저 조그마한 얼굴 어디쯤에 앉아 있을까.

우리가 뵙지 못했던 4대 6대 10대… 아득히 더 먼 조상들의 모습들까지 저 조막만 한 얼굴은 담아 가지고 나왔을 것이다.

친가와 외가 조상들의 얼굴과 성격과 꿈과 운명이 저 아이와 함께 우리에게 왔을 것이다. 그것들은 저 아이가 자라면서 다양하게 바뀌어질 그의 여러 모습에 번갈아 올라올 것이고 우리와 만나질 것이다.

우리를 놀라게 하면서 하루가 다르게 바뀌어지고 있는 건이의 모습이 신비롭다.

지금 저 방글거리는 입매와 말갛게 쳐다보는 눈매는 몇 대조 어느 분의 모습이 나타나고 있는 것일까.

단순한 움직임 몇 가지만 가지고 끊임없이 뒤쳐대기만 하는 저 신참을 온 가족이 빨려들 듯 열심히 살펴보고 있는 것이 어쩐지 수상하지 않은가.

우리는 그에게서 무엇인가 지금 열심히 읽어내고 듣고 있는가 보다.

맞다. 저 아이는 무엇인가 소중한 메시지를 가지고 달려온 게 틀림없다. 우리는 건이를 통하여 그것과 만나고 있는 모양이다.

이 충일한 감정과 가족들의 얼굴에 넘실대는 저 흡족한 표정만 봐도 알 수 있다.

작전타임을 다 써 버린 감독이 피투성이로 싸우고 있는 사랑하는 선수들에게 시급히 필요한 작전 메시지를 전달하기 위하여 교체선수를 밀어넣듯이 창조주께서는 완벽한 경기를 치르지 못하고 있는 우리 가족들에게 비장의 메시지를 투입한 새 사람을 지금 보내 주셨을는지도 모른다.

건이를 본다.

여전히 어른들의 무릎과 무릎 위를 건너 상 밑으로 들어가고 밥상의 그릇들을 뒤엎고 수저를 거꾸로 들고 콩만 한 입을 쫘악 벌리고 있다.

흐뭇하다.

우리 가슴에 흐르고 있는 이 기쁨과 풋풋한 소망이 그에게서부터 연유되고 있음을 느낀다. 보내 주신 메시지는 역시 예사롭지가 않은 것같다.

온 가족들에게 무한한 힘을 준다. 언어로 기록된 것은 아니지만 가족 사이에 암호로 흐르고 있는 끈끈한 줄을 타고 우리는 행복을 흠뻑 나누어 받는다.

건이가 자라면서 보여 줄 여러 모습들과 그의 꿈은 바로 우리 가족들의 모습과 소망이 되비쳐 나타난 것이 될 것이다. 그는 메신저일뿐만 아니라 바로 우리 패밀리의 본질을 적나라하게 보여 주는 신비로운 거울이 될 것이다.

이제 우리들은 옷깃을 여미며 열심히 살아가야 할 것이다. 우리는 계속 끊임없이 건이를 바라볼 것이다. 비장의 힘과 지혜의 메시지를 가지고 우리에게 달려온 그를 통하여 우리는 원기 백배하여 이웃들에게 박수를 받는 좋은 경기를 펼치게 될 것이다.

건이를 사랑한다.

그리운 조상들의 모습과 우리 가족들의 내일의 꿈을 온몸에 담아가지고 우리에게 달려온, 창조주께서 은총으로 보내주신 이씨가李氏家의 반가운 귀빈이니까.

대박집 안주인

아주 잘 나가는 대박집의 안주인이 되고 싶습니다.

손님들은 줄서서 문밖에서 차례를 기다리고 있는데 홀 안은 앉을 자리 하나 없이 그득 메운 손님들로 하여 뜨거운 열기로 가득차 있는 신나는 대박집 안주인들을 만나볼 때마다 너무도 부러웠습니다.

무엇이건 하는 일마다 저리 신나는 대박을 터뜨릴 수만 있다면 얼마나 좋을 것인가. 그들의 성공에 아낌없는 박수를 보내면서도 부러운 마음은 하늘을 찔렀습니다.

이제 곧 나도 내 가게를 열 계획입니다. 바로 대박 터질 가게를 열 계획입니다.

내 가게의 메뉴는 먹으면 뱃살 오르게 하고 혈관마다 끈적끈적하게 기름으로 막히게 하는 삼겹살에 비프 스테이크 파스타 꼬리 곰탕들이 아니어서 참으로 다행입니다. 내 가게의 메뉴는 금세 밖으로 쏟아내면서 잊혀질 뱃속으로 들어갈 것들이 아니고 손님 호흡 있을 때까지 동행할 가슴 안으로 스며들어가서 고운 향기가 될 것들이어서 벌써부터 가슴이 설레입니다.

정성껏 빚어 내놓을 내 가게의 메뉴는 바로 〈수필〉임을 먼저 밝혀 둡니다. 이 단 한가지의 메뉴만 가지고 승부를 걸겠다는 다짐을 하면서 나만의 방대한 청사진을 만들었습니다.

내 가게에 오신 손님 첫 숟갈 뜨는 순간부터 눈가에 은은한 미소와 상큼한 생기가 올라오게 하겠습니다. 가슴속 비워진 틈새마다 감동과 감격으로 가득가득 채워지게 할 것이며 잊히지 않을 향기가 되어, 걷는 걸음걸이 위에 눈매와 입매 위에 그리고 나이 들어가는 얼굴의 표정 위에까지도 오래도록 드리워지도록 하겠습니다.

내 가게에 한 번 들른 손님은 그 맛과 향기에 반하여 문만 열면 다시 달려오시고, 긴 줄 서서 기다리시다가 단골까지 되어 버리는, 가게 이름과 주인 이름만 보고 듣고도 함박웃음 짓고 한걸음에 달려오시며 백발되어도 자손의 손까지 이끌고 오시도록 하겠습니다.

이 꿈을 이룰 대박집 안주인 되려고 그동안 아니 평생 동안 이곳저곳 기웃거리며 어깨 너머로도 배우고 치열하게 독학까지 하면서 칼을 갈았었습니다.

길가에 굴러다니는 하찮은 잡초 한 포기만을 식재료로 쓴다 할지라도 최고의 기막힌 맛을 낼 수 있는 비장의 솜씨를 갖추기 위하여 맹훈련을 거듭하고 거듭하기를 한 쉬도 쉬지 않았었습니다.

준비해 둔 이 비장의 무기에 막강한 힘 실어줄, 대박집들마다 한결같이 갖추고 있었던 최상급의 식재료들이 숙성되고 있던 보물 창고들이 내게도 이미 준비되어 있어서 든든합니다.

천리 만리 지구 끝에서부터 동토 가르고 얼음 녹이면서 숨가쁘게 달려왔을 푸르른 잎새들과 마른 나뭇가지 위에 올라설 꽃망울들이 그 고운 첫 걸음 착지할 성지 고르고 고르다가 사뿐히 내려 앉은 곳이 바로 전국 팔대 오지 중 하나였었다는 깊고 수려한 동상 수만리水滿里 산골짜기였습니다.

지친 다리 내려놓고 막 호흡 고르고 있을 그 어여쁜 생명들과 나는 지금 함께 살고 있음을 먼저 고백합니다. 내 가게 터 주소가 바로 그 수만리 골짜기이며 싱싱하고도 맛깔스러운 최상의 식재료들만을 내 대박가게에 무한 무상 공급해 줄 제1창고가 바로 그 수만리 골짜기입니다.

눈길 가는 대로, 손길 닿는 대로, 마음 내키는 대로 그 중 한 가지씩만 골라서 별 솜씨 내지 않고 손님 상 위에 올려놓는다 할지라도 싱싱하다 못해 펄떡거리며 살아 있는 아름다운 것들이어서 손님들 첫 술에서부터 가슴 두근거리고 눈가에 미소 오르며 표정 위로 행복함까지 올라올게 분명합니다.

열쇠도 필요 없이 고개만 돌리면 열려지는, 내 열네 살 언저리의 그리운 고향이 또한 내 보물창고 2호입니다.

과수원 주인집에 세 들어 살았던, 돌아앉은 사랑채 마루 위에서 사춘기를 보냈던 내 어리바리한 모습과 빛바랜 헐렁한 스웨터 입고, 유난히 부끄럼 많이 타고 유난히 무서움 많이 탔던 마른 내 모습이 선명하게 보입니다. 얇은 가슴 안에서는 항상 무엇인가가 뜨겁게 타고 있었는데 그것 때문인지 아니면 오래 입어 줄어든 스웨터 밑으로 나온 마른 팔목이 부끄러워서인지는 몰라도 두 팔로 늘 가슴을 싸안고 다녔었습니다.

그 열네 살, 비린 가슴 안의 것들을 하나씩 찾아 꺼내어 식탁 위에 내놓아도 별미로 참 괜찮겠다는 생각이 듭니다. 손님들도 잊었던 옛

비릿한 그리움들을 기억해내면서 차갑게 식어 있던 마음 안이 따뜻하게 덥혀질 것입니다.

하염없이 흘렸던 많은 눈물들과 수없이 건너오고 또 건너와야만 했었던 절망의 골짜기, 가슴치면서 탄식했던 서러운 시간들과 간절하게 부르짖어 올렸던 셀 수도 없이 많았던 기도의 제목들, 남다르게 허약했던 몸으로 수없이 사경을 헤매었던 두려웠던 시간들, 가슴 설레이며 만나고 보내야 했던 동네 골목들과 정다운 마을들, 너무 감사하고 감격해서 그냥 울어 버릴 수 밖에 없었던 행복했던 순간들이며 숱하게 만나고 헤어졌었던 그리운 사람들의 모습들까지 들킬세라 꽁꽁 홀로 가슴 안에만 묻어 두었던 내 삶의 족적들이 흐르는 화면 위에서 그립게 명멸하며 흘러갑니다. 바로 거기가 내 3호 보물 창고입니다.

깊이깊이 감추어 두었던 그것들 중에 무작위로 한 꼭지씩만 뽑아내어 추켜들고 칼 솜씨 발휘하여 성심껏 요리해서 상 위에 올리면 내 손님들 그 감칠맛에 반하시고 씹을수록 깊어지는 맛에 기뻐하시다가 손님들 가슴 안에 숨겨져 있던 그것들과 만나지면서 잊히지 않을 향기도 되고 샘솟는 힘으로까지 바꾸어지는 기적이 일어날지도 모르겠습니다.

이제 곧 대박가게를 열고 그 안주인이 되겠습니다.

주옥같은 작품 만들어 감탄으로 무릎 치면서 읽어 주실 손님들이 구름처럼 모일 내 대박가게를 열겠습니다. 글의 행간마다 향기롭고 신선하며 문장마다 사랑스러움이 묻어 나오는 작은 접시에 담긴 짧은 수필이지만 넓은 수통에 담긴 대하소설만큼이나 크나큰 감동과 감격이 스며있는 수필을 쓰겠습니다.

그리하여 글쓴이 이름만 보고도 반갑게 책을 펼쳐 주시는 내 글을 한시라도 빨리 만나 보고 싶어 뜨거운 열정을 품은 채 달려오시는 손님들로 하여 신나도록 긴 줄이 이어졌으면 좋겠습니다.

신나는 대박가게의 안주인이 될 꿈을 꾸며 살고 있다는 것만으로도 너무 행복하여 날마다 웃으며 살고 있는 수필 쓰는 여자입니다.

그리운 사람

눈까지 가느스름하게 오므려 뜬 남편이 바늘귀에 실을 꿰려고 안간힘을 쓰고 있다. 온몸의 기를 눈동자에 모으고 바늘귀를 뚫어지게 바라보고 있다.

내 시력이 약해지면서부터 간단한 바느질은 남편이 하고 있다.

아내인 내가 굳이 못할 리 없는데도 총각 시절부터 바느질은 잘했었다며 바느질 통을 끌어갔었다. 얼마 전부터는 힘으로 눌러야 하는 다리미질까지도 그의 몫이 되어 버렸는데 내 외출복 다라미질을 부탁할 때는 저절로 목이 움츠러지곤 했다.

너무 작은 바늘을 고른 것일까.

남편은 바지 허리를 늘린다며 무릎 위에 뜯겨진 바짓가랑이를 올려놓고는 실 끝에 여러번 침을 묻히면서 어렵게 바늘을 꿰고 있다. 남겨진 실은 이로 익숙하게 끊어내고 빈 바늘은 윗옷 가슴께에 꽂기도 하면서 바느질 삼매경에 푹 빠져 있다.

잊히지 않을, 결코 평범하지 않는 장면 하나를 그는 이 저녁에도 내 앞에서 저리 자상하게 보여 주고 있는 것이다.

그의 이름을 듣는 것만으로도 가슴이 두근거리던 시절이 있었다.

무심코 걷던 거리에서 얼핏 그의 뒷모습만 스쳐도 가슴이 철렁 내려앉던 시절이 있었다. 바람 불고 비만 내려도 가슴이 메이곤 했었다.

중앙동에 나가면 그가 있었다.

키 큰 그는 많은 사람들 속에서도 대뜸 눈에 띄었다. 혼자면 휘파람 불며 휘적휘적 걷고 있었고 한 무리의 유쾌한 사람들 있어 살펴보면 그 한가운데에 그가 있었다.

아름다운 처녀들도 거기 함께 있었다. 음악감상, 등산 등 여러 다양한 예술 분야를 이끄는 모악촌 문화운동의 기수로서, 날카로운 필치 휘두르는 신문기자로서 그는 바쁜 모양이었고 그에 대한 무성한 소문들은 끊이지 않았었다.

직장 전화의 삼분의 이는 그를 찾는 전화이고 또 그것의 삼분의 이는 모령의 여인들 전화라는 소문을 전해 들으며 쓸쓸해했던 때는 여름 방학이 막 시작되던 때였다.

나는 그때 스무 살 문턱에 겨우 올라선, 노련한(?) 그 앞에는 감히 나타날 엄두도 못내고 있던 애송이였다.

긴 방학 동안 그가 있는 전주에 있기 힘겨워 부랴부랴 짐 싸들고 시골 할머니 댁으로 내려갔었다.

해 기울고 전등불들이 밝혀지면 부레옥 빵집과 장안 양복점, 송천다방과 문성당들이 마주하고 있는 휘황한 중앙동 거리에 그는 어김없이 나타날 것이고 그 거리에 가 보고 싶어 가슴 두근대며 나는 매일 저녁 머리를 빗을 것이었다.

두리번거리며 그를 찾다가도 그의 모습 나타나면 질겁해서 또 되돌아서기를 반복할 것이었다.

시골 할머님댁 앞산 까마귀들은 해만 지면 유난히도 까악까악 울어 댔었다.

마루에 우두커니 앉아 짙어가는 어두움 바라보며 시간들을 밀어 보내고 있는데 하루는 꿈속에 그가 와 있었다. 해괴하게도 그의 벗은 맨 등허리를 내가 만지고 있는 꿈이었었다.

결혼 후 그의 맨 등허리를 몰래 살펴보는데, 모양새나 감촉이 신기하게도 그 여름밤 까마귀 까악까악 흉물스럽게 울던 날, 꿈속에서 만져보았던 한 치도 틀림없는 바로 그 등허리였다.

사십 년이 흘렀다.

이제 그와 함께 늙어가는 나날들이 평안하기 이를 데 없다.

그의 눈매와 웃음소리를 판 박은 듯이 닮은 네 명의 아이들은 다 자라서 뿔뿔이 제 갈 길로 정진하고 있고, 그들로부터 전해오는 소식에 그가 기뻐하면 나도 덩달아 더 기뻐지는 것을 감사하며 하루하루를 충일하게 살아가고 있다.

고마운 사람!

나는 여러 번 중병에 걸렸고 여러 가지로 셀 수도 없이 그를 애태우게 했었다.

사사건건 매사에 시행착오투성이였다. 그가 나를 처음 보았을 때 어설픈 애송이였을 것인데, 그 모습 그대로인 채 그 옆에서 평생 애송이 노릇만 했었다. 어른 역만 도맡아 할 수밖에 없었던 그는 얼마나 힘들었을까.

쾌활한 웃음소리 여전하고 휘적휘적 거리 누볐던 그의 긴 다리 여전하지만 귀밑머리 하얗게 세었고 망가져 가는 치아 때문에 잘게 썬 반찬 좋아하고 자주 피곤해하는 것을 보면 많아진 나이는 속일 수 없음을 보여 주고 있다.

바람처럼 나에게 왔던 것처럼 바람처럼 홀연히 떠날 수도 있다는, 상상하기도 힘든 이별이 실은 서서히 목을 조이듯 우리 앞에 다가오고 있는 그 두려운 발자국 소리를 듣는다.

그 홀로 남게 해선 안되다.

주인 품으로 돌아가는 그의 마지막을 위로하는 아내의 마지막 소임에까지 애송이 노릇은 하지 않을 것이다.

그렇다면 그 보내고 홀로 남게 되는 나는 어떻게 되는 것일까. 그 없는 세상에서 숨은 쉴 수 있을까. 하늘 바라보며 향기 맡을 수 있고 고개 돌리며 웃음소리 내어 웃을 수 있을까. 걷고 앉으며 일어서며 마시며 일어서며 꿈을 꿀 수도 있을까.

바느질에 여념이 없는 그의 구부린 등허리에 손가락을 갖다 대본다.

까마귀 울던 여름밤 꿈속에서 만져 보았던 그 그리움이 손가락 끝에 먼저 닿는다.

이제부턴 아주 잘해 주어야지 정말 잘해 주어야지. 작심하고 결심해 보지만 부질없어 그만 손을 놓는다. 남아 있는 짧은 시간들마저 시시각각 고속주행으로 깎여 나가고 화살처럼 날아가고 있어서 놀란 눈으로 그것만 바라보기에도 정신이 없어서이다. 가슴이 메이고 가슴이 무너진다.

수시로 그의 등을 만진다.

그 몰래 등을 만지며, 우리 생애 위에 왔다가 이제는 떠날 차비 서두르고 있을 내 그리움을 위하여 울음 운다. 내 소중한 사람 떠날 수밖에 없는 유한한 존재임을 술퍼하며 울음 울다가 아! 그 있음을, 바늘귀

뚫어지게 바라보고 있는 그 내 앞에 있음을 확인하고 좋아서 또 울음 운다.

“가려워! 괜히 자네가 손대니까 가려워지는데. 등 좀 긁어줘”

바느질하던 손 놓고 남편이 내쪽으로 다가앉는다. 돋보기가 코밑까지 흘러내려 와 있어 우스꽝스럽다.

‘그대가 옆에 있어도 나는 그대가 그립다.’

유시화 시인의 시 한 구절이 가슴에 사무친다. 아무래도 나를 위해 써 놓은 아름다운 시 구절임에 틀림없다.

정금精金같이 되어

나를 바꾸고 싶은 간절한 소망으로 살아간다.

굳어져 버린 내 안의 모든 것들과 버릇 들여진 내 모든 행동들이 마음에 들지 않아, 틈만 나면 〈금연〉〈금주〉를 부르짖는 사람들처럼 나도 틈만 나면 〈나 바꾸기〉를 부르짖으며 살아가고 있다.

'내 입 앞에 파수꾼을 세워 주시고 내 입술의 문을 지켜 주시오며……'

우선 급한 것은 말버릇부터 고치는 일이었다. 나이 들고 사는 일에 익숙해지니 함부로 말을 내뱉게 되는 내 모습이 나도 싫었다. 너무 말이 없고 조용하다며 흉 아닌 흉까지 잡혔던 젊었던 고운 시절도 있었는데 어쩌다가 이리 수다스러워졌는지 알 수가 없는 일이었다.

말을 뱉고 나면 그 여운이 내 귀 언저리에 쟁쟁하게 남아 있는데 건질만한 말은 하나도 없었다. 그 억양도 싫고 선택된 어휘들도 싫고 그보다는 말들 속에 담겨 있는 나를 들어내고자 한 오만함도 싫고 괜한 트집 잡기도 싫고 아첨도 싫고 어쨌든 모두 싫었다.

대수롭지 않게 툭툭 던진 말로 오해하고 상처를 입게 되는 사람들이 한두 명이 아니었다. 돌아서 버리면 절대 안 될 사람들이 매정하게 돌아서 버린 후에라야 가슴을 치곤 했었다. 내 말의 본뜻은 그런 게 아니었으니 이해하고 용서해 달라며 애원도 해 보았지만 이미 늦었다는 것만 절실하게 깨달으면서 평생의 가슴의 상처로 보듬고 살아가야만 했었다.

고치고 바꾸어야할 것은 말뿐만이 아니었다. 바꾸어 주기를 바라는 것들이 내 앞에 줄을 서 있었는데, 입만 다물면 쉬울 것 같은 말 하나조차도 조절하지 못해서 내 명예와 자존심과 생명까지 추락하는 것을 보면서도 고칠 수가 없는 것을 보면 기적이 일어나지 않고서는 〈나 바꾸기〉는 불가능할 모양이었다.

사람 됨됨이를 금의 순도로 평가한다면 나는 그러니까 가짜 금일 것이 분명했다. 십팔 케이 언저리에도 갈 수 없는 잡석 투성이인 가짜 금, 그러니까 한 마디로 말하면 나는 잡석인 셈이었다.

부끄러운 것은 그동안 나는 내가 제법 빛나는 금 그러니까 작고 약하긴 하지만 나름대로 괜찮은 보석류에 속할 것이라는 착각을 하고 있었고 그것으로 살아가는 힘까지 얻고 은근히 콧대까지 높이는 오만함 속에서 살아왔었다는 점이었다.

딸만 둘 두신 부모님께서는 선병질로 태어나 아프기를 밥먹듯 하는 장녀인 나를 금이야 옥이야 유별난 사랑과 과보호로 키우셨으며 선생님들도 공부 잘한다며 입에 침이 마르게 칭찬하시었고 친구들도 그러한 나를 귀한 자리에 서도록 길을 비켜주곤 했었기에, 모든 가치관들이 만들어져 굳어진다는 성장기를 그리 보냈으니 나는 내 자신이 분명 금이고 옥인 줄로 굳게 믿게 되었을 것이었다.

그러나 이제는 더 미룰 수가 없었다. 진짜 금이 되고 진짜 옥이 되어야만 했었다. 내 남은 날들이 짧아지고 있었기 때문이었다. 더구나 내 영혼을 심판하실 그분 앞에 서야 할 날이 바로 코앞으로 닥쳐오고 있었다.

그 낌새를 절실하게 눈치챈 것은 오 년 전부터였다.

남들 공부하며 뛰어다닐 때 홀로 병들어 눕기를 밥먹듯 하였고 직장생활을 하면서도 몸에서 기운이 빠져나가기 시작하면 그 기운이 돌아올 때까지 장기 결근계를 제출하고 괴로운 투병기를 가져야만 했었던 소문난 병골이 바로 나였었다.

다시 올 내 후임자가 볼 것 같아 사용하던 교무 수첩을 남몰래 찢어낸 일이 한두 번이 아니었고, 직장 지붕과 내 집 지붕을 하염없이 바라보면서 곧 닥쳐올 사랑하는 사람들과의 이별을 서러워한 적 또한 한두 번이 아니었었다.

선병질로 비정상적인 위를 가지고 태어났기에 사람이면 당연히 즐기고 누리는 맛난 음식들을 먹을 수가 없는 것이 평생 또 내게 지워진 무거운 형벌이었다. 자로 잰 듯 저울로 단 듯, 일정량의 밥 한 공기와 채식만을 아주 조금씩 환자인 듯 먹어야만 그나마라도 몸의 평안을 유지할 수가 있었다. 크림빵 한 개, 우동 한 그릇 먹어보는 게 내 평생 소원이기도 했었다. 밀가루 음식까지도 위장이 아예 받지 않았기 때문이었다.

세상에 널린 그 많은 맛난 것들을 참아내는 일이야말로 내 안에서 매일 매 끼니 소리 없이 일어났던 심각한 전쟁이었다. 딸기 세 알을 먹고

석 달간 배앓이를 했었지만 그러나 이런 모든 증세들은 내 평생 자주 찾아왔었던 아주 친근한 증세들이어서 전혀 염려가 되지 않았던 터였다.

암환자보다 더 무섭게 빠져나가기 시작했던 삼십 사 킬로그램의 체중을 보면서 놀라 체중계를 치우고 두려운 뇌수막염과 싸웠던 때가 바로 오 년 전 여름이었다. 음식물들이 삼켜지지도 않았고 뱃속은 곪아 터진 것처럼 쉬임 없는 통증으로 견딜 수가 없었다.

해골처럼 말라가는 내 모습을 보면서, 달려온 자식들의 눈물짓던 모습과 간병하면서 절망에 빠져가던 남편의 모습을 잊을 수가 없었다.

화장실에 가려고 밤중에 일어났는데 호흡이 들이쉬지도 내쉬지도 못하게 꽉 막혔던 기막힌 일을 당했던 때는 바로 작년 오월이었다. 거실 안을 건중건중 뛰어다니는 나에게 웬일이냐고 묻는 남편에게 말문까지 막혀 아무런 대답도 할 수가 없었다. 석 달간 그 증세는 나를 공포에 몰아넣으며 괴롭혔었고 지금도 생각하기 싫은 악몽이고 흉몽이었다.

어쨌든 이제부터는 서둘러 내 안을 비워 내고 새로 바꾸는 작업을 더 미룰 수가 없었다. 지금의 내 추한 모습으로 내 생을 마쳐서는 안될 일이었다.

'……사랑하고 용서하며…… 오래 참고 기다리며…… 두려워 말고 굳센 믿음으로 일어설 것이며…….'

사랑만 받았던, 더 사랑 받지 못해서 안달하고만 살았던 나같은 욕심 많은 사람이 어찌 사랑을 알기나 할 것이며, 내 가슴을 찌른 자만 생각하면 다시 피가 콸콸 흐르기 시작하는 얇은 가슴으로 감히 누굴 용서한다고 나설 것이며…… 왕 겁쟁이인 내가 어찌 굳센 믿음 언저리께나 다가갈 수 있을 것이며…… 참지 못하고 발발 떠는 유별난 유전인자가 깊이 박힌 오장육부를 가지고 어찌 오래 참고 기다릴 수 있을 것이며……'

〈사람 바꾸는 일〉은 알면 알수록 노력하면 노력할수록 참으로 어려운 일 아니 절대 불가능한 일임을 뼈저리게 알아야만 했었다. 그게 정답이었다.

나의 전능하신 주군께 매달렸다. 〈사람 바꾸는 그 일〉은 결국은 그분만의 권능 안에 있는 일이었다. 그분이 허락하실 사안이었다. 그러던 어느날, 교회에서 여느날처럼 〈나 바꾸기〉를 간절하게 소원하며 예배를 드리던 중, 무심코 정면의 화면 위로 떠오른 찬양가사를 보다가 눈물을 쏟으며 울었다.

…… 나의 길 오직 그가 아시나니 나를 단련하신 후에 내가 정금같이 나아 오리라…….

정금이 꼭 되고 싶었던 사람이어서 그러나 결코 정금이 될 수 없는 사람이어서 울었다. 뜨겁고 험악한 담금질을 당하고 또 당한 후에라야만 어렵사리 정금이 되어 나올 사람들이 너무 안쓰러워 울었다.

유별나도록 긴 육신의 고통과 그리고 부끄러운 실패와 좌절로 켜켜이 쌓인 그동안의 내 마음속 상처들이 실은 재앙이 아니었으며 당신의 계획된 뜨거운 단련이었고 사랑이었음이 선명하게 보이고 있어서 감격하여 거푸 눈물을 쏟았었다.

눈물을 닦으면서 일어서는데, 언젠가는 정금같이 되어 당신 앞에 서도록 허락해 주실 것이라는 믿음이 확신이 되어 내게 오고 있었다.

4부

그동안 어떻게 지내셨는지

봄은 산골짜기에서 맞닥뜨려야 한다.

잠시 들르거나 멈추어 선 길손이어도 안 된다. 새벽 미명부터 땅거미 내려앉아 어두움이 짙게 깔릴 때까지, 마루와 마당으로 시시각각 다른 모양 되어 들르는 봄의 미세한 모습들을 눈치챌 수 있는 오두막에서 살고 있다면 딱 좋겠다.

고샅으로 내달린다 해도 논두렁 밭두렁이 종착지가 되고 이마에 손 얹어 먼눈 뜬다 해도 앞산 뒷산 자락에서 멈추는 그런 산골 삶이라면 더욱 좋겠다.

자그마한 남향 집, 낮은 울타리 두른 작은 마당에 서 있으면 가만가만 몸 뒤척이기 시작하는 봄의 첫 기척을 듣는다.

나무들을 깨우는 거센 바람은 당당하게 입성하는 봄의 첫 발자국 소리다. 간단없이 불어대는 그 바람은 냉기와 침묵만으로 일관하던 골짜기가 드디어 기적의 골짜기로 바뀌기 시작할 것이라는 신호탄이 되기도 한다.

꽁꽁 얼어 있던 산골짜기가 뿌예진 하늘 밑에서 녹아내리기 시작하고 깨어난 나무들이 물을 올리면서 잔가지 끝마다 잔털들이 보송보송 올라오기 시작한다. 꽃과 잎이 없는데도 물오른 나뭇가지들이 사람들의 눈길 사로잡고 가슴 흔들어 대기 시작하는 때가 바로 이 때다.

반듯하기만 했던 햇살이 비스듬하게 누워버리고 투명했던 바람과 공기도 소곤거리듯 다사롭게 내려와 있어서 눈만 뜨면 사방팔방 온통 꿈꾸는 화면이 된다. 발에 차이는 돌멩이까지도 정다워 보여서 보고 또 보곤 한다.

동네마다 트집 잡기로 정평이 난 억센 사람들까지도 이 때만은 순하고 편한 얼굴들이 되어 수시로 잘 웃는다.

코끝에서 넘실대는 산골 향기 달고 귀청엔 짝 찾는 산새들의 합창소리 떠나지 않아서, 산골 사람들 손 놓은 채 잠깐씩 넋 나간 사람들이 되어 있다가 실없이 혼자 피식 웃는다.

검은 베레모 머리에 얹고 잿빛 망토 두른 위풍당당한 산새들이 안마당까지 들어와서 단체 나들이를 즐기면, 사람들은 동토에 삽 꽂아 놓고 건초 태우고 퇴비 퍼 나르고 호미로 땅 두드려 깨우면서 자신의 팔뚝에도 힘을 싣기 시작한다.

매화가 망울망울 꽃망울을 매달고, 마루 앞에 선 산진달래가 불그레하게 피어나기 시작한다. 앵두와 파리똥나무도 꽃망울을 매달고 줄을 선다.

'그동안 어떻게 지내셨는지…….'

이때쯤이면 사람들 가슴 속에서도 거센 바람이 일어난다.

그리움을 앓기 시작했던 저 먼 여린 시절처럼 이유 없이 가슴속이 애절해지고 두근거리기 시작하는 것이다.

마을에 들른 불그레한 시내버스에 몸을 싣고 늘 지나치기만 했던 선돌 .단지. 다자미. 대흥리. 지항리. 송광. 소양 마을에 서슴없이 내려서 만나는 사람마다 손 붙잡고 안부 묻고 싶은 마음이 굴뚝 같이 일어나는 것이다.

사람들을 향한 그리움과 솟구쳐오르는 사랑으로 가슴이 메어지는 증세를 앓기 시작한다. 처방도 약도 받을 수 없는 증세를 앓는다.

마치 하지감자 심고 나면 앉은 강낭콩 심어야 할 때가 된 것이고 깨중가리 잎들이 어른 손바닥 길이로 자랄 때쯤이면 생강을 심어도 된다는 산골의 틀림없는 달력처럼, 마른 나뭇가지 끝에서 꽃망울들이 어여쁜 얼굴들을 내어놓을 때쯤이면 이때다 싶게 가슴속이 아릿하게 술렁이기 시작하는 것이다.

봄바람은 나무 흔들어 잠 깨울 때 사람들의 오장육부까지 들어와서 용기와 그리움과 흥의 담당 장기인 간肝을 흔들어 깨운 모양이다.

'그동안 어떻게 지내셨는지……?'

돌아섰던 사람, 서운했던 사람, 상처 입혀서 미안하여 영원히 만나고 싶지 않았던 사람들은 물론이고 아직 안면도 트지 않은 전혀 모르는 사람들까지도 모두 모두 그리워지고 사랑스러워지는 것이다. 같은 하늘 밑에서 함께 살아온 긴 세월들을 서로 치하하면서 손잡아 안부 나누고 싶은 마음이 시도 때도 없이 굴뚝처럼 솟는 것이다.

호주머니 속에 영영 갇혀 있을 줄만 알았던, 내 인색하고도 무력한 손을 꺼내어 세상 향하여 흔들게 하고 그리움과 사랑으로 가슴 끓게 하면서, 코끝 입끝 발끝과 어깨 위에 흥 실어주고 덩실대게 하는 봄바람의 위력에 감탄한다.

동토의 지표를 뚫고 일찌감치 얼굴 내민 달래. 냉이. 머우. 취. 쑥. 곰취. 싸랑부리. 씀바구. 멜라초들이 한결같이 쌉싸름한 맛인 것은 봄바람으로 깨어난 간肝을 위하여 입으로 들어가는 최적의 보양식이 되기 위해서란다. 제일 먼저 꽃 피우며 서둘러 열매 맺는 매실과 살구도 눈 감기도록 시디신 맛을 가지고 와서 간肝의 능력을 도와주는 에너지가 된다던가.

살랑거리는 봄바람 한 장을 통하여 잠들었던 동토를 녹여서 생명들을 깨우고 강퍅했던 사람들의 가슴속까지도 녹여 아름다운 모습 되어 일어서게 하는 창조주의 섭리가 신비롭다.

그 적나라한 기적의 작업 현장을 숨기지 못하고 다 들키고 마는 산골짜기 사람 되어 사는 것이 행복하다.

벽촌 산골에서 자란 촌스러운 소년이 감히 대통령도 하고 장군도 되는 이유를 조금은 알 것 같다. 세상을 감동시키는 예술가들의 고향이 시골 벽촌이 많고 산골짜기인 것도 이제는 이해가 될 것 같다.

고향 그리움 하나만으로도 번잡한 도시의 후유증을 넉넉히 이겨내며 살아가고 있을 당신들에게 산골짜기에서 한창 흐드러지게 열리고 있는 생명 축제의 소식을 전한다.

'그동안 어떻게 지내셨는지……?'

봄 햇살 느슨하게 올라와 있는 마루 위에서 폭포수처럼 쏟아지려는 그리움의 첫 문장을 우선은 이렇게 시작한다.

베드로의 그물

동역자를 찾으시던 예수의 눈에 첫 번째로 발견되었던 사람 베드로!

남다른 총애와 뼈아픈 시련 속에서 완성되어 갔던 그의 아름다운 생애를 묵상한다.

부활하신 예수가 베드로에게 나타나시는 대목, 요한복음을 읽으면서 눈물을 거푸 쏟았었다.

어머님이 갑자기 돌아가시고 깊은 절망감에 빠져 있었던 나는, 상실감에 빠져있던 베드로에게 다시 살아오시는 그분을 갈릴리 새벽 바닷가에서 뵈오면서 차오르는 흐느낌을 멈출 수가 없었다.

의지하고 사랑했던 사람을 죽음을 건너 다시 만날 수 있다는 것은 바로 구원의 절정이었다.

어둑한 해변에 부활해 오셔서 서 계셨던 그분의 자애로운 모습이 내 가슴 안에도 선명하게 찍혀지고 있었다.

지상에 잠깐 계셨던 그분에게 가장 사랑 받았으며, 천국 사업의 혁

혁한 공로자로 큰 이름을 영원의 공간에 새겨 놓은 베드로를 취재하기 위해 원고지를 들고 나는 갈릴리로 달려갔다.

∝ ∝ ∝

베드로는 바다에 나와 있었다.

차가운 밤바다에 배를 띄운 그의 손에는 오랜만에 그물이 들려있었다. 그는 바다 속의 고기보다는 그의 가슴속에서 타오르고 있는 절망과 고통을 더 열심히 바라보고 있었다.

십자가에 못박히신 채 절규하시던 그분을 기억하는게 괴로웠다.

주춤주춤 따라갔던 빌라도의 집 뜨락에서 계집종에게 손까지 저어가며 그분을 알 리 없다고 부인하면서 도망쳐 나온 자신을 도저히 용서할 수가 없었다. 그분의 예언 대로 닭이 울던 그 짧은 시간 동안 세 번의배신을 결국 채우고야 말았었다.

하늘을 향해 절규하시던 모습, 그분의 시신은 무덤에서도 없어졌는데 이건 또 어찌된 연유인 것일까.

베드로는 그분의 참패와 자신의 배신을 감당해내지 못하고 그 고통으로 가슴이 타들어 가고 있었다.

구경거리가 끝나 버려서 흩어져 가 버린 많은 사람들처럼 아니면 한 몫 큰 자리 잡으려다 실망하여 돌아가 버린 다른 제자들처럼 그도 그렇게 간단하게 훌훌 털고 끝내 버렸으면 좋으련만 그는 그렇게 돌아서지 못하고 있었다.

밤바다에 그물만 계속 던져 보는데 매번 그냥 허탕이었다. 상처받은 자의 그물이어서인지 고기는 한 마리도 잡히지 않고 있었다.

예수를 만나기 전까지만 해도 베드로는 근동에서 알아주던 어부였다.

그가 던지는 어망엔 가득 잡혀든 고기들로 언제나 그물이 찢어질 듯 하였었다. 갈릴리 바다는 어렸을 때부터 그의 놀이터였고 어른이 된 뒤부터는 그의 조상들이 그랬듯이 바다의 고기들을 낚아올리는데 그 뛰어난 솜씨와 힘을 따를 자가 없었다.

그가 바다에 배를 띄우면 하늘에서는 즉각 바람을 보내 주었고 바다 속에서는 고기들이 몰려들곤 했었다.

구리빛으로 빛나는 그의 억센 팔뚝 안에서는 조상 때부터 전수되어 온 정확한 예감과 설레임이 굽이굽이 꿈틀거리며 휘돌아다녔다.

햇빛을 받아 수면 위에 눕는 산그림자만 보고도 그는 물밑에서 유영하는 고기의 종류와 그 수량을 읽어 내었다. 그는 허탕치는 일이 없었고 그에게서는 늘 풍어의 나팔 소리가 따라다녔다.

그러한 그가 어느날 예수에게 갑작스레 불리웠을 때, 즉각 어망을 내던지고 무릎을 꿇었는데 그 아름다운 부름과 순종의 모습은 잊히지 않을 명장면으로 남아 인간들의 가슴속을 끊임없이 감동시키고 있었다.

그를 부른 분은 신비로운 분이었다.

놀라운 세계를 그에게 열어 보여주시기 시작하였는데, 거대한 바다에서 베드로가 경험하고 터득했던 것들과는 비교도 안되는 더 무한이며 높고 깊은 것들이었다. 하늘 위에서부터 비롯된 것이고 영원을 가리키는 것이어서인지도 몰랐다.

마음이 가난해야만 복이 있고 낮아져야만 높아지고 내주어야만 가지게 되고 보내야만 오게 되며 죽어야만 살아지는 천국의 비밀이 그를 한동안 정신없게 만들었다. 참으로 오묘한 사상이었다. 그의 건장한 가슴은 계속 숨가쁘게 고동치고 있었다.

그분은 병들고 귀신 들린 사람을 낫게하고 죽은 사람을 살려내는 놀라운 능력을 가지신 분이었다.

죽음과 삶의 경계선을 넘나들며 사랑을 설파하고 떡 몇 개로 배고픈 수천 명을 먹이시는 그분의 어깨 너머로 베드로는 웅장하게 열리고 있는 또 다른 세상을 조금씩 눈치채어 가며 바라보고 있었다.

"베드로야."

그분은 수시로 다정하게 그를 불러주시곤 했었다. 그분은 구름처럼 몰려들며 추종하는 사람들 속에서 베드로를 가장 사랑하시었다. 베드로는 그 분과 함께하는 삼년의 세월 속에서 서서히 바뀌어가고 있었다.

그 베드로가 지금 겨울 바다 위에서 상실감과 허전함과 수치심으로 몸부림치고 있었다.

며칠 전까지 천국 잔치가 벌어져서 빼곡하게 가득찼던 군중들의 함성이 그의 가슴을 두드리고 있었다. 그를 수제자로 옆에 세우시고 무소불위 무한 능력을 보이시면서 천국 사상을 설파하시던 그분을 생각하였다.

아! 베드로에게는 이제 세상은 텅 빈 황폐한 황무지일 뿐이었다. 그분은 그의 가슴 속에 가득가득 넣어주셨던 그 많은 것들까지도 도로 모두 꺼내어 가지고 가 버리신 모양이었다.

∝ ∝ ∝

빈 그물을 붙잡고 찬 밤바람을 맞으며 배 위에 하염없이 서 있는데 멀리서 새벽이 터 오기 시작했다.

"주님이시다! 예수님이시다!"

육지에서 숨가쁜 외침이 건너오고 있었다. 이 무슨 날벼락같은 소리란 말인가.

'그럴 리가!'

그분은 며칠 전 무참하게 십자가에 못박히시고 창에 찔리우시고 피를 흘리시다가 돌아가셨지 않은가. 그 충격의 아픔이 지금도 가슴에 이렇게 생생하게 남아있는데. 그러나 그런걸 따지고 있을 때가 아니었다. 베드로는 마음이 급해서 배가 육지에 닿기도 전에 바다로 첨벙첨벙 뛰어내렸다. 정신이 하나도 없었다.

주님이라니! 주님이 어떻게?

아! 그러나 주님이시었다. 그리운 그 주님이시었다. 그것은 있을 수 없는 기적이었으나 주님이시라면 역시 그렇게 하시고도 남을 필연적인 기적이었다.

베드로의 눈 앞에 주님이 서 계셨다.

그 기적이야말로 무한한 용서를 의미하고 있었고 뜨거운 사랑을 의미하였으며 확연한 구원의 응답을 말하고 있었다.

그분은 절망한 제자들이 지쳐있는 차가운 해변에 가장 따뜻한 모습으로 살아오시어서, 멀리 어렵게 높게 설파하셨던 천국 사상을 가장 가깝게 따뜻하게 완성해 놓고 계셨다.

불을 피워 놓으시고 물고기를 구워 놓으신 그분은 밤새도록 드리운 그들의 그물에 고기들이 없는 것까지도 보시고 계시었다.

"여기에 그물을 던지어라"

한 마리도 얼씬하지 않았던 고기들이 미어질 듯이 잡히고 있었다.

상처를 말짱히 치유해 주시니 행복해진 그들의 그물에 고기가 모이고 있었다.

베드로의 눈에서는 하염없이 눈물이 흘러내렸다. 그의 타들어 갔던 가슴이 녹아내리고 따뜻한 평안이 물결처럼 밀려오기 시작하였다.

죽음과 배신과 의심과 불안으로 아득하게 멀어졌던 그분과의 거리가 금세 사라져 버리고 없었다. 확신과 용기가 하늘처럼 일어서고 있었다. 그분은 변함 없는 그 자애로운 목소리로 베드로를 부르시었다.

"시몬 베드로야, 너 나를 가장 사랑하느냐"

베드로는 다시 눈물을 쏟았다. 늘 들어왔던 그 반갑기 짝이 없는 단순한 질문이야말로 바로 베드로에 대한 그분의 사랑이었던 것이다. 베드로는 행복하였다.

"내가 주를 사랑하는 줄을 주께서 더 잘 아시나이다."

그분은 사랑하는 수제자에게 천국의 임명장을 드디어 내리시고 있었다.

"내 양을 먹이라."

구원의 확신과 기쁨이 불 소낙비처럼 베드로의 전신을 뜨겁게 에워싸고 있었다.

갈릴리 바다의 유능했던 어부 베드로는 드디어 사람을 낚는 천국의 첫 번째 어부로 거듭나고 있었다.

다시 만나기 위하여

— 11월의 빈 들녘에 서서

모두 떠났다.

텅빈 들녘과 잎새 떨군 나뭇가지가 찬바람에 운다.

눈길 닿는 곳마다 모두 빈자리, 가득가득 채우고 넘치던 것들은 다 어디로 갔는가. 떠난 자리엔 시림과 서러움만 남는다.

따끈한 차와 얼큰한 술잔도 시린 가슴을 덥히지 못한다. 난방을 올리고 옷을 껴입어도 춥고 쓸쓸하다.

농부들은 빈손을 쓰다듬으며 그들이 가꿨던 곡식들과 열매들을 생각하고, 도시인들은 시멘트 미로에서 잔뜩 움켜쥐고 있었던게 무엇이었던가 생각한다.

문득 속가슴 영혼도 빈자리인 것을 발견한다. 온기며 향기같은 생명가꾸던 연하고 아름다운 것들이 떠날 때, 거기 있었던 것들마저 데리고 갔는지도 모른다.

무엇이었던지는 모르지만, 그동안 꽉 채워주고 있던 속가슴 것들이 떠나니, 휑하고 허망하기만 하다.

놓지 않으려고 붙잡았던게 무엇들이었는지도 희미하지만, 잡으려고 안간힘을 썼다는 것부터가 속보인 듯 해서 고개 숙인다. 비워진 가슴에 시림과 서러움만 출렁거린다.

11월은 이별의 계절, 시리고 빈 공간이다.

얼마나 찬란한 10월이었던가

그 풍요의 은총 뒤에 왜 홀연 다 거두신걸까.

들녘의 나뭇가지 위에 그리고 우리의 영혼 안에 가득가득 채워주시더니 돌연 모두 떠나게 한 그분의 손길을 서운해 한다.

새해 원단, 새 달력을 걸며, 물 붓듯이 부어주시는 은총으로 약속된 한 해를 선물받으며 얼마나 가슴 설레었던가.

새로운 출발을 허락받아 아름다운 계절과 함께 성장, 성숙, 완성을 향하여 달리는 한해의 기쁨은 참으로 무궁무진하였다.

새봄 씨 뿌려 시작되었던 것들어 익어 고개를 숙이고, 드디어 그들의 속살이 깊은 단맛에 이를 때쯤이면, 삼라만상이 제각각 완성의 모양을 갖추고 고운 색깔과 향기를 뿜어내며, 감동으로 활활 타올랐으며, 인간의 속가슴도 함께 투명해져서, 다 보이고 다 좋아서 금세 모든 것들의 주인이 되어 버렸었다.

「…… 감사드리나이다. 주신 생명과 보내주신 인연, 보여 주시는 저 작은 들꽃까지도, 아! 나같은 것에게도 이렇게 많이 주시다니…….」

어떻게 그 감사의 항목들을 다 열거할 수 있을까.

풍요로움 속에서 자맥질이라도 치고 싶었는데, 그것들은 어디로 다 떠나갔단 말인가.

돌연 찾아든 가난함과 외로움에 잠을 설친다.

「… 왜 이리도 저는 가난하고 외로워야만 합니까…」

황량한 들녘을 바라본다.

그 곱던 색상들은 물론이고, 유정한 표정들과 끝간 데 없어 이어질 것 같았던 사연들마다 모두 걷혀진 적막강산을 바라본다. 잿빛 하늘 끝에서 내려온 냉기와 매운 바람이 간단없이 땅을 후려치고, 이유 없는 회한과 서글픔이 가슴을 두드린다.

그렁그렁 눈물 흘리며 실컷 울고 싶어진다. 따스했던 유년의 고향과 어머니의 품이 뜬금없이 간절히 그리워진다.

고향으로부터 줄행랑친 불효자들도 매년 11월 넘기기가 어렵다고 한다. 고향에서도 11월만 되면 문 잠그지 않고, 나간 자식 기다리느라고 밤새도록 불밝힌 집들이 많아진다는데,

「어머님, 저 돌아왔어요. 제가 잘못했어요」

꼭 한 번은 말하고 싶었으나 결국은 말해 보지 못했던 이 간절한 「대사」를 가장 귀한 선물인 양 높이 꺼내어 들고, 고향을 향하여 달려가고 싶다. 우리도 이제 방자한 가출을 끝내야 할 것 같은 절박감이 자꾸 등을 밀어낸다.

외롭고 춥고 허망해서, 옷깃을 한껏 올리고 애꿎은 손만 비빈다.

실은 우리 옆에서 아무것도 떠난 것이 없으며 주신 풍요로움 다 저장되어 있는데도 그 어떤 것도 소유되지 않는 스산한 11월을 사랑한다.

정갈하게 영혼을 씻어주시는 차가운 11월을 사랑한다.

매절기마다 가장 아름다운 선물들을 준비하실 때에 아마 그분께서는 11월에 밑줄 하나를 더 그어 놓으셨으리라.

이제 곧 포근한 눈과 동화같은 고드름 그리고 크리스마스 캐롤을

데리고, 안식과 평화의 12월이 달려올 것이다.

시린 11월을 건너온 우리들은 성큼 성숙한 모습으로 일어나, 겸허하게 가슴을 열고 사랑과 행복을 이웃들과 나눌 것이며, 이름 모르는 이들을 위해서도 선물을 꾸릴 것이다.

언손을 호호 불어가며 뜨거운 군고구마를 먹으면서, 한 해를 곱게 접으시는 그분의 사랑에 감동할 것이며, 다시 허락받을 새해를 위하여 설레이는 마음으로 기도할 것이다.

열매는 쨍쨍한 햇살로 익히시고, 영혼은 스산한 조락으로 익히시는 걸까.

계획하신 모든 생명작업을 완성하신 후, 인간만을 위하여 배려하신 잿빛 공간, 그 비워진 11월을 사랑한다.

통증

상당한 무게의 쇠붙이 뚜껑이 엄지 발톱 위에 직통으로 떨어져서 한동안 몸부림을 치며 울었다.

저녁 설거지를 끝낸 후, 다용도실 벽 중간에 위치한 쓰레기통에 오물 비닐 주머니를 던지고 돌아서는 찰나, 전부터 녹슬어 버걱거리던 뚜껑이 떨어져 발톱을 친 것이다.

내리 떨어지는 무자비한 쇠붙이의 무게가 예민한 말초신경을 강타해서인지 육신의 일부가 아니 생명의 일부가 끊어져 나가는 듯 했고 심장까지 멎을 듯한 두려움과 충격에 발목을 움켜쥔 채 비명을 지르며 울었다.

하늘까지 찌를 듯한 통증은 점점 더해 가기만 해서 껑충껑충 뛰다가는 식탁 모서리를 붙잡고 신음했고 방문턱으로 기어들어 가서는 이를 악물고 참아보기도 하다가는 빈집 가득하게 비명을 질러대곤 했다.

다행히 시간이 흐르면서 끔찍한 통증은 더딘 대로 조금씩 엷어져 갔으나 그날 난 오래 울었다.

'발가락 그 작은 부분이 한 번 부딪혀도 이리도 아픈 것이거늘-'

내 육신을 굽어보았다.

아프지 않을 단단한 곳은 단 한 군데도 없었다.

조금 부딪히기만 해도 눈물나게 아파할 곳뿐이었다.

참으로 무방비의 연약한 육신임을 새삼 인정하지 않을 수 없었다.

발가락의 아픔에 울던 나는 그 흥건하게 울던 서러움 자락을 붙잡고 아프지도 않은 팔다리와 몸뚱아리들을 바라보며 더 서럽게 울었다.

더 연한 살들을 가지고 험한 세상 속에 나가 있는 내 자식들을 생각하며 눈물을 거푸 쏟았다.

며칠 전이었던가.

가사를 더러 도와주던 남편의 발톱을 보니 꺼먼 피멍이 들어 있었다.

'쓰레기통 뚜껑이 떨어졌었어.'

웬일인가 묻던 나에게 별일 아니라는 듯 남편이 편히 대답해서 그냥 웃어버리고 지나갔던 일이 돌연 떠올랐다.

'얼마나 아팠을까'

눈물 고인 눈으로 고개를 드니 주님 사진이 높이 걸려 있었다.

'아, 참으로 못 박히신 당신의 아픔은 또 어떠하셨습니까!'

왜 그동안 그걸 전연 몰랐었을까. 그 분은 얼마나 아프셨을까.

아아— 알 수 없는 눈물이었다. 눈물이 샘솟듯 솟아 올라오고 있었다.

조금만 다쳐도 피멍 들고 눈물나게 아픈 그 연한 육신들을 가지고, 진리와 정의의 회복을 위한 살벌한 싸움에 맹렬히 돌격하고 있는, 그리고 고난을 받고 있는 남의 귀한 자식들은 또한 얼마나 많던가!

오래 흐느꼈다. 눈물은 하염없이 나왔다.

'얼마나들 아플꼬'

아픔이란 것은 용기 있는 자라고 해서 덜한 게 아닐 것이다.

모든 인간들은 물리적 공격에는 그 어떤 정신작용도 끼어들 틈도 없이 똑같은 아픔을 느낄 수밖에 없는 연약한 육신들로 똑같이 이루어졌다는게 반가우면서도 또한 서러웠다.

'얼마나들 아플꼬.'

평소에는 생각지도 못했던 생각이, 닿지도 않았던 것들이 가슴을 치고 있었다.

쓰레기통 뚜껑은 내 발톱을 쳐서 하늘만큼의 통증으로 나를 깨우고는 내 눈물과 서러움의 고리까지 아예 따놓은 것 같았다.

매말라 있던 육신과 마음이 흠씬 젖을 만큼 눈물이 흥건해져 있었다.

'우리 모든 인간들에게 아픔이 제발 줄어들기를- 너무너무 아파할 수밖에 없는 이 살들과 더 약한 마음을 굽어 살펴 주소서. 서로 용서해주고 사랑하게만 하소서. 사랑받게만 하소서-'

속물 아낙네는 발가락을 불어가며 불쌍한 모습으로 빈집에 앉아 있었지만 모처럼 깊고 크나큰 기도의 말들을 가슴안에서 찾아내고 있었다.

절 받으시옵소서

망난이 아들 돌아와서, 용서치 않으리라 벼르며 분노에 떨고 있는 노모에게, 절 받으시라고 하며 한걸음 물러선다. 뻣뻣한 몸 깊숙이 숙여갈 때, 붉어지던 아들의 눈시울과 뜻밖에 함께 젖어들던 모친의 물기 어린 눈, 그 조용한 동작과 침묵을 훔쳐본 일이 있다.

"어찌 할거나."

붙잡고 뒤엉켜 울던 모녀, 시간 다 되어 모진 길 떠날 딸이, 이만큼 떨어져서 몸 무너뜨려 이마를 바닥에 댄다.

그 절 받으며 딸의 모습을 채념한 듯 굽어보던 모친, 그리고 눈물 그치고 역시 채념한 듯 새 얼굴로 서서히 일어서던 딸을 보며, 나도 살아가며 저리 서러우면서도 애절한 마음 다 전해 주는 큰절 한 번 깊숙이 해 보리라 했었다.

이 가을.

이미 눈시울 붉어지고 삭신 꺽어 이마 바닥에 내려서 당신께 절 올리고 싶은 마음 간절한데, "잘 가십시오"란 인사 한 마디도 못올리고 어머님 떠나신지 5년째다.

벌어진 이 사이로 피 쏟아지는데, 그 급한 때 한방약만 써서 어머님을 놓친 게 아니었을까.

방문 열고 보니, 입안 가득 피 묻은 솜을 무신 채 고개 들어올리고 잠드셨던 모습.

평생 인연의 박복함으로 시달리셨다. 애간장 녹아 사경을 헤매셨으나 회생하시곤 했다. 할 일이 너무 많으신 분이었다. 매사에 의연하시고 솜씨 뛰어나시어 다 감당해 내셨다.

남편 간병과 빚 뒷바라지에 젊으신 날을 다 보내셨다. 친가의 형제들과 시형제들의 요절의 마지막 부분을 도맡아 지키시곤 했다. 못난 혈연들 때문에 잘나시고도 낮은 자리에서만 사셨다.

자식 병 뒷바라지까지 하시느라 심장과 육신, 총기까지 가뭄의 샘물처럼 다 밭아서 이제는 남들 가진 피 같은 것은 한 방울도 남아있지 않을 것 같더니 어이없게도 피를 한없이 쏟으시고는 사그라들 듯 떠나신 것이었다.

그분의 생애에 가장 길게 깊게 상처를 남긴 건 나였다.

나는 늘 아팠었다. 어머님은 그런 나보다 더 아파하셨다. 어머님은 병약하고 못난 내 생명까지 살아 주셨다. 나 대신 내 몸 치수 들고 양장점에 가서 내 옷 맞춰 주셨고, 내 야간대학 노트를 그 달필로 다 정리해 주셨고 40이 넘은 딸의 몸을 씻어 주셨다.

내 자식들을 키우시고, 학교에서 부족하게 가르친 자연 실험은 기구를 사다가 다시 해 주시곤 했다.

딸에게만 보여 주시던 유머 아닌 그 장난기, 당차신가 하면 못난 딸한테도 가만가만 기대어 오시던 그 소심함. 소녀 같이 맑았던 그 표정 그 입모습.

바로 어머님 장례식 날, 어머님 도움 없이도 큰일이 잘 치러져 나가는 희한함으로 마음 설레기까지 했다면 감춰 뒀어야 하는 말일까.

손님상 대문 옆에 내놓는 아이디어 내놓고는 으쓱하여, 으레 그러했듯이 빙글 돌아서서 어머님께 먼저 알리려다가 어머님 누으신 관 보고는 질겁을 하고 돌아섰었다.

관 뚜껑 못질하기 전에 어머님 얼굴을 잘 봐 두어야 한이 안 된다기에 보고 또 본 어머님 얼굴.

미인이셨다.

길가는 사람마다 뒤돌아 보게 했던 어머님. 고통이 걷히고 자식을 잊으시니 다시 미인 되셨는가.

"어머님!"

왜 나는 그분을 이 생에 더 좀 멈춰 살으시게 못했을까.

아!

이제는 더도 덜도 말고, 어머님 저만큼 모셔 놓고 마지막 큰절 한 번만 올려봤으면.

그분이 씻어주시던 약한 삭신 접고 불효의 이마를 저 땅밑에 댈 때, 그때는 아쟁이라도 숨죽여 울어 주어야겠지.

쏟아지던 그 피처럼, 낭패 속에서 허물리며 살아오신 어머님의 생애는 역시 '낭패'였을까.

아니었다.

절대 아니었다.

당신의 어렵게 사신 생애가, 현란한 오늘날의 그 어느 주장보다, 가장 힘있게 가장 높은 곳을 가리켜 보이고 있음을 이제 알아간다.

사랑이란 자기를 부수어, 그리고 '낭패'를 통하여 내어 보내는 귀한 것임도 알아간다.

"어머님! 절 받으시고 편안하시옵소서."

내 새끼

아들이 온다고 한 주말.

우리 내외는 일찌감치 귀가해서 그를 기다리고 있었다. 주말을 밖에서 보내는 남편도 어지간히 속이 타는지 아예 외출을 하지 않고 있었다.

휴학을 하고 재수를 해야겠다며, 아들은 삼일 전에 갑작스런 전화 통고를 해왔다.

놀란 우리는 '더 시일을 두고 생각해 봐야지 않을까'라며 더듬거릴 수밖에 없었고 아들은 주말에 내려가서 말씀드리겠다며 전화를 끊었다. 더 끼어들 틈을 주지 않았다.

누구나 입학되기를 열망하는 대학교에 합격하여 데려다 주고 온 지 겨우 두 달이 될까 말까 한 때였다.

— 어떻게 치른 합격이었는데

3년간 본인도 노력했지만 가족들도 숨을 죽여 가며 소리 없는 온 정성으로 뒷바라지를 했었다.

시험 한 달여를 남기고 발뼈가 부러지자 아이는 금세 기가 죽었다. 퇴근해 와서 보니, 퉁퉁 부은 발등을 만지면서 울고 있었다. 그동안 혼자 힘겹고 불안했던 마음까지 함께 싸안고 우는 듯 했다.

식구들이 비상을 걸고 그를 위로하였다. 남편은 새벽과 밤으로 한 달이 넘게 그를 업어서 학교와 집으로 날랐다.

나의 선병질을 이어받은 데다, 젖배까지 곯아서 네 아이 중에 유난히 약했던 아이였다. 세 살까지 걸음이 비척거렸고 늘 코피를 쏟아서 별명이 미스터 피코(거꾸로)였다.

어렸을 때 대문소리가 났는데도 인기척이 없어 나가보면, 흙마당에 책가방과 함께 벌렁 누워서 숨을 몰아쉬고 있기도 했다.

키는 훌쩍 커 가고 나이는 차 가는 데도 볼은 항시 젖비린내가 나는 듯 연했고, 생각 돌아가는 것도 그냥 애기였다.

— 저 아이가 건강한 아이들도 힘겹다는 고3 기간을 어떻게 견딜 것이며 입시문을 뚫을 수 있을까.

미리부터 안쓰러웠던 아이였다.

그 아이가 고3을 치루고 대학에 합격했을 때, 우리 내외는 하나님께 참으로 깊은 감사를 드리고 가슴을 내리쓸었다.

우린 그 아이가 내려오는 즉시 따끔하게 나무라고 되돌려 보낼 계획이었다.

신입생들은 전공 선택에 갈등을 느끼다가 적응하는 과정을 누구나 다 겪는다고 했다. 힘들지 않은 전공이 어디 있을까. 힘들지 않는 현실이 어디 있을까.

친지의 장남은 전공이 싫다며 1학년 내내 끈질기게 재수를 고집하다가 2학년이 되자 재수를 막아준 부모에게 고마워했다는 말도 들었었다.

가장 헐한 것이 내 몫으로 주어졌어도 팔이 끊어지기 전에는 그 고리를 결코 놓치지 않고 견뎌 내야만 살아남는 게 세상살이인 것이고 그것이 바로 힘이라는 것인데…….

아들이 오면 스스로의 그의 첫 번째 결정이 얼마나 크고 부끄러운 실수였던가도 깨닫게 해 줄 계획이었다.

우리 내외는 제자들이 문제를 가지고 와서 도움을 청하던 지난 일들을 생각했다.

아들에게 처음으로 긴 편지를 썼다.

서울에서 공부하는 딸에게도 부랴부랴 전화를 했다. 같은 세대이니 그의 마음을 돌려보라고 했다.

아이의 형제들이나 이웃들도 아이의 결정을 충격으로 받아들이고 고개를 흔들었다. 고생은 그만두고라도 더 잘되기는커녕 두고두고 후회하기가 십상이라고 했다.

주말까지 3일간은 우울했다.

나의 편지와 딸의 설득에 기대를 걸며 시간을 보냈다.

주말 아침, 딸에게서 온 소식은 비관적이었다.

꼭 재수를 하겠으며 부모님 설득할 일만 남았다고 하며 그 결심을 더욱 굳히더라고 했다.

네 아이 중에 가장 겁이 많고 마음이 약하고 주장도 없던 아이였다. 누구의 말이건 순하게 고개를 끄덕여서 오히려 그 점이 어미의 마음을 묘하게 아프게 했던 아이였다.

그랬던 아이의 결정이라 자꾸 마음에 걸려왔다. 그러나 부모까지 약해져서는 안될 것이었다.

저녁을 먹고 설거지를 한 다음 TV를 켤 때까지도 아이가 오지 않자, 기분이 조금씩 좋아지기 시작했다.

오늘만 무사히 넘기면, 시간이 흐르면서 아이의 생각도 정상으로 돌아갈 것이었다.

벨이 울렸다.

문을 여니 아들이었다.

우윳빛 볼에 잠바를 어깨에 걸치고 여전히 장난기가 서리고 순해 빠진 반가운 바로 내 아들이었다.

가슴을 짓눌렀던 어두움은 잠깐 저만큼 밀려가고 그저 반갑고 사랑스러운 마음이었다.

「안녕하셨습니까?」

펄렁 인사를 하고 썩썩 큰방으로 들어왔다.

「어! 두분께옵서 전투태세를 갖추시고 절 기다리고 계셨습니까?」

「맞아.」

내가 먼저 말머리를 꺼내며 서두르기 시작했다.

「엄마의 편지 받았지?」

— 두 달간 내내 생각했다. 계열부터 바꾸고 다시 공부하겠다. 제발 그렇게 하게 해 달라. 맞지 않는 전공에 평생 시달릴 생각을 하면 끔찍하다. 죄송하다.

아들의 진지한 의사표현은 이 정도에서 간단히 끝났었다.

그는 이어 엄마, 어머니를 번갈아 불러대며 나의 손을 두 손으로 붙잡고 흔들어댔다.

「어머님, 어머님의 아들 1년간만 키워 주십쇼 꼭 1년간만.」

마치 극장값 정도의 잡비를 더 받아낼 때의 떼쓸 때처럼 웃는 듯

우는 듯, 어미의 심금을 수시로 아릿하게 울렸던 그 애틋한 표정으로 나를 붙잡고 졸라대기 시작했다.

장난 같았다. 꼭 그렇게 보였다.

잔뜩 긴장해 있던 나는 그가 이미 내 적수가 아닌 것이 안심이 되었다.

철부지에게, 약이 될 정의로운 말들을 쏟아놓기 시작했다.

아이는 묵묵히 듣고 있었다. 내 말이 끝나면 아이는 다시 내 손을 붙잡고 사정을 했다. 그때마다 나는 다시 예화에 곁들여 결론을 똑부러지게 내려주었다. 아들은 잠바로 제 얼굴을 덮어 놓고 앉아 있었다. 나는 그의 얼굴 대신 잠바를 쳐다보며 이야기를 하였다. 잠바를 들쳐보면 까만 눈을 꼬불치며 웃었다. 그리고 다시 사정을 했다.

여러 번 그의 머리 위에 씌워진 잠바를 걷어내며 3일간 내 가슴속에 차곡차곡 쌓여왔던 그를 위한 이야기를 다 쏟았다.

「엄마 1년만 이 아들을 놓아주십쇼」

나의 내용은 깊어가고 열을 띄어 가는데 반해, 짤막한 내용의 이 말만 반복하던 아들은 멀거니 창문을 바라보았다.

그러다가도 갑자기 생각난 듯 그 반 장난의 애걸조로 내 손을 잡곤 하기를 여러번 반복했다.

「킁킁킁킁……. 엄마 어머님…….」

남편은 신문을 보는 척하며 시종 관망만 하고 있었다.

나는 단호히 결론을 내리며 3일간의 돌발사건의 마무리를 지었다.

「……자! 그러니 내일 올라가서 헛된 생각말고 공부 열심히 해 이의 없지? 이번 일을 계기로 부모 놀라게 하는 일은 두 번 다시 없도록 노력하고…….」

잠바를 쓴 채 아무 말 없이 앉아 있던 아들은 방바닥에 그대로 가만히 엎드렸다. 서재로 나간 나는 눈물을 쏟았다.

우기는 것에도, 우는 것에도, 설득하는 것에도 참으로 서투른 나의 아이.

그가 불쌍해서 울었다.

제 말대로 2개월간 얼마나 막막하고 외로웠을까. 오죽했으면 그 지옥같은 재수의 길로 되돌아오고자 했을까.

당당한 논리를 세워 돌아가라는 부모의 명령 밑에, 꼼짝없이 엎어져 있는 아이의 가슴과 보이지 않는 그의 눈물이 내 가슴을 쪼갰다.

방으로 들어오니, 아들은 일어서서 잠바를 둘러쓴 채 화장실로 갔다. 세수를 하는 소리가 들렸다.

「우리 저 아이 재수 시키지요.」

눈물 속에서 남편을 쳐다봤을 때 남편도 크게 고개를 끄덕이고 있었다.

「내 새끼!」

가슴속에서는 이유를 알 수 없는 다행스러움과 감사함이 물밀 듯 스며 올라왔다.

콩밭 매는 아낙네야

흙투성이가 된 손은 다른 곳에 쓸 수가 없어서 딱하다.

비 오듯 흐르는 땀과 가려운 콧등을 팔뚝으로 연신 닦아내고 문지르면서 콩밭을 매고 있다.

서늘한 새벽녘이나 일몰이 시작되는 저녁 시간을 골라 밭을 매야 하지만 때론 이렇게 뙤약볕 밑에서 호미질을 하게 되는 경우도 있다.

~콩밭 메는 아낙네야 베적삼이 흠뻑 젖는다~

문득 구성진 노랫가락 하나가 활활 타는 가슴 안으로 호미로 가르듯 파고 들어오더니 흐드러지게 퍼지면서 휘돌아 흐르기 시작한다.

푸시시 웃음이 베어나온다.

콩밭 메는 아낙네인 것이 나쁘지가 않아서다. 이백여 평의 밭에 육년 째 콩을 갈아 수확해내고 있으니 갈 데 없는 콩밭 매는 아낙네 아니던가.

작열하는 태양과 뜨겁게 뱉어 내고 있는 땅의 열기로 하여 땀은 이마에서부터 계속 흘러내리고 가슴까지 벌렁벌렁 숨이 차오른다. 손을 보호하는 무명 장갑도 갑갑해서 벗어던진 바람에 손등과 팔목이 벌겋게 무르익어 가고 얼굴도 모자 밑에서 홍시처럼 농익어 가고 있을 터였다. 옮겨 앉다가 기운이 부치면 무릎으로 땅을 짚어 가기에 매무새도 여기저기 흙투성이다.

~무슨 설움 그리 많아 포기마다 눈물 심누나~

뙤약볕 밑에서 정성껏 한 포기 한 포기 희망을 심고 있는데 노래는 눈물을 심는다며 서럽게 서럽게 흐느적거리면서 가슴속을 휘젓고 돌아나간다.

풍요와 편리함이 극에 달할 만큼 발전한 데다가 여자들의 목소리까지 높아져서 온갖 호강 누리며 산다지만, 기쁨과 고통이 안팎으로 엮어진 삶이란 것이 그렇게 녹녹하지가 않아서 가슴을 쪼개는 아픔들이 내 몫이라며 수시로 달려오곤 했었다.

도시에서 위로받고 살았던 그 많은 것들은 전혀 힘이 되지 못했다.

밭으로 달려나와서 호미질을 했다. 잡초를 쪼개어 가차없이 섬멸시키 듯이 가슴속에 서렸던 고통도 그렇게 잘게 잘게 쪼개 나누어서 미련없이 내보냈다.

한 많았던 윗 세대 여인들의 호미 끝에서 나왔을 설움과 눈물이 짐작되어서 가슴이 저린다.

전쟁터에서 스러져간 남편과 자식들을 가슴에 묻고 가난과 희생을 운명처럼 입고 살아야 했던 여인들의 사연과 한숨이 포기마다 얹혀져서 콩으로 여물고 짭짤한 된장과 간장으로 나오게 되었는지도 모른다.

새가 주워 먹거나 싹을 못 틔울 경우를 생각하고 한 구녘마다 콩을 예닐곱 알씩 넣은 것이 모조리 건강하게 싹을 틔우면서 단체로 씩씩하게 솟아올라 오는 바람에 새벽에 나와보곤 질겁을 했었다. 살겠다고 뾰조록이 올라온 그 어여쁜 생명들의 반절 이상을 무자비하게 뽑아 제쳐야만 해서 속이 상했다.

세 이랑씩 타고 앉아서 좌우로 콩 무더기들을 젖히고 네 개씩만 남기고 남은 콩들은 아낌없이 뽑아낸 후에 바짝 붙어서 은근슬쩍 자리잡고 뿌리내리기 시작하는 억센 잡초들을 호미로 찍어 박멸시킨 후 흙들을 뿌리께로 모아 올려서 보토를 끝내면 드디어 콩 한 무더기의 보살핌이 끝나게 된다.

~홀어머니 두고 시집가던 날 칠갑산 산마루에~

가슴이 저린다.

홀어머니도 서럽고 시집가는 것도 서럽고 산마루도 서럽다. 두고 가는 것은 더 서러운 일이다. 서러운 단어들이 모여 칠갑산을 서럽게 서럽게 넘어가고 있는 애연한 모습들이 눈에 선하다.

학자의 길을 치열하게 달리고 있는 큰 딸애가 오랜만에 귀향했다가 열흘이나 쉬고 가는데도 마음 속이 꽤나 시렸다. 공부한다고 외국 나가 있던 팔 년도 꾸욱 눌러 참고 살았는데 어쨌든 헤어지는 것은 서러운 일이었다. 새끼들이 고물고물 품 안에서 자랐던 옛 시절이 그립고 흩어져 있는 다른 자식들까지 뜬금없이 다 보고 싶어져서 가슴이 저리고 있었다.

호미 한 자루로 대대로 내려오던 가난을 내쫓고 집안을 일으킨 민지 할머니가 내 호미질의 스승이다.

그의 호미가 한 번 지나가면 광활한 풀밭도 맥을 못 추고 작물들이 춤을 추는 옥토가 되어버린다.

사각사각 리드미컬하게 들리기까지 하는 민지 할머니의 호미질은 노동이 아니고 즐거운 놀이처럼 보여서 민지네 할머니가 풀을 매시면 아예 그 옆에 쭈그리고 앉아서 그 어른이 옮겨갈 때마다 따라 옮겨 앉아 가면서 구경했었다.

나도 민지 할머니처럼 호미를 제법 종횡무진 흔들면서 콩밭을 맨다.

깨알만한 작은 얼굴을 내놓고 웃고 있는 여린 풀들과 명주실처럼 작물 옆에서 변장하고 붙어 하늘거리는 것들까지도 가차없이 호미로 내려치고 긁어낸다.

뽑히지 않는 뿌리는 물론이고 남은 뿌리의 잔챙이도 남아 있지 않게 발본색원 단호하게 처단한다. 비라도 한 번 내리면 죽은 척 누워 있거나 잘렸던 풀들도 대오를 정비하고 더욱 싱싱하게 자라 오르니까 안심할 수가 없는 것이다.

~울어주던 산새 소리만 어린 가슴속 태웠소~

'찌찌뽕 찌찌뽕 지지배 지지배 소쩍소쩍 꿩꿩 뽀오 뽀오 …'

칠갑산에서 울던 새들도 수만리 골짜기의 새들처럼 이렇게 울었을까.

부지런히 호미질을 한다.

호미 한 자루로 열심히 지구를 두드린다. 서러움도 심고 기쁨도 심으면서 호미질을 한다. 호미 끝에서 태어나는 생명이 어여쁘고 가슴 안으로 스며오는 위로와 소망이 어여뻐서다.

~콩밭 메는 아낙네야 베적삼이 흠뻑 젖는다~

콩밭 매는 일이 끝날 때까지 구성진 노래는 계속 리바이벌 될 모양이다.

'삐지롱' 연가

갓 피어난 하얀 목련이 방금 세수 끝낸 소녀처럼 청초합니다. 나무 밑에서는 갓 깨어난 노오란 병아리들이 어미닭을 놓칠세라 종종걸음 치면서 뭐라는지는 모르겠지만 쉬지 않고 옹알댑니다.

'삐약 삐약……' '삐약삐약……'

내 귀청에 닿았던 소리들 중 가장 어여쁜 소리입니다. 가장 연한 소리로 가장 먼저 지구를 두드려서 깨워 내는 봄의 귀여운 나팔수입니다. 달걀에서부터 가지고 나왔을 그 햇소리가 너무 사랑스러워서 들을 때마다 피식 웃곤 합니다.

겨우내 조용했던 벌통 출입구가 저리 아수라장이 된 것은 꽃소식 염탐할 척후병들의 파병식 때문일 것입니다. 성질 험한 놈들이라 오며 가며 살짝 부딪히기만 해도 이미 번개같이 쏘고 달아난 후여서 쏀 얼굴은 금세 퉁퉁 부어올라 며칠간은 식구들도 알아보지 못하는 괴물이 되고 맙니다. 벌통들을 놓고 살기에 동네사람들은 번갈아 가며 괴물이 되곤 하는데 매년 연례행사처럼 여러 번씩 괴물이 되는 사람들이 한둘이 아닙니다.

산자락 타고 내려온 노오랗고 뽀송한 햇살이 논과 밭으로 질펀하게 내려앉는가 싶더니 몸을 틀어 내 집 안마당으로 곧장 직진할 모양입니다.

서둘러야합니다. 겨우내 게으름부리면서 미루고 쌓아 놓기만 했던 것들을 마당에서 깔끔하게 치워 놓아야 하기에 우리 부부는 봉두난발 까치머리된 채 부랴부랴 빗자루 들고 온 마당 휘젓고 다니면서 새봄맞이 굿 한 판을 벌였습니다.

울타리 밖에선 매화 진달래 개나리 개복숭 목련들이 메말랐던 나뭇가지에서 어여쁜 꽃잎들이 되어 꿈결처럼 터져나오고 달래 냉이 씀바귀 곰취 쑥부쟁이 멜라초며……. 서둘러 출석부에 이름 올려놓은 성질 급한 생명들이 앞다투어 동토의 지표를 뚫고 줄서서 올라오는 중입니다.

내내 까마득하게 잊고 있었던 얼굴들이 새 생명이 되어 새 기운들을 몰아가지고 대거 들이닥치는 바람에 정신 놓고 넋 놓았던 사람들이 제정신으로 돌아오려고 안간힘을 쓰는 때가 바로 이 때입니다. 게슴츠레하게 풀린 눈들이 되어 봄 농사도 미뤄 둔 채 꿈꾸기 시작하는 때도 바로 이 때입니다.

나도 한 그루 작은 나무가 되어 꿈꾸고 싶어서 내 집 마당에서부터 하늘로 치솟고 있는 국수봉 끝자락으로 내려섭니다. 별 고운 쪽에 두

발 가지런히 내려놓고 마른 두 팔 좌악 벌려 사월 하늘에 올려놓습니다.

살랑거리는 바람을 온몸에 두르고 풋풋한 향기로 목을 축인 다음 다사로운 햇살로 얼굴을 닦고 있으면 내 안에서도 기쁨의 수액이 흐르기 시작합니다. 이제 곧 고운 꽃잎 벙글고 파릇파릇 새순 돋을 나무가 되려는 모양입니다.

'구구구우우 구구구우우'

산능선 타고 깊은 골짜기를 건너왔을 산비둘기의 그윽한 울음 소리를 듣습니다.

'소오쩍 소오쩍' '뽀오 뽀오' '삐지롱 삐지롱' '쪼옷 쪼옷 까르르르롱' '씨월 씨월'

소쩍새 울고 뽀오 새와 삐지롱 새 울고 이름 모를 산새들도 앞 다투어 흐드러지게 울어줍니다.

사월 초하루면 어김없이 솟아오르는 머위잎 한 장에도 봄 장기臟器인 인간의 간肝 치유를 위한 막중한 소명이 있어 달려온다는데 저리 신명나게 울어주는 산새들에게는 분명 더 귀한 소명 있을 것이어서 먼 길 마다하지 않으며 그 울음 끝을 끝까지 따라가 보고 싶어서 신발 끈을 묶습니다.

산의 심오한 숨소리를 듣습니다. 골짜기의 침묵이 정다워서 몸을 접고 귀를 기울입니다. 흐드러지게 뿜어내는 산자락의 강한 체취엔 취기가 오르고 몸까지 흔들려서 그만 코를 싸매고 돌아섭니다.

꿈을 꿉니다. 가슴이 두근거리기 시작합니다. 한 그루 작은 나무로 서서 하늘 향해 두 팔을 벌립니다.

내 메마른 몸 마디마디에서 산정기 받은 고운 꽃망울들이 곧 벙그러질 것같은 설레임으로 온 몸이 뜨겁습니다.

'구구구우우 구구구우우'

때 맞춰 먼산에서 산비둘기가 울어줍니다.

아아! 이제야 알았습니다. 삭정이 같았던 나뭇가지들 끝에서 저리 어여쁜 꽃잎들을 꿈결처럼 피어나도록 마지막 힘 실어 불러내어 준 것은 산비둘기의 저 애잔한 초혼곡이었음을 이제야 알았습니다.

자지러지게 울어주는 산새들의 울음소리 끝에 내 메마른 몸 마디마디에서도 드디어 고운 꽃망울들이 피어나는 기적이 일어납니다.

무한 감사와 감격이 물밀듯이 밀려오고 있었습니다. 지난 봄 급성호흡부전증을 앓았던 슬픔이 있었기에 아직도 숨 쉬면서 이렇게 살아있음이 눈물겹도록 고마워지고 있었습니다. 내가 만났던 모든 사람들에게 진실로 감사하였음을 전하고 싶고, 모든 사람들에게 달려가고 있는 내 애틋한 사랑을 알리고 싶은 마음이 굴뚝같이 솟아오르고 있었습니다. 한평생 사람으로 살면서 굽이굽이 서러웠고 고달팠음이 실은 별게 아니었다며 모르는 사람들까지 붙잡고 위로해 주고 등 두드려 주고 싶은 마음이 굴뚝보다 더 높게 솟아오르고 있었습니다.

이제보니 삭정이 끝에서 꿈결처럼 피어났던 꽃잎만이 기적의 생명이 아니었습니다. 왜 몰랐었을까요, 우리들의 안에서도 진즉부터 그 놀랍고도 감격스러운 생명이 용솟음치듯 꿈틀대고 있었습니다. 생명 있음, 그것만으로도 아아! 모두가 기쁨이었고 행복이었습니다.

사월은 마른 나뭇가지에 고운 꽃망울들을 매달아주는 놀라운 솜씨만 가지고 온 게 아니었습니다. 사람들에게도 꽃잎 따라 꽃꿈 꾸게 하면서 이렇게 무한한 깨달음과 무한한 행복을 은밀하게 나눠 주고 있었습니다.

산새들이 내 집 앞마당으로 내려옵니다. 감격에 겨워하는 내 마음을 용케도 알아채고 팡파르를 울려줄 모양입니다. 작은 입들을 벌려서 저희들만의 암호로 합창을 시작합니다.

'뽀오뽀오' '삐지롱 삐지롱' '쪼옷 쪼옷'

사요나라 라라카(樂樂花)

그 땅에선 아주 강렬한 냄새가 코를 찌르고 있었다.

짙은 암록색에 그늘이 스민 것같은 그런 깊은 맛을 지닌 독특한 냄새였다.

일본의 하네다 공항에 내려설 때부터 그 냄새는 따라왔는데 막내 딸애의 자취집이 있는 동경의 조용한 주택가 골목을 지나갈 때는 오월의 수국 향까지 곁들인 그 냄새가 콧속으로 파고드는 바람에 취한 사람처럼 몸까지 흔들리고 있었다.

그 냄새의 진원지는 그 땅의 나무와 꽃으로부터였으며 내 콧속을 후비며 따라오던 그 냄새와 꽃향기는 그들 상가의 간판 위에도 올라앉아 있었다.

〈月の下〉란 간판이 걸린 찻집은 내 허기진 가슴 안으로 잊고 있던 달빛을 흘러들게 하고 있었다.

식당 〈수해樹海〉는 목숨 수壽를 먼저 치켜드는 우리네와 달리 나무를 먼저 치켜들고 있음이 이국적이었으며 정갈한 우동집 간판 위에도

〈田の心〉이란 따뜻한 글자들이 나란히 올라앉아 있어 식욕에 앞서 유정함을 먼저 불러일으켜 주고 있었다.

치열한 싸움판 속에 깃발처럼 높이 내건 생업의 간판들마다 그렇게 나무가 올라 있고 달빛이 흘렀고 꽃들이 만발하고 있었다.

그들은 그들의 음식 이름 위에까지도 그 향기를 올려놓고 있었다.

긴자의 유라쿠쵸에 있는 한 음식점에서 전형적인 일본 귀부인이 우리를 초대한 자리였다.

간살스럽다고나할까 상 중앙에 자리한 크나큰 접시에 색색으로 어여쁘게 조화를 맞춘 먹거리들 사이로 성냥개비 정도의 잘디잔 기둥들을 곱게 엮은 울타리(?)를 설치해 놓은 음식에 젓가락이 쉽게 가지 못하고 있었다.

최선을 다하여 만들어졌을 그 고가의 확실해 보이는 음식 이름은 〈어렴풋이 희미하게〉였었다. 우리들이 먹고 있는 음식 이름 밑에 적혀 있는 차림표의〈잠시 순간〉도 우리에게 놀라움을 주고도 남는 차원 다른 이름이었다.

정원을 먼저 만들어 놓고, 자디잔 나무 창살로 된 많은 창문들과 낮은 나무 난간의 목조 집을 지어 다다미에 등을 눕히고 꽃무늬 옷을 감고 살았던 그들의 문화를 생각하게 하였다.

화단에 정성껏 물 주는 남자들을 보았고 한낮에 소박한 차림의 여인 둘이 누군가의 집 낮은 담 너머를 가리키면서 진지하게 이야기 하고 있기에 그들의 손가락이 오르내리던 곳을 바라보니 평범한 화단에 나무들만 있었을 뿐이었다. 남편들은 나무에 물 주고 아내들은 나무 정보를 나누는 일이 지대한 관심사가 되고 있는 땅이었다.

온 국토를 오래된 정원처럼 다듬으며 짙은 체취를 뿜어나오게 하는 더 강력한 손길이 따로 있었음을 눈치채게 한 사건이 우리 앞에서 벌어지고 있었다. 현장을 목격할 수 있었던 절호의 행운이었다.

청명한 날씨였는데 갑자기 물난리가 급습한 것이다.

숲과 나무들이 하나같이 옆으로 몸을 눕히고 바람과 싸우느라고 비명지르면서 맹렬하게 몸부림치고 있었다.

태풍과 폭우가 규슈에 상륙하였다는 급보가 TV의 모든 프로그램을 정지시키고 각 채널을 점령하고 있었다. 시시각각 급변 상황이 올라오고 각 고을의 수해와 풍해 상황을 도표로 내보내고 있었으며 고정프로는 화면 한편으로 밀어놓은 채 태풍과 폭우 특보의 타이틀이 화면 윗자리에 고정되어 자리를 잡고 있는 완전한 전시상황이었다.

국철과 전철이 물에 잠기고 한 고을이 물 피해로 떠내려 갔으며 학교와 관공서가 쉰다는 보도를 아나운서들이 쉴 새 없이 내보내고 있었다.

일본 열도가 바람과 폭우로 실컷 두들겨 맞는 중이었었다. 열도는 상륙한 그들이 되돌아갈 때까지 모든 움직임을 정지하고 두 손 올린 채 항복의 백기를 들 수밖에 없어 보였었다.

번번히 규슈로 급습해서 무자비하게 두드려 대는 태풍과 폭우는 태평양과 현해탄 사이에 길게 누운 열도를 잠깐 묶어놓고 짙은 향기와 독특한 체취를 만들어 낼 수 있는 모종의 작전을 수행하고 있었던 모양이었다.

그 짙은 향기 따라 찾아든 곳은 열흘간 여정의 마지막이 되었던 라라카(樂樂花)였다.

동경에서 출발하는 노란 핫또 버스를 타고 오월 하순인데도 눈 쌓인 후지산도 관광하면서 손질 잘된 숲길과 흐드러지게 피어나고 있는 철쭉 군락을 바라보면서 하코네를 향하여 두 시간 넘게 달려 도착한 곳에서부터 라라카로 찾아드는 길은 다시 출발되고 있었다.

나무들이 끼리끼리 뭉실뭉실 군락을 이루는 숲 사이에서 다투어 핀 꽃들이 이정표가 되고 있었다.

그 동네는 아주 깊이 깊이 숨어 있었다.

숲과 꽃으로 몸을 숨긴 채 향기로만 들키고 있는 동네였었다. 일본 사람들도 평생 한 번은 꼭 오고 싶어 하는 아름다운 곳이라고 했다. 라라카(樂樂花)는 바다가 보이는 언덕 위에 지어진 자그맣고 아담한 일본식 호텔이었다.

온천욕으로 발갛게 상기된 얼굴에 분홍 꽃무늬가 찍힌 유카다를 입은 채 라라카의 층계를 오르내리는 그 땅의 여인네들과 내 딸애들이 라라카의 꽃들보다 더 어여뻐 보이고 있었다.

피곤한 여정의 몸을 눕히고 꽃꿈을 꾸다가 문득 깨고 보니 아픈 몸으로 힘겹게 깨어나곤 했던 수만리 학동의 그 어둑한 내 방이 아니었다. 남편과 그리웠던 딸애들(큰 딸애가 중간 합류. 그애 역시 독일에서 팔년간의 수학 마침)과 이국 향기의 한가운데인 라라카에서, 화사한

다다미 방 안에서 함께 깨어나고 있었던 것이다.

내 여행은 이미 성공하고 있었다.

막내 딸애가 팔년간의 공부 끝에 그 땅의 어려운 학위를 얻게 되었다는 반가운 소식에, 사 년여 앓던 허약한 몸을 일으켜 구급 약봉지들을 싸들고 부리나케 달려온 일본 땅이었다.

딸애는 팔 년간 홀로 힘겹게 공부해 오면서 제 젊은 세월 속에서 깊게 만났던 그 땅의 그 땅다운 것들을 부모에게 알리기 위하여 애쓰고 있었다.

먹을 수 없는 위장 때문에, 허약해질 대로 허약해진 몸과 마음 때문에 여정 내내 허기져 있고 늘어져 있었지만 그런 나에게만 은밀하게 열어 보여준 그 땅의 향기와 아름다움들을 나는 지금도 낱낱이 기억하고 있다.

내 기적의 일본 여정을 다시 되돌아보는데 몽환 속에서처럼 〈어렴풋이 희미하게〉 그래서 더 아름다운 모습으로 모두 추억되고 있었다.

먼 나라

먼 나라에서 온 사람들을 동경하였다.

우리와는 판이하게 다른 생김새와 알아들을 수 없는 말들에 귀 기울이면서, 두고 온 그들의 먼 고향을 꿈꾸었었다.

사람들의 눈빛과 몸매에서는 그들의 고향 냄새가 묻어있었다.

흙과 햇살과 새들의 노래와 같은 아름다운 것들을 가지고 고향은 고향 사람들에게 코의 높이와 눈빛을 결정해 주고 머리의 색깔과 언어의 억양을 조정해 주는 모양이었다.

먼 데서 온, 우리와는 다른 사람들을 볼 때마다, 호수처럼 깊고 파란 눈을 만들었을 그들 고향의 바람과 계곡을 상상하였다.

눈부신 금발과 새하얀 피부로 입혔을 그들의 계절과 햇살을 동경하였다. 저리 반듯한 시선과 억센 골격의 선으로 흐르게 했을 그들의 사랑과 전설과 역사에 대하여 황홀한 꿈을 꾸었다.

드디어 지난 여름. 남편과 함께 비싼 비행기에 몸을 싣고 영하 오십 도로 얼고 있는, 일만 칠백 미터 고도의 하늘로 올랐었다.

딸애가 공부하고 있는 북독일의 「킬」로 가기 위한 생애 처음의 먼길이었다. 먼 나라는 그렇게 높고 험한 하늘 위에서 출발되고 있었다.

비행기는 먼길의 손님들에게 극진한 서비스를 베풀고, 시속 918㎞의 빠른 속도로 비행하고 있음을 그리고 남아 있는 시간이 계속 짧아지고 있음을 알려주면서 위로하고 있었다.

그러나 비행기 창 밑으로는 황하와 중국 텐진과 고비 사막, 울란바토스(몽고 수도)와 바이칼 호수와 광활한 시베리아와 티벳 고원, 그들을 껴안고 있는 거대한 중앙아시아가 장엄하게 누워서, 가고 있는 길은 역시 험하고 아득한 길인 것을 또한 계속 깨우쳐 주고 있었다.

비행기의 창 두 개나 내 차지가 되어 움직이는 아시아를 한눈으로 볼 수 있었다.

지루해지면 딸애가 번역한 헷세의 크눌프를 펴 놓고 읽었다.

시간이 얼마쯤 지났을까. 모스크바가 지나가고 페테르부르크가 지나가고 어두운 회색빛의 아시아 대륙이 끝나면서 지상은 갑자기 색색의 화사한 패션을 두른 풍요한 자태로 극적인 전환 장면을 보여주고 있었다.

유럽의 첫 기항지 암스테르담이 달려나와서 손을 흔들고 있었다.

모노륨 연속무늬처럼, 무한 펼쳐지고 있는 노란 호밀밭과 파아란 초지들과 유유히 풀을 뜯는 젖소들과 드넓은 호수와 흐르는 강물과 가없는 바다와 울울창창한 숲들과 그 숲에 싸인 울긋불긋한 지붕의 어여쁜 집들을 데리고 그렇게 꿈같은 행렬을 펼치면서, 먼길에 지친 손님들에게 열렬한 환영의 메시지를 올려 보내고 있었다.

지상에 내리니, 구라파의 지성 독일이 반가운 모습으로 딸애와 함께 마중나와 있었다.

신의 총애와 축복 위에서 GNP 3만불을 우아하게 입고, 괴테를 사랑하고 바하를 듣는, 파란 눈빛이 반듯하고, 절도 있는 걸음걸이의 아름다운 사람들이 살고 있는 나라였다.

군복과 경찰복이 보이지 않는 거리. 캠페인이 없고 잡상인이 없고 간판이 없었다. 가끔씩 잘 자란 아이들이 사통팔달로 뚫린 자전거 도로로 헬멧을 쓰고 씨엉씨엉 달리고 있었다. 영화에서 보았고 세계의 역사에 굵은 글자로 기록되어 있던 게슈타포는 어느 구석에서도 찾아볼 수 없었다.

쉴러와 토마스·만이 마차를 몰고 크놀프가 그리워했을, 로마네스크·고딕 양식을 입은 정교하고 고풍스런 건물들의 거리거리엔 로미 슈나이더와 알랭 들롱들이 걷고 있었다. 살찐 중년과 노년을 빼고는 모두 반듯하고 우아하고 아름다웠다.

누구건 친절했다.

독일어의 나직나직한 억양이 부드럽고 따뜻해서, 자주 맞닥뜨린 청소부와 레스토랑 웨이터들의 사회적 위치를 가늠하기가 어려웠다. 아름다운 사람들이 말 억양까지 고우니 더 바랄 것 없이 완벽해 보였다.

낯선 모양을 한 먼 나라의 나무와 풀잎들 위에, 낯익은 아침 햇살이 내리는 걸 보는 것은 행복한 일이었다. 이국의 첫날밤을 보내고 첫 아침을 맞아 딸애의 통학로를 따라 언덕을 넘어가는데, 자전거로 달리는 젊은애들이 보내 주는 한마디가 빛살처럼 가슴으로 달려들어 오고 있었다.

'할로'

먼 나라는 그 품을 활짝 열어 우리를 다사롭게 맞아들이기로 이미 결정해 놓았음을 그렇게 통고하고 있었다.

킬, 베를린, 라이프치히, 바이마르, 함부르크, 후줌. 뤼백에서 독일을 보았고, 얕은 언덕 외엔 산이 없어 아무것도 감추지 못하고 있는 북독일 평야를 달리면서도 독일을 보았다. 급행열차의 단 한 구간 사이에도 바트 헤르스 펠르, 아이젠 나흐, 술래트 비히, 어여쁘기로 소문난 유서 깊은 작은 도시들이 탄성을 지를 사이도 없이 기차 창을 잠깐 메우다가 사라지곤 했다.

하얀 벽, 꽃 화분대, 푸르르고 널찍하게 가꾼 잔디, 잘디잘게 나누어 낸 하얀 창문들, 빨갛고 잿빛인 지붕 가운데에 또 작은 창문을 하늘로 내놓은 전통가옥들은 독일을 한마디로 요약하여 말해 주고 있는 깃발들이었다.

독일의 모든 것을 빠짐없이 정직하게 기록해서 한 장으로 보여주고 있는 색색깔로 된 이력서였다.

생각 · 철학 · 가치관 · 사랑 · 과학 · 예술 · 취미 · 멋 그러한 것들이 그들의 농가와 도시의 주택, 번화가의 건물들 거기에 최선의 것이 되어 담겨 있었다.

정신과 역사를 한눈에 보도록 진열되어 있는 웅장한 교회들과 박물관들을 보고 인쇄물에 의한 설명도 들었지만, 그보다는 안내판에 기록된 시간에 분초를 어기지 않고 반갑게 달려오곤 하던 예쁜 이층 시내버스를 타고, 지하철과 전철과 기차를 타고, 세 명의 동양인이 어깨를 부딪쳐 가며 지도를 보면서, 이국적인 이름을 가진 도시들을 찾아 옮겨다닐 때, 독일 그와 더 깊이 만나지고 있었다.

거리거리를 쏘다니고, 음식을 사 먹으며 잠잘 곳을 정하고, 수첩을 정리하고 다리를 뻗고 잠들려 하면, 독일 그도 단추를 풀며 옆에 와서 숨소리를 들려주면서 아주 가깝게 누워 주곤 했었다. 우리도 이방인인 것을 덩달아 잠깐씩 잊곤 했었다.

괴테가 사랑했던 도시 라이프치히와 그가 60년간 살면서 이상향을 꿈꾸었던 바이마르는 사회주의가 막 걷혀진 동독령 도시로, 세계의 도시들이 발전과 부유를 누리는 대가로 앓고 있는 방탕과 방자함이 없었다.

발전이 묶였었고 가난했다지만, 강한 사상으로도 망가지지 않았던 그들의 빛나는 전통과 자존심이 오히려 부족함들과 조화를 이루어, 발전을 거듭해 왔던 그 어느 도시도 따르지 못할 신비한 분위기를 뿜어내고 있었다. 환상적인 이상향이었다.

'아! 우리 독일에 갔다 왔었지요.'

훗날 추억의 페이지를 열면, 라이프치히의 마르크트 광장에서 펼쳐졌던 그 밤 야외 음악회의 화면부터 뜨겁게 달려올 것이었다.

알트 수타트(보행자의 거리, 유적지와 중요 건물이 모여 있다)를 둘러보고 기라성 같은 클래식 음악 공연장인 게반테 하우스, 오페라 하우스들 옆에 있는 유럽의 귀빈들이 들르는 「매루꾸리」 호텔에 짐을 풀고 (공연 시즌이 우리 떠날 뒤에 있어서 싼 값에 호텔 투숙 횡재했음) 마르크트(도시 중앙에 위치, 음악회와 장이 서는곳)로 나갔다.

골목마다 관악 연주장이었다.

클래식 음악은 여기저기서 지축을 흔들고 가슴을 흔들며 울려 퍼졌고, 비치 파라솔 야외 카페엔 마치 시민 모두가 나와 앉은 듯, 특히 중년과 노년층들이 음악과 차와 음식을 들면서 소리 없이 소곤거리며 일몰을 기다리고 있었다. 「황태자의 첫사랑」의 감동이 과장해서 꾸민 화면이 아닌 것을 알았다.

스파게티를 먹고 차를 마시고 음악을 듣다가 시멘트 광장에 덜퍽 주저앉은 채, 어두워 가는 하늘을 바라보았다.

그날 밤 거기에 황인종은 우리 셋뿐이었다.

지나가던 젊은이들이 흘깃거리며 바라보았다. 먼 나라 아름다운 곳으로 보내 주신 하나님께 감사를 드리자 않을 수가 없었다.

어찌된 일인지 사람들은 우리를 보고 있었다.

어느 도시에서건 움직일 때마다 그들의 시선이 치렁치렁 감기는 것을 느꼈다. 교양인답게 조심스러운 눈빛들이었지만 열심히 우릴 보고 있었다. 동양인들이 잘 들르지 않는 북독일인들에겐, 카메라와 수첩을 들고, 온 신경줄을 켠 채 쏘다니는 우리들이 별나고도 신기해 보였을 것이었다.

그들 역시 우리들에게서 먼 동쪽 나라의 소 방울 소리와 솔 향기를 꿈꾸는 지도 몰랐다.

다시 하늘로 오르는 비행기를 타고, 장엄한 시베리아와 중앙아시아와 고비 사막을 내려다보며 먼길을 접으며 돌아왔다.

하늘로 아름다운 창문을 뚫게 하고 금발과 파란 눈으로 결정해 주고 웅장한 음악과 깊은 정신을 창조하게 한 그들 산하의 정중한 배웅을 받으며 하늘로 올랐었다.

무엇을 본 것일까.

그 짧은 시간 아무것도 보지 못했거나 한 쪽만 봤거나 아니면 아예 잘못 봤는지도 모른다.

아니다. 그 나라 사람들보다 더 깊이 맛보고 왔을 것이다. 왜냐면 먼 나라에서 꿈꾸며 달려갔던 사람들이기에.

슈베르트 씨의 초대

누군가에게 초대를 받으면 그지없이 기쁘다.

나의 이름을 향하여 초대장을 보내고 식탁을 점검하고 시간을 재면서 문 앞에서 기다려 주는, 그 정중한 초대를 가슴 설레이며 기뻐한다.

가끔씩은 삶의 성과표를 받아 보고 싶은 때가 있는데, 초대장은 높은 점수와 칭찬이 가득 적혀서 보내어진 중간 성적표처럼 나를 들뜨게 한다.

초대해 준 분의 중후한 삶과 향기는 알고싶었던 내 점수인 것도 같고, 정성스러운 접대는 내 인생을 향하여 아낌없이 보내오는 칭찬과 격려인 것 같아서 용기가 샘솟는다.

지난 여름, 이국만리에서 한 장의 초대장을 받았다.

조상과 조국이 다르고 웃는 이유도 전연 통하지 않을 것 같은 먼 나라의 신사 슈베르트 씨에게서였다.

그는 독일 「킬」 현의 외국어 교육장학관으로 「데오도어 슈트롬」의 소설을 공부하고 있는 딸애의 국제 로타리 장학금 관계 카운슬러였는데 처음 만난 우리 부부에게 그는 뜻밖에도 그의 생애에서 만나야만 될 소중한 인연의 줄 하나를 만난 것처럼 반가움과 정을 보여 주었다.

눈부신 금발에 파란 눈을 가진, 오십대 후반의 중후한 그의 옆에는 함부르크 방송국 PD이면서 문학박사인 우아한 부인과 의대 입시에 실패하고 재수하고 있다는 풀꽃처럼 고운 그의 딸이 서서 우리를 반가운 눈빛으로 바라보고 있었다. 보기 드문 아름다운 초대장이었다.

우리 부부는 딸애를 만나려고 불원천리 독일로 달려온 김에 강행군으로 북독일을 돌고 있었던 참이었다.

슈베르트 씨의 초대장은 어떻게든 독일을 많이 보고 싶어 하는 우리에게 뜻밖의 반가운 안내장이었다. 초대의 이름으로 따뜻하게 열어 놓게 한 가정이야말로 우리로 하여금 독일의 많은 것들을 만나게 할 것이었다.

토요일 오후. 「슈베르트」씨는 역까지 나와서 차를 대기시킨 채 우리를 기다리고 있었다.

자투리 시간을 이용해 휴양도시 「후줌」을 둘러보고 오는 동양인을, 밀려나오는 군중들 속에서 찾고 있던 「슈베르트」씨의 잊혀지지 않을 모습과 만났었다.

맑은 공기 속에 싱그러운 나무들의 냄새가 은은하게 퍼지고 있는 숲 속 교외에 그의 집이 있었다. 울창한 나무들에 둘러싸인 널찍한 정원과 잘디잘게 나누인 하얀 창틀을 매단 벽은 아름다웠고, 하늘로 뚫린 창을 가슴에 안은 빨간 삼각지붕이 파란 하늘 아래서 꿈꾸고 있었다.

예상했던 대로 그의 집은 「그리므」 형제가 꿈꾸며 지어 올렸던 백설공주의 집 바로 그 구조로 짜여 있었다. 여기저기 눈길 가는 곳마다 일곱 난장이가 금세 들어올 것 같은, 이방인의 눈엔 무한 환상적이기만한 스위트 홈이었다.

이곳 사람들은 시멘트와 철근을 사용한 현대식 건축법은 아예 외면하고 있는 것 같았다. 처음부터 은은한 촛대의 분위기와 생나무 냄새와 동화의 꿈을 넣어서 집을 지어 올리는 모양이었다.

새하얀 식탁보 위엔 굽고 덮힌 음식들이 어여쁜 그릇에 정성스럽게 담겨져 있었다.

베란다 창 앞엔, 꽃향기 마시고 수인사 건네면서 먹고 마실 와인과 과자가 놓인 입식 야외 식탁이 있었고, 두어 걸음 내려서면 널따란 숲을 바라보며 앉아서 담소하고 즐길, 다음 차례의 다과상이 또 정성스럽게 차려져 있었다.

남편과 슈베르트 씨는 마치 양국 대표들인 것처럼, 진지하게 독일을 이야기하고 한국의 문화를 이야기하였다.

그들은 딸애가 독일문학을 선택한 이유와 여행자의 눈에 비친 독일의 인상을 물어 왔다. 그들 부부와 우리 부부가 가지고 있는 직업들로 이룰 수 있는 이상에 대하여서도 이야기하였다.

베를린에 외아들을 유학시키고 있는 그의 부인과 내가, 멀리서 공부하는 자식들에 대한 그리움을 이야기할 때에는, 독일의 지성을 선도하고 있는 내 앞의 파란 눈을 가진 여류 방송인이, 이국인이라는 걸 잠깐 잊고 있기도 했었다.

딸애는 모국어를 배울 때부터 재잘재잘 노래하는 듯한 달변으로 듣는 이들을 즐겁게 하였는데, 내 귀엔 독일어와 한국어 사이도 그렇게 재잘재잘 넘나들고 있는 것으로 들리고 있었다.

전하고 싶어서 성급하게 내뱉는 우리들의 많은 말들을 딸애가 상대편에게 낯선 말로 유창하게 전하고 있는 동안, 우리 네 사람은 다사로운 눈빛으로 그 애를 바라보곤 했었다.

먼 데서 온 낯설고 피곤에 지친 우리 부부에게 슈베르트 씨 가족이 보내오는 저 인간적인 호의와 융숭한 접대는, 실은 딸애가 그동안 그들에게서 따낸 탁월한 중간 성적표에 딸린 후한 부상일는지도 몰랐다.

자식의 좋은 점수를 확인하는 것이야말로 또 얼마나 행복한 일인 것인가. 감격과 감동이 우리 부부의 가슴 안에서 물결치고 있던, 잊을 수 없었던 귀한 시간이었다.

우리는 많은 이야기를 건네면서 새롭게 이해를 하였고 즐겁게 웃기도 했다.

여름 과일을 얹어 구운 쿠키를 먹고 예쁜 색 와인이 담긴 유리잔을 들고, 천연 원시림이 하늘을 가리고 있는 그들의 푸르른 잔디밭 정원을 거닐며 함께 하늘을 바라보기도 했다.

슈베르트 씨 부인은 나에게 방 하나하나를 열어 보여주고 아들이 두고 간 피아노의 뚜껑도 열어 보여주었다.

우리들은 포옹하면서 헤어졌다.

훗날을 기약하는 것으로 아름다운 초대장에 예약되었던 모든 순서가 끝나가고 있었다.

나는 내 이력서의 이력 사항을 모두 암기하고 있는 것처럼, 나를 초대하여 준 사람들의 이름과 그 환대를 소중하게 모두 기억한다.

97년 여름, 먼 이국에서 받았던 슈베르트 씨의 초대를 특히 잊을 수가 없다.

그의 초대는 딸애를 필두로하여 우리 부부에게 근래에 받아본 적 없었던 높은 점수와 많은 칭찬을, 색색의 종이에 독일어로 기록하여 보내어 준 감격적인 성적통지표였을지도 모른다.

5부

수만리 통신 1

– 첫 번째 통신문을 띄우며

산과 나무, 하늘과 별 그리고 새들과 바람…….

지난 가을 이주해 온 내 삶의 공간은 「있다」라고는 쉽게 말할 수 없는 이런 아득한 몇 가지 것들 외엔 보여지는 것이 없는 아주 쓸쓸한 곳이다.

그 흔한 구멍가게 하나 없고 사람들조차 구경하기가 힘든 곳이다. 스물다섯 가호에서 살고 있는 동네 어른들마저 뵙기가 어렵다.

굴뚝에선 하얀 연기가 모락모락 올라오는데 그분들은 도대체 어디에들 계시는지 내 상상력으론 어림짐작도 안된다. 윗마을 다자미로 올라가는 봉고차나 방물장수의 트럭 소리가 아니면 이장님의 확성기를 통한 전달 말씀이 가끔씩 동네의 「적막」을 흔들어 놓을 뿐이다.

매일 바람 든 여자처럼 가슴을 두근대며 산다. 바람 달콤하고 산향기 내려와 늘 내 뜨락에 와 있으니 방안에 가만 앉아 있지 못하고 코끝 킁킁거리며 수시로 방문 열고 들락거린다.

반짝 해 뜨면 온 시야가 눈부신 신천지가 되지만 땅거미가 내리거나 어둠이 걷히는 미명일 때 바람부는 우울한 날일 때도 맛 다르게 좋아서 가슴이 뛴다. 빗방울이 듣거나 눈발이라도 날리면 앉아 있을 수가 없어 아예 서서 하루를 보낸다.

무릎 아래 높이로 쌓은 낮은 돌담은, 저만치 일어서 있는 산자락들과 아늑한 들녘들이 내 뜨락과 닿아지는 것을 방해하지 않고 있어서, 마당에만 서면 눈앞이 풍요하고 가슴이 후련하다.

눈조리개를 조절해 가며 고개를 좌우상하로 돌려가며 보고 또 본다. 바라본다고 무엇이 끝나지거나 마쳐지는 것도 아니어서 방안에 들어왔다가도 다시 나와서 보고 잠시 쉬었다가 다시 나와 보는데 물리지도 않고 질리지도 않는게 신기하다.

늦가을까지 홍시를 매달고 있던 감나무의 날렵한 잔가지들이 시야를 잘게 잘게 나누고 하늘과 산마루까지 가로세로 오밀조밀 줄 그어 놓고 있어서 그 틈새로 보이는 포플러와 멀쑥하게 꽂혀 있는 전신주들이 또 바라볼만 하여 보고 또 본다.

"너 오늘도 물통 엎었구나."

남편마저 도시로 외출한 날이면 저 먹는 물통 방정맞게 엎어 놓고 목말라 하는 멍청이 닭들에게 말을 건네며 입을 연다.

이틀에 한 번은 동네 고샅을 돌아본다. 빈 덕장에 걸린 비닐 나부끼는 소리에 놀라고, 반가워서 짖어대는 개들 소리에 또 놀란다. 휘어지는 골목에서 모처럼 동네 어르신을 한 분이라도 뵙게 되면 낯선 남정네일망정 오랜만에 뵙는 삼촌 같아 손을 맞잡고 싶을 만큼 솟아나는 반가움에 어찌할 줄을 모른다.

곱게 빗어 처마 밑에 매둔 메주들을 일별하고 얼기설기 시골 살림들을 쌓아 놓은 곳간들을 보면서 동네 끝에 서면, 열여섯 살 그리운 고향에서 마지막 헤어졌던 한옥 툇마루가 최 집사님댁 낮은 처마 밑에 누워있어서 매번 꿈인가 눈을 껌벅거리게 된다.

지난 가을엔 이삿짐을 옮기자마자 텃밭에 씨앗을 뿌리고 그 옆에 주저앉아 씨앗이 들어간 흙구덩이를 바라보며 시간을 보냈다.

파종기를 한참 놓친 찬바람 속에 씨를 심어 놓고는, 마음 졸이며 떡잎이 올라오고 이파리들이 조금씩 모양을 달리 하며 하루가 다르게 자라는 것을 지켜 보았다. 다행히도 그들은 서투른 나에게만 맡겨진 게 아니었다. 그들을 위하여 하늘에선 부단히 바람을 보내고 해를 올리고 내리며 비와 안개를 보내고 달이 기울고 별이 빛나고 있었다.

「적막」 그 오묘하고 깊은 맛에 요즘은 살이 오른다.

굳었던 내 안이 열리고 어딘가에 닿아지고 연결되어지는 충일감으로 든든해져 가고 있는 것이 신기하다. 하는 일도 없고 자극과 도전도 없는데다가 약한 오장육부 때문에 먹는 것과 생각하는 것들마저 극히 절제하고 있는데도 매일 혀끝이 달고 가슴 안이 기쁘고 오장육부가 포만해져서 수시로 실눈으로 웃음 지으며 하늘을 바라본다.

「없음이 바로 있음 그 자체인지도 몰라.」

적막강산 어느 산사 스님이 「절 방문을 열고 앞산을 바라보노라면 하루해가 너무 짧다. 몸을 조금 움직여서 바라본 산 맛 다르고 바람 끝과 시간따라 또 다르고 그 모든 맛들이 무궁무진하여…….」

이리 심오한 말씀을 남기셨다는데, 삭막한 겨울 산골에서 오묘한 맛들을 흡수하며 살이 오르고 있는 것은 그럼 나도 혜안이 열리고 있다는 증거 아닌가. 좋아서 혼자 또 해실해실 웃는다

「완주군 동상면 수만리 학동」

내 동네 주소 한 줄만 입술에 올려도 금세 시(詩)가 되는게 좋아서

또 웃는다. 도시에서 받은 상처와 절망을 너끈히 치유할 수 있음을 암시하는 메시지가 행간에서 넘쳐나지 않는가.

"거기 살기 괜찮아? 어때?"

도시 친구들은 우리를 마치 오지에 먼저 보낸 특파원이기나 한 것처럼 이것저것 염려해 주면서 수만리 보고서를 은근히 독촉한다.

평생 땀 흘려 일하고 감사하며 욕심 없이 고향을 지켜온 순박한 원주민은 될 수 없고 감히 흉내도 낼 수 없지만 다만 용기 있는 특파원 자격쯤은 있을 것 같아 우선 조심스럽게 첫 보고서를 작성한다.

「당신들이 염려했던 '아무것도 없음'이 가장 먼저 고통스럽게 할 것 같았는데 아니었어. 바로 그 적막함이 많은 아름다움들을 보호 보존하고 있었고 우리의 상처를 치유해 주고 구해 줄 수 있는 선약 중의 하나라는 것을 알아내었어. 우리 부부의 용기 있는 선택은 적중한 것 같아…」

보고서를 쓰고 있는 내 귀청에 창호지 창 너머로 이름 모를 산새의 깃 터는 어여쁜 소리가 들린다. 날아가 버렸어도 그가 날아간 산마루 언저리라도 보고 들어와야 안정이 될 것 같아서 정신없이 마당으로 뛰쳐나간다.

수만리 통신 2

– 마당 안에서 흐르고 있는 것들에 대하여

추적추적 내리는 겨울비가 봄비처럼 가슴 안으로 파고든다.

창 밖에선 몇 개의 산들로 오붓하게 둘러싸인 내 널따란 뜨락의 식구들이 겨울비에 촉촉이 젖어가고 있다.

햇살 · 바람 · 빗물 · 별빛 같은 어여쁜 것들을 가지고 지난 일 년간 부지런하게 벼와 작물들을 키우던 논과 밭들이 이젠 맨몸으로 편안하게 누워 있다.

비워진 논배미와 밭고랑들 · 잎새 떨군 감나무 잔가지에서 들키고 있는 산 넘어온 바람 · 수묵화에선 갓 나온 듯한 정다운 산자락들이 침묵하고 있다.

남편은 오늘도 전주로 바삐 차를 몰고 나갔다.

'겸허하게 마음을 비우고 조용한 시골로 미련없이 돌아가겠다'며 멋진 송별사를 발표하고 산골로 들어온 남편이 어찌 된 일인지 매일이다시피 도시로 나간다.

휘파람 불며 긴 다리로 휘적휘적 다녔던 정다운 거리와 지인들의 체온이 아직도 그리운 것인지도 모른다. 비우고 놓겠다고는 했지만 놓아지지 않는 것들이 그를 달려가게 하는지도 모른다. 남편과 함께 있어야 할 적막한 산골에 나 혼자만 남아 있는 날이 많다.

'차양을 달아내길 너무 잘했네'

초록빛 차양의 은근한 그늘 속에서 바라보는 전망이 맛 다르게 좋아서 또 혼자 실실 웃는다.

며칠 전. 마지막 마무리 공사라고 다짐하면서 집 남쪽 편으로 널찍한 차양을 달아내었다. 도리우찌(차양이 짧은 남자모자) 쓴 사람의 민망하게 들어난 이마처럼 비와 햇살 앞에서 쩔쩔매는 창 앞이 허전했는데 질감 좋은 재료로 솜씨 좋게 달아낸 차양이 여간 마음에 드는게 아니다.

그 위에 세찬 비가 내리고 푸짐한 눈이 쌓이고 매일 들르는 햇살의 따가움이 얹힐 때마다 무상으로 달려올 평안함과 기쁨이 미리 짐작되어서 오며가며 할 일 없이 그 밑에 오래 서 있어보곤 한다. 그린 칼라의 반투명 차양은 거실과 내실까지도 은은하게 조명해 주어서 집안 분위기까지 달라졌다.

그 밑에 길쭉한 평상만 마련하면 한옥마루 구실도 할 것이다. 천둥번개와 함께 여름 소나기 쏟아질 때, 평상에 앉아 비 차양 치는 소리 배경 삼아 우주가 보내오는 뜨거운 감동을 만날 계획이고 봄 가을이면 평상에 오르는 다사로운 햇살 손바닥으로 쓸어가며 해바라기하고 오가는 산들바람 만나고 고개 젖혀 푸른 하늘도 볼 예정이다.

'너무 과분한 은총 아닌가.'

방 · 부엌 · 화장실 · 거실 · 서재 꼭 필요한 다섯 개의 절대 공간만을 자그마하게 그려가며 적은 돈으로 집을 지어올리기 시작했는데, 풍광

좋고 인심 좋은 산골의 건강한 터 위에 올라선 우리들의 집은 도화지 위에 서투르게 그려놨던 그 절대 공간만이 올라온 것이 아니었다.

차양 하나 달아내니 생각지도 못했던 여러 개의 기쁨들이 한꺼번에 달려온 것처럼 청사진과 자재 청구서에도 없었던 아름다운 것들이 집 안 여기저기에 함께 와 있었다.

'평생 그리워하고 소망했던 아름다운 것들은 결국은 만나게 된다던데…….'

'우리 앞에 와 있는 것들이 바로 그것들이 아닌지…….'

현관 문 열 때마다 형언할 길 없이 맑고 향기로운 공기의 충격으로 감동했었다.

미명으로부터 시작하여 시시각각 햇살에 의해 달라져 가는 자연의 모습을 보며 감탄했었다.

흙을 골라 씨앗 뿌리고 뾰족이 솟아오르는 싹 보고 감탄하고 돌담에 호박 올리고 숨어 익는 호박 찾아 밥상 차리다가 마당에서 고추 오이 상추 따서 찬물에 씻어 된장 찍어 밥 먹으며 감동했었다.

집안 사방팔방으로 널따랗게 낸 창과 문들을 통하여 우주 운행의 비밀스러운 발자국 소리 눈치챌 때마다 감동했고 밤하늘 달과 별 보라며 서로 소리치다가 남편과 함께 웃었다. 감나무 위에서 남편이 던진 감 받다가 산자락에 벌렁 넘어진 채 바라본 맞은편 산등성이의 단풍은 또 얼마나 고왔던가.

스물다섯 가호의 전 주민들이 신자되어 참여하는 마을교회 새벽예배에, 틈만 나면 잡목 우거진 우리들만의 비밀 산책로에 함께 동행하는 남편에게 여러번 소근거렸던 나의 대사는 조금은 촌스러운 '꿈만 같아요' 였다.

이장댁 지붕 위 확성기가 울리면 어느 댁 생일잔치 초대 소식인지 귀를 기울이다가도 행복해했다.

'감사하시게도…….'

우리는 지금 그것을 받고 있는가 보았다. 평생을 살면서 그리워하고 사랑했던 고운 것들을 우리는 지금 만나고 있는가 보았다. 받을 자격 없을 터인데도 으레 그러하시었듯이 무조건 먼저 보내 주신 그분의 은총이 분명하였다.

문득 시선 끝에서 움직이는 것 있어 다시 보니 적막한 산자락 밑에 하얗게 그어진 오솔길로 윗마을 다자미를 찾아 들어가는 차 한 대의 꼬리가 막 사라지고 있다. 촉촉이 내리는 빗속에서 그것은 꿈속의 화면이 된다.

여섯 살 때였던가. 어머님 치맛꼬리 잡고 들어간 시골친구 분 댁 마당에서 작은 냇물을 본 일이 있다. 맑은 모래 위로 드문드문 쏘가리와 미꾸라지가 숨고 송사리가 두어 마리씩 쏘다니고 있었다.

두어 뼘 되는 넓이의 가늘은 돌물은 그 집 마당을 통하고 있었는데 마당 안에 들어온 똘물은 그럼 누구 것이 되는 것일까. 그 돌물은 내 생애 두고두고 꿈꾸는 듯한 화면이 되어 그립게 리바이벌되곤 했다. 아무리 현대식의 멋진 집을 보아도 하나님이 만드신 냇물을 옹골지게 소유하고 있던 그 집을 뒤로 제칠 집은 만나지 못했었다.

아침이면 식구들 나와 세수하고 여름 밤엔 목욕하고 대낮엔 손 발 담그며 물장구치고 빨래하고 걸레 빨고 수박과 김치 단지 담그고 쏘가리 · 송사리 잡아 매운탕 만들고 으슥한 밤이면 물소리 친구삼아 고운 꿈꾸고 달빛과 별님들 흐르는 냇물에 풍덩 빠져 부서지는 것 볼 수 있어 얼마나 좋을까.

그리움의 깃발 높이 꽂아올린 채 험한 재 넘어 먼길 달려왔을 낯선 사람의 차 꽁무니가 사라진 곳을 꿈꾸는 눈으로 바라보다가 문득 나는 또 감동한다.

'아! 내 뜨락에도 그리움이 흐르는 거대한 강물을 만들어 보내주셨구나!'

여섯 살때 꿈꾸면서 만난 시골 마당의 신비한 냇물이 내 뜨락에서는 저 멀리 그리운 찻길이 되어 다시 흐르고 있었다. 가만가만 기쁨이 솟아올랐다.

'누구건 모두들 행복하였으면……'

수만리 통신 3

– 내 · 친 · 소

매일 만나는 친구가 있습니다.

내 친구를 만나려면 긴 장화를 필히 신어야 합니다.

집 뒤로 샛문이 난 낮은 돌담 위로 일단 올라선 뒤, 산자락에 낸 푸섶길을 건너야 하는데 뱀도 함께 왕래하는 길이기에 장화를 신고 건중건중 뛰어 건너면 바로 내 친구의 마당과 마루가 보이는, 늘 열려 있는 그의 집 문 앞에 섭니다.

그는 나보다 이십여 년 연상으로 돌아가신 내 친정 어머님과 동갑인 구십 세의 극 노인인데도 하루라도 못 만나면 달려가서 눈도장이라도 찍고 와야만 직성이 풀리는 친구가 되어버린 것입니다.

지난 여름 뇌수막염으로 혹독하게 앓다가 겨우 병줄 놓고 뼈와 가죽만 남은, 가족들에게조차 큰 충격이 된 흉한 몰골로 비척비척 골목에 나오니, 보는 사람들마다 어찌 그리 흉하게 말랐을까 탄식하며 놀라는데 '살아났으니 감사한 일이제. 애썼네 애썼어' 이렇게 말해준 사람은 오직 한 사람 바로 내 친구입니다.

외양으로만 보면, 그는 며느리가 버리고 간 아들과 어린 손녀의 뒷바라지에 논 밭일까지 하느라 허리 펼 틈 없는 일 많은 노인입니다. 일정한 수입이 없어 외상으로 쌓여 가는 농비 때문에 마음속이 편할 날 없는 곤곤한 노인입니다.

그런데도 그에게서는 시름과 궁기가 전혀 보이지 않습니다.

양푼 대야 싱크대들이 늘 반들반들 윤나고 우물가가 정결하고 목소리 카랑카랑하고 시원한 웃음소리가 담을 넘습니다.

그는 팔랑팔랑 찾아가는 나를 반깁니다.

나는 일하는 그의 앞에 어디이든 주저앉습니다. 그는 주로 이야기하는 편이고 나는 듣는 편입니다.

"개 대가리에 소금 흐치듯 말함시로……." (대충대충 함부로 말하는)

"…… 기름 짜러 고산에 갔더니 누가 돼지 잡고 술을 몽땅 퍼 맥였는지 고을 남자들이 하나같이 흘급사니 눈으로 씨레걸음들을 걷드랑께 참 볼만 허등만"

(술먹고 게슴츠레한 눈으로 옆으로 쓰러지듯 걷는 걸음)

"붓 돋워야 혀. 그냥 내버려두면 개좆토란 되어서 토란 농사 흉작돼야"

해괴한 단어가 나올 때마다 배를 잡고 웃으면 그도 흐드러지게 따라 웃습니다.

산골살림과 농사짓기의 초보딱지를 못 떼고 있는 나에게 그는 원칙은 물론이고 차선책에 비상대책까지 알려줍니다. 긴긴 세월동안 무에서 유를 만들며 살아온 지혜로운 친구의 노하우들을 나는 단숨에 거저 얻어내는 것입니다.

그뿐만이 아닙니다.

파란만장했던 그의 구십 년 역사와 그와 함께한 부모형제 사촌 팔촌에 동네 사람들의 구구절절 애연한 역사들까지 고스란히 들을 수 있어 하루라도 달려가지 않으면 좀이 쑤십니다.

테이프를 되감고 되감아 다시 듣듯 나는 그 절절한 이야기들을 늘 다시 듣고 싶어 합니다. 친구는 거절하는 법이 없습니다.

"……그때는 여기 좁은 방 두 칸 밖에 없었는디 시부모 시아제 자식들이랑 우구루루 다 모여 살았제. 친정 어매가 중병으로 쓰러지고 하나밖에 없던 젊은 오라버니가 바로 윗동네서 죽었다는디도 시어머니가 못가게 하는거여."

"인공 때는 이 동네서도 사람 많이 죽었제. 기독교 신자라고 모조리 묶어서 신월리 덜강(돌 많은) 밑에 돌로 눌러서 다 죽였어. 윗배미 장로님 아버님은 '누가 돌 하나만 내 가슴에서 치워줘! 치워줘!' 밤새도록 소리치는데 그 소리를 들은 빨갱이들이 다시 와서 죽였디야. 권사님(나를 지칭) 사는 바로 윗집에서는 자손까지 죽여버려서 애미 시체 머리만 여우가 떼어 먹었디야. 그때는 여기 숭한 짐승들이 많았제"

"잘 생긴 놈이 먼저 죽드라고. 아장아장 마악 걸음 걸을 때 여섯 놈 아들만 계속 죽었응게. 홍역하다가 죽고 돌림병으로 죽고 화상 입어 죽고 그 시절엔 사고가 많았응게. 여섯놈 땅에 묻으면서 내 가슴이 퍼렇게 멍들었제."

"그 뒤로 아들 셋에 딸 셋 내 배로 열둘을 낳은 셈이제. 길도 없이 막힌 이 가난한 동네서 자식 키운 고생에 매운 시집살이 눈물을 어떻게 다 말혀! 가방끈이 길었으면 책 열권은 썼을 것이여"

전국 팔대 오지 마을의 하나였다는 산골 수만리水滿里에 전쟁의 혹독한 여파가 몰아닥치면서 마을 사람들의 대를 이은 기구한 삶들과 내 친구의 곤곤한 삶이 내 안에서는 이미 열 권의 책이 되고도 남습니다.

박경리의 펜 끝에서 씌어졌던 경상도 쪽 사람들의 이야기 〈토지〉와 최명희의 펜 끝에서 그려졌던 전라도 남원 쪽 매안 사람들의 〈혼불〉이 연재되었던 문학지를 매달 목을 빼면서 기다렸었습니다. 신간이 나온 첫날, 책 펴들고 그 절절한 문장들의 행간을 더듬어 읽어가면서 얼마나 가슴 치고 한숨 쉬며 감동했었던가.

박복한 운명 줄을 붙잡고 흰 옷 입었으나 피나도록 치열하게 살아냈던 우리네의 조상들의 곤곤한 삶은 하나같이 절절하고 뜨겁고 가슴 시린 감동이 아닌 것이 없었습니다.

아프다 못해 아름다웠고 서러웠고 처연했었습니다. 앉고 걷고 문턱을 넘는 일상적인 모습들조차도 가슴 치는 그리운 화면 되고 있었습니다.

뜻밖에도 그 절절한 이야기 바로 그 문장의 행간 안에 내가 깊숙이 들어와 있었습니다.

픽션이 결코 아닌 그 자손들이 살아 있고 그 시절의 기둥과 덕장이 남아 있고 골목과 샘물터가 남아 있는 동네에서, 여우가 어미의 목을 끊어 먹은 바로 그 집터 옆에 내가 살고 있었습니다.

논픽션 한가운데의 주인공인 내 친구의 증언을 수시로 가감 없이 들으며 한숨 쉬면서 가슴을 쓰러내리고 있었습니다, 친정 오라비와 어미의 죽음에도 가지 못하게 한 매운 시집살이가 서러워 새벽 샘터에서 가슴 치며 울었던 서러움이 아직도 눈가의 깊은 주름에 남아있는 친구의 얼굴을 매일 바라보며 살고 있었습니다.

“징허게 가난들 했제. 봄이면 지천으로 돋아나는 풀들을 다 뜯어 먹었응게”

"첩 꼴 보는게 시집살이랑 지독한 가난 보담 더 엄청 힘들었제. 마지막 첩은 살이 썩는 병 얻어서 결국은 내게로 기어들어 와서 내 간호 받다가 숨을 걷우었제"

"다리가 맏아들이여. 거봐, 왔응게 이걸 얻은 거여. 맏아들 덕본 줄 알어"

된장을 옮겨 담던 그는 마침 자기 집 마당에 들어선 나에게 된장을 듬뿍 퍼줍니다. 마늘 묶다가도 집어주고 고추장도 퍼주고 씨앗이 없다 하면 생강 토란 강낭콩 씨앗들을 아낌없이 쪼개어 나눠줍니다.

노인 혼자 시린 손 불어가며 담근 김장 김치를, 염치도 좋게 먹고 싶다는 그의 딸 도시 친구에게 두 상자나 퍼서 택배로 부치는 것을 보면서 아까운 마음이 들어 한 상자만 보내라며 말리니,

"이야길 들어봉께 혼자 삼서 되게 가난하디야. 줘야지. 내가 조금만 먹으면 되지 안 그려?" 맞는 말입니다. 베푸는 손길은 가진 것의 많고 적음과는 무관한 것임을 친구는 나를 부끄럽게 하면서 깨닫게 합니다.

간식을 전혀 못하는 나는 집에 군것질거리가 생기면 내 몫을 들고 그에게로 달려갑니다.

친구는 틀니로 아주 맛나게 먹습니다. 그에게는 맛나지 않은 것이 하나도 없습니다. 구십 년을 맛깔스럽게 살아온 것처럼 하찮은 것도 주름진 얼굴로 기뻐하며 가장 맛있는 것처럼 먹습니다. 그 먹는 모습을 보는 것만으로도 꽤나 즐겁습니다.

자명종도 없이 새벽 세시면 어김없이 일어나 가장 먼저 교회 불 밝히고 기도하는 그입니다.

농사지어 열매가 익으면 첫 열매는 꼭 정갈하게 다듬어 목사님께 드립니다. 초대교회 시절의 변함없는 믿음으로 평생을 기도하고 있는

그에게 내렸을 그리고 내릴 은혜를 생각해봅니다.

나는 가끔 틈을 내어 찾아오는 내 딸들을 그에게 데리고 가서 인사시킵니다.

"엄마하고 아주 친한 친구분이시다. 인사해라."

그의 자녀들의 안부 전화 속에서도 내 이름이 빠지지 않는 것도 압니다.

'오늘도 앞집 국 권사님 오셔서 어머니랑 잘 놀았어?'

최근 그가 많이 아팠을 때 내 남편이 더 먼저 걱정합니다.

'자네 친구 그 양반 오래 사셔야 하는디.'

그와 알게 된지 거의 십년이 지나가는데도 내 살아온 이야기는 그에게 전할 틈이 없었습니다. 그는 이미 나를 다 읽어내었는지도 모릅니다. 나보다 더 나를 잘 알고 있을지도 모릅니다.

비밀로 아껴두었던 내 소중한 친구 이야기를 갑작스럽게 소개하는 이유는 나 자신을 여러모로 더 깊게 열어 보이고 싶어서인지도 모릅니다.

내. 친. 소(내 친구 소개)를 통하여 이미 간파하였겠지만 나는 먼 아득한 마을 수만리에서 건강하고 행복하게 이렇게 아주 잘 살고 있습니다.

2009. 8. 6

수만리 통신 4

– 혹한, 한파, 폭설 경보가 들이닥치다

난리가 났습니다.

폭풍경보와 한파경보에 폭설경보까지 겹친 험한 날씨가 동상면 수만리 오지 골짜기 학동마을로 냅다 들이닥쳤기 때문입니다.

"동상면 날씨 조짐이 엄청 수상스럽소. 미리미리 대비하지 않으면 큰 탈 나겄소."

수화기를 들 때마다 마을 기상예보관은 이런 투로 은근히 겁을 주고 있었는데 드디어 그 조짐이 맞아떨어진 것입니다.

하늘이 뚫렸는지 밤낮 없이 눈이 내렸습니다. 마당이 묻히고 길이 묻히고 골짜기도 묻히고 마을이 온통 하얀 냉동고가 되어 버렸습니다.

"…자빠져서 다친 사람이 한 둘이 아니요, 절대 절대 나올 생각들일랑 허덜마시오 이런 날씨는 내 생전 처음인디……."

마을 어른의 금족령이 아니래도 꼼짝없이 갇힌 몸이 되었습니다. 남녘으로 낸 통유리창을 통하여 뭔가 끝장을 내고야말 것 같은 밖의 다급한 전황을 살피고 있는데, 굵은 눈발 사이로 뜬금없이 내 먼 유년 시절의 겨울이 보이고 있었습니다. 창밖보다 더 모질게 추웠었던 그리고 지독히도 가난했었던 그 겨울이 보이고 있었습니다.

방 방 아궁이마다 보듬어온 땔감으로 군불 지펴주셨던 어머님이 보였습니다. 연탄 반 개라도 아끼려고 한밤중에 일어나 벌겋게 들어붙은 연탄을 식칼로 쪼개시던 야윈 어머님의 모습도 보이고 있었습니다.

모두들 하나같이 입성은 허술했었고 아이들은 빨갛게 튼 손등을 들어내놓은 채 시린 발 때문에 서 있질 못하고 늘상 동동거렸습니다. 방안에선 화로 옆을 떠날 수가 없었고 윗목의 걸레와 자리끼의 물은 늘 꽁꽁 얼어 있었습니다.

두레박질로 우물물을 길어 오려면 미끄러운 우물가가 두려웠고 높은 토방과 더 높은 부엌 문턱 넘기가 힘들었습니다. 뒤란에 가마니로 엉성하게 둘러놓은 화장실 생각만 하면 아프던 배도 조용해지곤 해서 눈 쌓인 겨울철엔 며칠씩은 참고 참으면서 넘기곤했었습니다.

심야전기로 자동난방된 훈훈한 집안이 갑자기 죄송하다는 생각이 들고 있었습니다. 거실을 빙 둘러가며 안방 화장실 욕실 세탁실 부엌이 문 하나로 연결되어 있는 것도 떠나신 어머님에겐 너무 죄송해서 가슴이 저렸습니다. 천리 만리의 그리운 사람들과 얼굴 보면서 통화하고, 누워서 영화보고 스위치만 누르면 실내에서도 온수 냉수 나오고 밥되고 국 끓는 기적 속에 살고 있음이 세삼 놀라우면서 새삼 신기한 일로 보여오고 있었습니다.

허기진 산새들과 들고양이들이 먹이를 찾아 마당으로 내려오고 있었습니다. 일 년도 더 넘게 먹을 수 있는 맛깔스런 김장김치와 온갖 먹거리들이 집안 곳곳에 풍성하게 저장되어 있는 것에 왜 그동안 감격하지 않았는지 모를 일이었습니다.

늘 주린 듯 허기졌었던 시절이었습니다. 새큼한 괭이풀을 뜯어먹고 감꽃을 주워먹고 목이 막히는 줄 뻔히 알면서도 떫은 풋감을 주워먹었었습니다.

어머니 몰래 입에 생쌀을 넣고 오도독거리는 소릴 들키지 않으려고 매번 이불 속에 머릴 묻었던 생각도 납니다. 김치 건더기는 어른들이 잡숫고 그 멀국으로만 밥을 비벼서 아껴먹었던 생각도 납니다.

한 끼니씩은 으레 굶거나 멀건 죽으로 때웠던 참으로 곤곤했던 그 시절을 왜 그리 까마득히 잊고 있었는지 모를 일이었습니다.

감사하고 감격할 것이 없다면서 강팍하게만 살아왔던 마음이 오랜만에 녹고 있었습니다. 경보까지 달고 온 험악한 날씨가 창밖에서 강력하게 보여주는 그것때문에 모처럼 가슴이 따뜻해지고 있었습니다.

전북일보 금요수필 (2011. 1.7)

수만리 통신 5
– 병아리가 나온데요

-초복 더위가 기승을 부리고 있는데 암탉 한 마리가 머리를 산발하고 가슴을 풀어헤친 채 알집 속에 납작하게 엎드려 꼼짝도 않고 있다.

암탉들이 줄을 서서 알 낳으려고 동동거리며 대기하고 있는데도 비켜줄 기미가 전혀 없다.

'그럼 혹시?'

번뜩 스치는 모종의 기대감으로 뛰는 가슴 진정시켜가며 다급히 전화 다이얼을 돌렸다.

마치 오랫동안 태기를 기다렸던 여인네가 이상한 징조에 흥분하는 것처럼 나도 잔뜩 흥분하고 있었다. 세상에! 내 닭이 병아리를 만들 모양인가.

뜨거운 햇살을 견디지 못해 벌 통째 내려앉아 수백 마리의 벌들이 가출 기미를 보였을 때도 발을 동동 구르며 이장님 댁 전화 다이얼을 돌렸었다.

정성껏 모종한 고추모를 두 번 엎고 세 번째 모종한 것들마저 누렇게 시들 때도 차 집사님 댁 전화 다이얼을 돌리기에 바빴다. 동네 분들 전부가 나의 스승이었다. 젊은 승옥이 엄마한테 닭의 상황을 알리고 한달음에 달려온 그의 확진(임신)을 받고는 기쁨을 감추지 못했다. 온산이 나무인데 정원수가 뭐 필요할까. 심었던 나무들을 모두 뽑아버리고 뜨락 전부를 밭 만들어 오이 토마토 가지 부추 쑥갓 아욱 당근들을 심고, 산자락에서 흘러오는 물길엔 미나리 심고 배추 무 상추는 서너 달 사이 이모작 삼모작으로 수확하였다.

배추씨를 흩뿌려놓고 파란 융단처럼 빽빽하게 몸을 비비며 올라오는 연한 것들을 기름 장에 묻혀 먹으면 기막힌 별미 되는데, 솎아내어도 돌아서면 금세 금세 자라 채워지곤 해서 채소밭 옆에서의 내 시간은 항상 꿀맛이었다.

울타리 샛문 앞 빌린 땅에는 주녀리콩·옥수수·들깨·고추들을 심어놓으니 새벽 미명부터 땅거미질 때까지 들랑거릴 일이 또 한두 가지가 아니었다.

그런데도 뭔가 허전했다.

내 발자국 소리를 알아듣고 내 손길을 반기는 것들을 내 손으로 키우고싶었다.

김승옥 집사님에게 벌통 두 개를 얻어 수맥 흐르는 명당터에 앉혀놓고는 낮은 울타리 너머로 지나가는 어른들을 불러 모셔놓고 기술 전수를 차근차근 받아나갔다.

벌들이 새카맣게 우글거리는 벌통 속에 맨손을 집어놓고 증통 여부를 알아보는 고도의 기술까지도 막 실습을 끝낸 터였다.

윗 마당 높은 곳에 닭장을 아담하게 지어놓고 다자미에서 갓 깐 병아리 일곱 마리와 동네에서 제 알 까먹는다고 구박받던 산란닭을 여섯 마리 얻어왔다. 제 알 까먹는 버릇은 못 고치는거라던데 신통하게도 내 닭장에 온지 이틀만에 그 못된 버릇 깡그리 잊어먹고는 매일 유정란 다섯 알씩을 곱게 낳아주었다.

벌 분봉 시기는 놓쳤지만 벌들이 건강하여 열두 개를 증통하여 높여 놓았다. 방울 토마토 · 오이 · 풋고추 · 가지들은 따기 바쁘게 또 익어가고 상추 · 배추 · 무우 · 애깻잎 · 아욱들은 솎아서 도시 친구들에게 나눠주려고 봉다리 봉다리 싸놓기에 바빴다.

내년 이른 봄쯤이면 다자미 토종병아리가 성계되어 병아리를 깨줄 것이고 벌도 분봉하여 여기저기 삿갓을 씌워 세워놓을 것이고 갖가지 씨앗들도 시절 맞춰 뿌리고…

상상만 해도 남겨진 내 시간들이 즐거움뿐이서어 웃음이 나오는데, 병아리 부화는 못할 닭이라고 이곳 스승들마저 단언해서 기대도 안했던 암탉 한 마리가 알 까먹는 버릇 고쳐준 것만도 이쁜데, 이 삼복더위에 알들을 가슴에 품고 갑자기 산고産苦에 들어간 것이다. 이런 경사가 또 어디 있는가.

부라부랴 닭장을 증축하여 산실을 만들어주고 어여쁜 새 생명들이 우리에게 달려올 날짜를 꼽아보았다.

…… 네몸의 소생과 네 토지의 소산과 네 짐승의 새끼와 우양의 새끼까지 복을 받을 것이며…….

내 인생을 주재하시는 분께 그리고 지상에서 내 양봉 · 양계 · 소채 사업(?)의 절대 후원자이고 동반자로 지켜주는 남편에게 감사한 마음이 하늘까지 닿고 있었다.

수만리 통신 6

– 나뭇잎이 흔들리는 이유에 대하여

사랑 I

최종진

바람도 없는데 괜히
나뭇잎이 저리
흔들리는 것은
지구 끝에서 누군가
어깨를 들썩이며 울었기 때문

우편물 속에 담겨온 짤막한 시 한 편이 가슴을 가만가만 끓게 한다.

흔들리는 나뭇잎 한 장에 묻어온 지구끝 소식이 절절해서 눈시울이 뜨거워 온다.

어깨를 들썩이며 울었다고? 얼굴까지 묻고 울었을지도 몰라. 가슴이 싸아하니 저려온다. 울어서는 안되는데.

울지 않으려고 얼마나 안간힘 쓰며 살아왔던가.

흉몽 털어내며 피곤한 새벽 잠 걷어내면서 매일매일 일어날 수 있었던 것은 즐거운 일들이 기다리고 있어서가 아니었다. 눈 감은 채 깨어나고 싶지 않았던 날들이 얼마나 많았던가.

세상일이 번번히 나를 배신하고 육신까지 병들어 눈뜰 힘도 없을 때일수록 더욱 기를 쓰고 일어나야만 했었다.

울지 않기 위해서였다.

일어나지 않으면 처참하게 울 일만 달려올 것 같아서였다. 자식들이 커갈수록 그들도 슬피 울게 될까봐 미리부터 가슴이 저렸다. 굽이굽이 내가 울며 건너왔던 험한 삶의 골짜기들을 결국은 그들도 건너가야 할 것인데—.

잘 먹고 잘 자고 있는 건강한 새끼들의 얼굴을 보면서도 가슴이 아팠었다. 수시로 닫히는 절망 앞에서 그들이 울게 되리란 것을 상상만 해도 감당하기 어려운 아픔이 되고 있었다.

설혹 수없이 우는 울음을 재산으로 하여 그들이 건강하게 성장할 수 있다 할지라도 어미는 슬픈 울음 울지 않게 몸과 목숨을 던져서라고 미리 다 막아주고 싶은 마음뿐이었다.

하루하루 열심히 달렸다.

그것만이 내 울음과 사랑하는 사람들의 울음을 조금이라도 막아낼 수 있으리란 희망을 가지고 달렸다. 그러나 살아온 인생 굽이굽이 울음투성이었다. 서러운 흐느낌과 눈물로 범벅져 있는 부끄러운 부분들이 내 살아온 생애의 이력을 대부분 점령하고 있었다.

나는 울음선수였다.

그렇게 수시로 울던 울보는 언제부터인가 울어서는 안 된다는 깨달음과 함께 하나의 굳은 결심을 하게 되었다. 울지 않으리라. 아예 울음을 잊으리라. 설혹 운다 할지라도 시침 떼고 울지 않은 척할 참이었다. 늘 기뻐하고 감사하리라. 그래야만 울 일도 오지 않을 것 아닌가.

산골 오지에서 세상 시끄러운 소식 듣기 싫어 신문마저 끊고 울음도 끊어내며 메마르게 살아가고 있던 가슴속이 오늘은 촉촉이 젖어가고 있었다. 지구 끝에서는 누군가 어깨까지 들썩이며 울었다지 않는가. 왜 울었을까.

자근자근 가슴이 따사롭게 덥혀져 오고 있었다. 지상 어딘가에서 울음 울었던 그리고 지금도 울고 있을 많은 사람들에 대하여 솟구쳐오는 연민과 동지애 그리고 사랑으로 하여 가슴이 뜨거워오고 있었다. 어깨까지 들썩이며 흐느끼었을 그 울음이 실은 인간들의 표현 중 가장 정직하고 절실한 큰 손짓이며 인간만이 허락받은 감동적이고도 아름다운 몸짓인 것을, 잎새 위에 올라온 들썩이는 어깨가 극명하게 보여주고 있었다.

그것은 실패와 절망의 몸짓이 아니었다.

희망찬 도전의 사랑스러운 몸짓이었다. 내동댕이쳐진 포기의 몸짓이 아니라 다시 일어서고자 하며 힘을 모으고 있는 아름다운 자세였다. 참으로 가슴 저리도록 사랑받기 마땅한 겸손한 자세여서 인간인 이웃들은 물론이고 멀리 계신 절대자의 사랑과 구원도 허락받을 수 있는 선하고 맑은 몸짓이었다.

지구 끝까지 달려가서 바람 없는 나뭇잎새까지 흔드는 위력 있었고 그렇게 기적 이룰 수 있는 에너지가 거기 있었다.

밀실에서 어깨까지 들썩이며 우는 절실한 울음들이 끊이지 않기에 지상은 항상 따뜻한 온기를 유지하며 어둔 세력들을 물리치고 건강해지는 것이며 그들의 사랑하는 자식들까지 보호되고 있을 것이었다.

오장육부 끊어내는 듯한 통증과 절망을 가슴에 안고 가장 낮은 자리에서 간절히 흐느끼는 인간의 절실한 몸짓이야말로 절망의 미자막 돌파구가 될 것이며 출발의 첫걸음이 될 것이었다.

우린 수시로 울어야 되는 것이구나.

울었을 때에라야 켜켜이 쌓인 가슴속 먼지와 위선이 조금씩 씻겨나가는 것을 수없이 체험했었다. 울었을 때에라야 부여잡고 있던 것들 과감히 내려놓고 안일한 현주소에서 탈출하겠다는 용기도 챙겨지곤 했었다.

뒤돌아보면 나는 그렇게 울면서 비척거리는 걸음일망정 조금씩 전진하였던 것이며 메마른 언어로는 불러지지도 않던 나의 주님께 용서와 사랑도 얻을 수 있는 유일한 통로가 됨을 짐작해 가고 있던 터였다.

이제부턴 내 새끼들의 흐느끼는 울음도 진심으로 축하해야 하지 않을까. 바람도 없을 때 괜스레 나무 잎새 흔들리면 이제 기뻐할 일이다. 그것은 또하나의 사랑과 소망이 잉태된다는 지구 끝에서 숨가쁘게 달려온 기쁜 소식일 것이 분명하니까.

그러니까. 슬픈 울음은 결코 절망이 아니었으며 끝이 아니었었다.

수만리 산골의 적막을 지키고 있는 내 이 침묵은 지구 끝 어디쯤 어느 꽃잎 위로 오르는 소식되려는지. 아니다. 젊은 날 반성 없던 내 수다스러웠음을 보상하는 침묵되었으면 싶다. 아니면 만리 타국에서 홀로 공부하며 묵묵히 침묵하고 있을 내 큰 딸애의 고독을 지켜주는 기도가 되었으면 좋겠는데.

하나의 높임을 위하여 다른 하나가 낮추어지며, 하나의 눈물과 희생으로 다른 하나가 기쁨과 생명을 얻어가는 기막힌 인연!

울음이 천리 밖의 잎새를 흔들고, 지상에서 누군가의 사무치는 그리움 하나 하늘 위 붉은 노을로 활활 타오르며...... 시공을 초월한 그 신비한 인연줄들의 얽힘이 장엄하고 아름답기 그지없다.

잎새 위로 올라온 지구 끝 누군가의 울음을 취재하여, 내 아둔한 문맹을 걷어내며 종횡무진 꽃잎과 잎새들 위로 전해오는 아름다운 소식들까지 읽을 수 있게 하여 준 최종진 시인이 고맙다.

짧은 시 한 편이 산골 아낙네의 가슴속을 오래도록 덥혀 주고 있다.

수만리 통신 7
- 오지의 유능한 초소 수비병이 되어

남편은 내일까지 집을 비우게 될 것이라며 서울 출장 길에 오르고, 폭설 경보에 한파 경보까지 겹친 세상은 북풍한설로 꽁꽁 얼어가고 있는데, 산골 학동 산방엔 나 혼자 당번병처럼 오도카니 앉아서 창밖을 바라보고 있다.

푸슬푸슬 하염없이 눈이 내리고 있다.

덜렁 혼자 남아서 빈집을 지키는 막중한 책임을 지는 것도 맛 다르게 괜찮다. 거기에 폭설 경보와 한파 경보까지 겹쳤으니 공로도 겹으로 쌓아질 것 아닌가.

더군다나 한때는 전국 팔대오지 중 하나였다는 산골짜기의 높은 산자락 바로 밑 인적 드문 (마을 맨 앞머리에 나와 있는 집이기에) 불리한 곳이 내게 맡겨진 수비 근무지인 셈이니, 하루 낮 하룻밤을 그냥 밀어보내기만 해도 남편의 치하가 이만저만 아닐 만큼 나는 지금 괜찮은 임무를 맡아 가지고 있는 셈이다.

커피포트에 스위치를 올리고 노오란 유자 엑기스를 뽀오얀 컵에 담아 놓고 끓는 물소리를 듣는다.

폭풍까지 함께 몰려오는가 보다.

뒤란에서 지붕 위에서 세찬 바람 달리는 괴기스러운 소리들이 예사스럽지가 않다.

눈송이들이 정신없이 춤을 춘다. 서쪽 산마루를 향하여 단체로 줄을 서서 옆걸음질 치는가 하면 다시 방향 바꾸어 하늘로 오르다가 회전하여 내 창가로 쏜살같이 달려와서 부딪혀 내린다.

창밖에선 들고양이들이 돌담을 넘어 산자락을 타며 달리고 있다.

그들도 꽤나 서두는 모양새들이다. 우리 마당과 집 앞뒤를 산책 코스인 양 매일 들락거리던 애들인데 새끼들을 부르러 가는 길인지도 모르겠다. 짐승들도 이런 날씨엔 혈연들끼리 모여 체온을 나누며 서로 위로해야 하는가 보다.

마당을 가로질러다니던, 붉은 목댕기 두르고 잿빛 코트 입은 멋쟁이 산새들과 한줌 좁쌀을 하늘로 뿌린 것처럼 밭두렁과 건초더미 사이로 잘디잘게 날아오르곤 하던 참새 떼들도 매운 날씨 탓인지 외출을 삼가는 모양이다.

매일 찾아와 전선줄에 앉아서 깍깍거리던 까치들의 모습도 보이지 않는다.

소중한 책임을 부여받은 최일선의 초소병처럼 타오르는 투지로 창밖 동정을 조심스럽게 탐사하고 있는 내 눈길에, 나무들이 빼곡히 들어선 산자락들과 산능선들과 빈 콩대 고춧대들이 꽂혀 있는 밭 이랑과 허옇게 누워있는 논두렁과 꼬불꼬불한 농로들과 그들 위로 끝 간데없이 내리고 있는 눈발들이 꿈결처럼 보이고 있다.

지상은 온통 하얗게 눈으로 덮여가고 있다.

대낮인데도 하늘은 무거운 잿빛이고 산자락은 캄캄하고 바람은 종횡무진 매섭게 불어댄다.

눈송이들이 굵어진다.

창밖에선 한달음에 지상의 모든 것들을 꽁꽁 얼려서 항복시키겠다는 듯이 온갖 무기를 총동원하고 있는 동장군의 위세가 위풍당당하다. 시시각각 변화무쌍하게 바꾸어지고 있는 밖의 전황이 무엇인가 끝을 내고 말 것같은 절박한 모습이다.

실내는 따뜻하고 유자차 향 코끝에 닿고, 따끈하고 달콤한 유자액이 혀를 녹이고 가슴과 배 속까지 덥히는 데도 몸 어딘가가 자꾸 시려온다.

찻잔을 든 채 안방에서 거실로 객 방으로 이층으로 옮겨 가면서 창밖을 살핀다.

비상근무 체제의 임무태세가 자연 갖추어지고 있는 셈이다. 사실 창밖에서는 홀로 감당하기엔 힘들 만큼 장엄하고 아름답고 치열한 정황이 계속 벌어지고 있어서 한 시도 눈을 뗄 수 없게 한다.

거실, 안방, 부엌, 이층, 서재, 화장실, 객방…… 괜스레 닫힌 문들을 열어보고 다시 닫는다. 낯익은 공간과 집기들이 정답게 반긴다. 안방 벽에 붙은 난방 스위치를 손가락 하나로 올린다. 심야 전기로 따끈따끈 잘 데워져 있던 뜨거운 물들이 온 집안을 금세 훈훈하게 덥힌다.

거실 윗목에 놓고 키우는 콩나물 동이에 물을 바가지로 퍼 준다.

까만 모자를 쓰고 쏘옥쏘옥 자라 올라오는 콩나물들이 귀엽다.

남편이 먹고 남긴 홍시감들과 그가 정성 들여 기르는 난 화분에서 조용하게 올라오고 있는 청아한 난 촉과 읽다가 펴 놓은 성경책과 걸어놓은 헐렁한 겨울옷들이, 긴장하여 예민하게 올라오고 있는 내 촉수들을 따뜻하게 위로한다.

마치 선 하나로, 이념 다른 남북으로 나뉘어 지구촌의 명소 된 판문점처럼 깊은 산속에서 유리 한 장을 사이에 두고 냉온의 극렬한 대치를 보이고 있는 내 선 자리도 최전방 관찰 초소와 절경의 명소로 손색이 없겠다는 생각이 든다.

'밖은 북풍한설 분분하나 학동 산방 따뜻하고 평안함.'

군무 중 이상 없음을 타전으로 보고할까. 슬며시 사기가 오르고 있는데 문득 가슴 한쪽이 다시 시리면서 내려앉는다.

실은 세찬 눈바람 시작될 때 새끼 찾아 바삐 산마루를 달리던 어미 들고양이들의 서둘던 모습이 가슴속에서 지워지지 않고 있었다.

그들을 발견할 때부터 나도 그렇게 어미 마음되어 북풍한설보다 더 매운 세상 속을 달리고 있을 내 새끼들 찾아 달리고 있었는지도 모른다. 몸은 창 이쪽에 있었지만 마음은 창밖에 나가 있었을 것이었다.

그러기에 폭풍이 괴성을 지르고 눈발이 굵어질 때마다 깜짝깜짝 가슴 내려앉았고 온몸 함께 식어 내리고 있었다.

내게 부여된 임무는 남편이 비운 집을 하룻밤쯤 잘 지켜내는 것으로 끝나지는 그런 쉬운 것들이 아닌 모양이었다.

저 창밖의 것들처럼 절박한 위기가 닥쳐올 때마다 난공불락 요새의 품 만들어 내 새끼들과 남편을 지켜줘야 하는 것,

나 자신이 그들의 따뜻한 집이 되어주어야 하는 것, 그것도 하루 이틀로 임무가 끝나는 것이 아닌 내 숨 끊어지는 날까지 휴가도 없고 포상도 없는 막중한 그 임무가 바로 내 몫인 것이 창밖 분분한 눈발 사이로 선명하게 보이고 있었다.

창밖의 동장군이 기승을 부릴수록 내 가슴속에서도 뜨거운 사랑과 맹렬한 투지가 활활 끓어오르고 있었다.

내게 맡겨진 사람들을 굳세게 지켜내는 유일한 무기가 되고 요새를 만들 반석이 될 사랑과 투지가 자라오르고 있었다.

뜻밖의 전리품까지 챙기면서 오지의 초소 수비 임무를 나는 지금 아주 썩 잘 해내고 있는 모양이었다.

수만리 통신 8

– 산 옆에서 산 속에서

아침부터 시처럼 그림처럼 눈이 내린다.

"자네 나갈랑가?"

점심으로 칼국수를 맛있게 먹고 난 남편이, 분분한 백설 속에 고즈넉이 누워 있는 산자락들을 바라보더니 갑자기 몸을 일으킨다.

끓인 물 넣은 보온병과 커피믹스 두 개만을 챙겨 넣은 륙색을 달랑 매고 따라나선다.

동네 고샅으로 들어서는데 세설이었던 눈발이 금세 굵어지면서 펑펑 쏟아져내린다.

"와! 우리 외출을 환영하는 하늘의 퍼레이드인가 보네요"

온몸으로 얼굴로 사정없이 내리퍼붓는 눈을 맞는다.

스무여 가호 옹기종기 모여 사는 마을 고샅의 소복히 쌓인 눈길에 우리들의 발자국만 나란히 찍혀나간다.

'동네분들은 지금 무엇들을 하고 있는 걸까'

산골로 이주한 이후 삼 년째 변함없이 이런 의문을 일으키게 하는 조용한 고샅은, 늘 텅 비운 채이지만 정답기 그지없는 느낌 또한 여전하다. 인적기 없는 산골마을 지붕들 위로 펑펑 내리쏟아지고 있는 눈발들이 절묘한 한 폭의 동양화를 그려내고 있다.

사드락사드락 조심조심 걷는다.

사시사철 동화나라로 들어가는 듯한 설레임 주는 산행길이 눈까지 펑펑 내리니 일어나는 흥이 이만저만이 아니다.

우뚝 일어 서 있는 산자락을 조심조심 밟고 오른다.

하얀 눈발들 틈새로, 발밑을 고르며 조심스럽게 산길 오르는 남편의 즐거워하는 옆 모습이 아득한 추억 속의 사진처럼 정다워 보인다.

아호도 오산吾山인 그는 산을 지극히 사랑했던 산사나이다.

가난과 외로움을 위로받았고 절제와 용기며 단단한 뼈와 근육들이며…… 자신에게 재산이 된다 싶은 몇 가지 안 되는 이런 귀한 것들을 모두 산에서 얻은 것이라며, 젊은 날엔 주일마다 휴일마다 홀린 듯이 산으로만 달려갔던 사람이다.

바빠진 공직생활이 그를 산과 떼어 놓았고, 산에 대한 그리움 누르며 언젠가는 다시 산을 찾겠다고 벼르던 그였지만 뒤늦게 그리스도를 영접한 뒤부터는 자연 산행 친구들과 산을 찾을 수 없게 되어 가끔씩 쓸쓸해하였다.

"모두들 어디에서 어떻게 살고 있을까요"

젊은 날의 산행 동지들이 그리워진다.

명멸하는 그리운 얼굴들. 함박눈 내리는 적막한 산길 묵묵히 오르다가 문득 그들의 함성과 웃음 소리를 듣는다.

그들의 특유했던 몸짓들과 기뻐하던 눈매들도 반갑게 만난다.

산에 반한 사람들.

산을 사랑하고 산을 향하여 치열하게 달리는 사람들을 대하면 하나같이 도도히 흐르고 있는 산맥의 힘과 향기를 느낄 수 있었다. 설령 연약한 육신을 가졌을지라도 그 사람 자체가 이미 범할 수 없는 거대한 산이 되어 있음이 신기할 정도였다.

단단한 광대뼈와 눈 언저리의 깊은 분위기는 홀로 맞았을 산바람 때문이었을까. 하나같이 맑은 시선들이었음은 헤일 수 없이 많은 산들의 능선을 쫓던 의지가 고여 담겨서 그리 투명하게 되었는지도 모른다. 탄탄한 어깨와 반듯한 목선, 그들 가슴 안에서 산을 향하여 끓어오르고 있을 의지. 그들 옆에 서 있으면 숲 속에서 출렁일 산바람소리 들리고 거대한 산줄기의 함성이 들렸다.

산 오르려는 것은 산 닮은 사람들과 만나는 것이 더 좋아서였는지도 모른다.

"눈이 오고 있는 이 아름다운 산골짜기 지금은 온전히 우리 것이네요!"

전국 팔대 오지 중 하나였던 동상면 수만리水滿里의 우람한 산들은 사람 발길에 깎이지 않은 숙연한 맛을 지금도 그대로 가지고 있다.

위봉재를 일으키고 달려나간 범상치 않은 기운이 맥맥히 흐르고 있을 산골짜기 하나가 지금 우리만을 위하여 백설잔치를 벌이면서 그 품을 따뜻하게 열어주고 있는 것이다.

휘어진 갈림길에서 그만 돌아설까 하다가 다시 오르고 오르막이 멈춘 곳에서 쉴까 하다가 다시 오른다.

소리 없이 사분사분 내리는 눈송이들과 말없이 품을 벌여 눈을 맞고 있는 적막한 산골짜기의 은근한 침묵이 우리들의 발걸음을 멈추지 못하게 한다.

"야! 이 맛이야말로 냉장고에서 금방 꺼낸 기막힌 맛이다."

남편은 발꿈치 올리고 픽켈 휘두르며 아슬아슬한 몸짓으로 까치밥으로 남겨졌던 감 하나 따먹고는 또 감탄이 이만저만이 아니다.

산행에서 일어났었던 남편의 젊은 날 무용담은 여러 번 들어도 재미있었다.

그에게서 풍겨져 나오는 향기같은 것들도 그 시절 묻어져 온 산의 향기였을까.

남편 고백대로 허점 단점 많은 그지만 그것들을 다 덮어주고도 넉넉하게 남는 그가 가지고 있는 아름다운 것들을 그는 그 시절 얻어내었는지도 모른다.

조금은 거드름을 피우며 산골로 이사와서 산골짜기 학동 농부들을 만났을 때 놀란 것은 그들도 산을 깊이 닮아 있어서였다. 존귀하게 여길 수밖에 없게 하는 귀한 것들을 그들 모두가 가지고 있어서 얼마나 반가웠던가.

그리운 사람 쳐다보는 눈부신 눈길되어 우리는 눈을 맞고 있는 산골짜기를 내려다본다.

나무 밑 큰 돌을 골라 우선 앉아 본다. 보온병 꺼내어 차를 만든다. 남편은 스푼 대신 가는 나뭇가지 하나 잘라서 커피를 휘젓고는 나에게 내민다. 눈송이들이 김이 오르고 있는 찻잔 안에 내려앉는다.

"얏 호오!"

남편의 외침이 골짜기를 휘돌아 아래 마을로 내려간다.

가장 높은 곳. 가장 정결한 곳. 가장 아름다운 곳이어서 우린 잠시 기도하기로 한다.

그의 기도가 길어진다.

세상 것들 끊어낸 빈 자리에 그가 영접한 그의 주인께서 더 귀한 것으로 채워주신 것을 그는 눈치채고 있을까.

산정기 솟아오르는 곳. 마루에서 신발만 꿰면 꿈같은 산행길의 첫걸음 되는 곳. 눈만 뜨면 치달아 오른 험한 산들이 코앞에 줄 서서 차렷! 하며 분열식 올려주는 곳. 산향기 늘 코끝에 있고 산정기 씻긴 물맛 달고 산새 소리 귀청 안에서 끊이지 않는 곳.

그가 평생 그리워하던 바로 그 산 그 품 한가운데에 꿈같은 집 세워주신 은총에 대하여 그는 지금 감사기도를 하늘에 올리고 있는지도 모른다.

더할 나위 없이 기쁘고 아름다운 날이다.

수만리 통신 9

- 대문에 걸 프랑카드를 준비해놓고

오늘은 묵혀 두었던 일들을 하는 날이다.

남편은 무거운 담요를 발로 밟아 빨아서 쨍쨍한 6월 햇볕에 말리고 있다.

나는 울 밖 배추밭에서 억센 풀들을 뽑아 주고 종횡무진 뻗고 있는 토마토 순들을 집어 주고 부추 뿌리 옆에서 부추인 양 붙어 자라고 있는 잘디잔 잡초들을 소탕한다.

호박넝쿨 방향을 바로 잡아 주고 넝쿨 콩들의 지주를 박아서 끈을 매달아주고 참깨 밭도 둘러보고 점심때 먹을 오이와 풋고추도 따 놓고 갓 까놓은 병아리들을 살펴본 다음 우선은 한숨 돌리려고 마루에 앉아서 하늘을 본다.

'도도독 도도독…'

모이를 쪼는 닭들의 기척만 간간이 들릴 뿐 사위가 조용하다. 이따금씩 옆산 숲 속에서 꿩 울음소리가 우리 부부의 귀를 기울이게 한다.

남편은 벌통 입구에서 꿀과 화분을 물어 나르는 벌들의 활동이 활발

한지 낯선 벌들이 침범하지나 않았는지 살펴보고 있다.

이사 오던 해에 이장님이 '벌이 들면 행운이니 기다려 보시오'하며 옆 산 숲 속의 높은 바위 밑에 놓아준 빈 벌통에 이번 봄에 벌이 들어왔었다.

사 년만의 행운이었다.

같은 시기에 함께 놓아둔 이장님 벌통은 아직도 비어 있는데 우리 것에만 여왕벌을 모신 일가족들이 이주해 들어온 것이다. 경사스러운 일이라며 치하가 이만저만이 아니었다.

우리 부부는 벌통을 마당에 앉히면서 빈 벌통에 벌을 보내주시었듯이 이제 그렇게 우리들의 간절한 기도로 열어놓고 있는 가슴 안에도 기다리던 소식을 보내주실 것이라며 기뻐하고 있었다.

칠 년째 만리 타국에서 어려운 공부를 하고 있는 큰 딸애가 우리 옆으로 돌아오게 된다는 소식이 불현듯 그렇게 찾아들 것이며 어려운 시험공부를 하고 있는 둘째 아들에게도 기쁜 소식이 그렇게 찾아올 것이라는 확답을 받아낸 것처럼 가슴이 설레이고 있었다.

내 기다림은 실은 딸애를 떠나보내던 그날부터 시작되고 있었다.

어미가 감기몸살로 조금만 아파도 가장 먼저 울먹이던 아이였다.

나이 들어갈수록 혈연의 위로가 절실히 필요해지는 것이고 어미는 바로 그 외로운 문턱으로 막 올라서고 있는데 하필이면 그때 그 애는 떠난다고 했었다.

칠 년은 참으로 긴 시간이었다.

그 애가 학위를 마치고 돌아오게 된다면 돌담기둥을 타고 빨간 넝쿨장미가 오르고 있는 대문의 하얀 아치 탑 위로 내 손으로 쓴 환영 현판을 높이 높이 걸어놓을 참이었다.

딸애는 한창 사랑할 연한 시절을 다 쏟아서 한눈도 팔지 않고 힘든 공부만 하더니 무슨 생각에서인지 서른으로 올라서는 나이에 먼 나라로 단신 공부하러 떠난다며 서둘고 있었다.

어려운 장학금을 얻고 드디어 떠나게 되던 날 김포공항에서 딸애는 친구들에게 에워싸여 벌쭉벌쭉 웃고 있었다.

젊은 아이가 날개를 달고 넓은 세상으로 날아갈 수 있으니 참으로 은혜로운 일이라며 남편도 함께 좋아하고 있었다. 그러나 나는 저 아일 이 어미가 붙잡아 줘야 하는데 아득한 미궁 속으로 딸애의 손을 그냥 놓아 버리는 것이 아닌지 종잡을 수 없는 마음이 되고 있었다.

공항출구로 빠져나가기 전 그 애의 보드라운 손을 마지막으로 잡았을 때 난 울었다. 해해거리며 웃고 있던 딸애의 눈자위도 순식간에 빨갛게 물들어지고 있었다.

「사랑하는 딸 노은이의 귀국을 환영함」

잘라 놓은 베니아 판에 패인트로 검게 바탕을 칠한 뒤 노오란 글씨로 큼지막하게 써서 높이 걸어놓을 참이었다. 학동의 새들도 보고 수만리水滿里 들녘의 나무들과 바람도 우리 집 경사를 반기도록 높이 걸어놓을 계획이었다.

일주일만 있으면 둘째가 어려운 시험을 보는 날이다.

서른 네 살.

십여 년이 넘도록 어두운 고시촌에서 두꺼운 책만 파고 있어서인가. 그 앤 부모의 애간장을 녹이던 섬약했던 유년시절 때처럼 지금도 뽀얗고 여린 볼에 눈웃음을 치고 있었다.

으스스했던 11월 어느 날. 몇 년도였던가 기억에도 없다. 그 아이에게서 전화가 왔었다. 몇 번인가 고배를 마시던 끝에 모처럼 자신있게 시험을 보았는지 기뻐하며 기다렸던 아이였다. 결과를 보러 간다며 씩씩한 걸음거리로 상경했었다.

"아버지 제 이름이 없네요. 다시 공부하러 들어가겠어요."

전화내용을 전해주던 남편의 눈시울이 붉어져 있었다.

지난 겨울 첫눈이 왔던 날.

그 애가 또 도시 도전해서 결과가 나오는 날이었다.

우리 부부는 안절부절 못하며 창밖만 바라보고 있었다. 전화 벨이 울릴 때마다 가슴이 내려앉았다. 남편의 전화 받는 얼굴이 어두워 있었다. 가슴이 쿵덩 내려앉았다.

"죄송합니다. 제 이름이 없네요. 다시 공부하러 들어갑니다."

왜 내 아들의 이름이 없는 것일까.

우리의 가슴 안 제일 윗줄에 가장 크게 걸려서 매일 매 시간 힘차게 휘날리고 있는 그 사랑스러운 이름이 왜 밀려나 버린 것일까.

젊음 다 바쳐 안쓰러울 정도로 최선을 다하여 공부하였는데 그 아이는 아직도 제 설 자리를 허락받지 못하고 한 걸음도 떼지 못하고 있었다.

심장에 예리한 칼이 닿은 것처럼 아프고 아팠었다.

내 삶을 되돌아 보았다.

내 기도의 내용들을 다시 점검해 보았다. 우리의 주군께로부터 우린 금세 위로받았지만 아이가 안쓰러워서 우리 부부는 또 눈물을 거푸 쏟았었다.

"비가 와야 콩과 참깨를 옮기는데 배춧잎도 상해 가고 가뭄이 오래

가네요.”

하늘은 꽤 내려와 있는데도 비 올 기미는 없어 보인다. 너무 가깝게 붙어 자라고 있는 콩들과 이식을 잘못해서 말라버린 참깨의 빈자리에 보식을 하려면 적어도 이삼일간은 비오는 날이어야하는데 계속 메마른 날이 계속되고 있다. 하늘을 본다.

제발 비가 왔으면-.

눈길 닿는 곳마다 곱지 않은 곳이 없고 곱지 않은 것이 없다. 내 마당으로 와서 웅웅거리며 간단없이 꿀과 화분을 나르는 저 벌들만이 어디 그분의 응답이고 사랑일 것인가. 영靈이 어두워 물 붓듯이 보내주시는 그분의 사랑과 계획을 읽을 줄 모르니 참으로 답답한 일 아닌가.

구구거리는 저 꿩 소리, 도도독거리며 열심히 모이를 주워먹는 닭들의 기척, 코끝을 스치는 향기로움 바람, 눈앞에 펼쳐지는 저 아름다운 풍광들이 바로 도착된 자비로운 응답의 메시지일 것인데…….

주어진 작은 일들에 기뻐하며 감사하며 열심히 일하는 것이 이것 또한 간절한 기도가 될 것이기에 우리는 등을 구부려 다시 일하기 시작한다.

우리 자신이 기도의 정결한 내용이 되어 높은 하늘에 오르기를 갈망하면서 깊이 깊이 몸을 구부려 일하기 시작한다.

수만리 통신 10

– 하루의 첫머리 첫 입술을 열어

"따르릉"

새벽 네 시 이십 분.

어김없이 일어나야 할 시간입니다. 당신께 달려가야 할 시간이기 때문입니다.

세상 조직의 그 어떤 통제에서도 이젠 벗어난 자유로운 몸이지만 단 한가지 이 시간 지키기에만은 꽁꽁 묶이게 되었고 그 관리자는 바로 저밖에 없으니 그 어떤 핑계도 관리자인 저 자신에게는 통하지 않기에 꼭 일어날 수밖에 없는 시간입니다.

아직도 캄캄한 밤입니다.

주섬주섬 옷을 걸치고 성경책과 돋보기를 챙기면 문단속 끝낸 남편이 앞장섭니다.

새해 되던 첫날부터 남편도 내 묶여진 시간에 동행을 자청하고 나섰는데 쉽지 않은 이 행사에 남편까지 묶여진 것은 어찌된 연유인지 아직 물어보질 못했습니다.

늦잠도 즐기지만 젊어서부터 지속적인 습관 같은 것 정해 놓고 지키는 일들은 아주 혐오하던 자유주의자였는데 무엇이 그를 돌연 이렇게 묶어 내었는지 궁금합니다.

그러나 모든 생명들이 잠든 미명에 당신만을 향하여 단 둘이 깨어나 산골마을 어두운 고샅에 나란히 첫 발자국 찍어 나가는 동행자 되었는데 또 한 번 더 꿈같은 기적이 이루어졌는데 굳이 그의 가슴속을 열어 보이라고 권하고 싶지는 않았습니다.

곤한 잠에 빠져있을 우주만물들이 행여 깨어날세라 발 뒷꿈치 든 걸음걸이로 조심조심 걸어나갑니다.

몇 걸음 가지 않아 불침번 서고 조기 동원된 몇 선참들이 진즉부터 맹렬하게 활동하고 있었음을 금세 알게 됩니다.

발그레한 보안등이 어머님의 다사로운 눈길처럼 우리 발걸음 앞에서 주면 밤새도록 울어대었을 숲속의 뽀새(뽀오뽀오 우는 새)는 인기척이 반갑다는 듯 더 처연하게 울어줍니다.

휘어진 골목 돌아설 때마다 졸졸거리는 냇물소리 반갑고 와글거리는 개구리 소리, 컹컹짖어대는 강아지 소리들이 줄을 잇는데 이집 저집 닭장에선 번갈아 우렁찬 계명성들을 뽑아댑니다.

먼 산 소쩍새 소리 아련하여 귀 기울이면 머리 위 나뭇가지 위에선 몸을 숨긴 작은 새들이 찌찌뽕 찌찌뽕 신묘한 소리로 지저귀며 따라옵니다.

밤새도록 지상을 비추었을 보름달이 마악 서산으로 기울고 있습니다. 하늘에선 별들이 소근대듯 반짝이고 걸음 옮길 때마다 코끝을 파고드는 흙과 풀과 숲 속 식구들의 체취가 아찔할 만큼 향기롭습니다.

그들이 먼저 당신께 새벽제단을 쌓고 있었던가 봅니다.

풍요롭게 내려 주시는 당신의 은총이 손에 잡힐 듯한 아름다운 시간입니다.

저들의 어여쁜 기척 뒤에 지축 울리며 달려오고 있을 새 하루의 첫 발자욱 소리도 들릴 듯합니다.

5분도 되지 않는 걸음 끝에 자그마한 산골 교회가 불을 밝히고 있습니다. 낯익은 정다운 신발들이 옹기종기 모여있는 섬돌 위에 우리 내외의 농사용 털신도 가지런히 벗어놓고 조심스레 문을 엽니다. 영육을 다 들어내 놓고 고백하며 간구하는 산골마을 농부들의 겸허한 모습들이 경건하기 그지없습니다.

우리 부부도 당신을 향하여 깊이 엎드립니다.

"주님이시어!"

하루의 첫머리 첫 입술 열어 당신의 고귀한 이름을 부를 수 있음에 매번 감격합니다.

'너희는 나에게 부르짖으라. 그리하면 너희도 알지 못하는 크고 비밀한 것들을 너희에게 보여 주리라'(에레미야 33. 3)

이 시간은 저희에게 거저 보내 주신 많은 기적들에 대하여 다시 한 번 생각해 보게 되는 기쁜 시간이기도 합니다. 때론 실패자 되어 울게 하신 것도 감사해지는 시간입니다. 아직도 실패자임을 알게 해 주는 것도 감사한 일임을 고백합니다.

"감사하신 주님이시어!"

선더미 같은 죄 때문에 당신 이름을 부를 수밖에 없었음도 또한 그 허물들로 하여 당신의 지극한 사랑을 받을 수밖에 없었음도 고백합니다. 다시 새 하루를 허락받았으니 어제까지의 허물을 깡그리 용서해 주시고 새롭게 일어나지기를 간구하고 또 간구합니다.

오늘도 거룩한 제사장들을 초대하시는 은혜의 강가로 기필코 도착하기 위하여 온힘 다하여 선한 싸움 싸우면서 거센 풍랑 헤치며 노저어갈 것을 다짐하면서 다시 한 번 당신의 고귀한 이름울 불러봅니다.

"우리를 사랑하시는 주님이시어!"

거저 주시는 하루의 생명이 놀랍습니다. 당신의 사랑으로 하루를 감격해하며 살아가렵니다.

수만리 통신 11

– 초대

4월 9일은 내 조그만 산골 집에 도시의 손님들이 찾아오시는 날이다.

점심 한 끼 대접받기 위해 달려올 길로는 좀 먼 육십 리 길이지만 그 긴 노정에 대하여 내가 느긋해질 수 있는 것은 나보다 먼저 나가서 손 흔들어 영접할 아름다운 동역자들이 만반의 준비를 끝내고 있기 때문이다.

냉기 걷힌 들녘들은 다사로운 봄볕에 무르익을 대로 무르익어서 그 역할들을 잘 수행해 낼 것이고 더 나아가 손님들의 감흥과 감격까지 얻어낼 것이어서 손님 맞이하기 직전 찾아오기 마련인 불안은커녕 알 수 없는 자신감까지 생겨나곤 했었다.

삼개월에 한 번씩 새로운 계절로 바뀔 때마다 나는 내 손님들을 초대해 오곤 했었다.

몸을 가누지 못하는 장애자들의 집에 가서 그들의 몸을 일으켜 씻기고 안아주고 빨래해 주는 일을 도맡아 하는 교회의 봉사단들에게 따뜻한 시골밥상을 차려서 대접하고 싶어서였다.

냉기 걷히고 봄소식이 달려오면서부터 초대 계획을 세우기 시작하였다.

오며가며 송광사 벚나무 가지 끝에서 은밀하게 이뤄지고 있는 개화의 진행상태를 살피는 일이 한동안 내겐 중요한 일이 되었다.

내 손님들의 봉사일정과 만개한 벚꽃 터널이 맞아떨어져야만 했기 때문이었다.

내 초대 기획은 상 위에 올릴 반찬 가짓수에 앞서 달려오는 계절의 걸음들을 살피고 위봉재 길목을 점검하는 일들이 최우선이 되고 있었다.

내 손님들은 길목마다 꽂혀있는 유정한 이정표도 읽었을 것이고 밭일구는 촌로들과 눈매 싱그러운 시골 아낙들도 만났을 것이며 봄 밭갈이를 위해 한창 뒤집히고 있는 노변의 논밭에서 진동하는 흙냄새와 향기로운(!) 분뇨 냄새도 맡다가 겨울동안 널부려져 있던 건초들을 모아 여기저기서 태우는 매캐한 냄새로 싸맸던 코를 풀고 가슴 깊이 그 향기를 들이마셨을 것이었다.

전국 팔대 오지 중 하나였다던 동상 수만리水滿里는 아직도 무엇인가 덜 벗겨진 듯 고향냄새가 여기저기 배어있어서 유정하기 그지없는 곳이었다.

내 손님들을 태운 차는 드디어 수만리水滿里에 들어서고 선돌 마을에 도착하여 두꺼비 가든 이정표를 읽고는 마침내 학동 진입로인 논사잇길로 휘어져 들어설 것이었다.

가슴이 두근거린다.

그들이 오고 있지 않은가.

부랴부랴 앞치마에 대강대강 손 문지르면서 남편과 함께 대문밖으로 내달린다. 저만큼 논배미를 사이에 둔 다자미 진입로로 그들이 올 것인데 아! 드디어 차 머리가 보이지 않는가.

봉고차 한 대, 자가용 두 대에 나누어 탄 귀한 손님들의 화사한 얼굴들이 차창마다 매달려 있는 것이 보인다. 소꿉놀이 하기 알맞은 내 작은 집으로 모시기엔 참으로 존귀하고 또 숫자적으로도 엄청 많은 스물네 분의 귀빈들이 대거 들이닥치신 것이다.

이런 경사가 또 어디 있을까.

우리 부부의 입이 함박만 하게 벌어진다.

대기하고 있던 향긋하고 맑은 공기들이 차에서 내린 손님들을 먼저 포옹해버렸는지 모두들 코끝들을 킁킁거린다. 나붓이 고개 숙여 절하는 듯 정답게 둘러서 있는 산자락들을 보며 손님들은 시선들을 걷지 못한다. 손님들이 마당에 들어서니 놀란 닭들이 먼저 꼬꼬댁거리고 잉잉거리는 벌들도 유난히 종횡무진 휘돌면서 난리다. 내 기다리던 손님들이 드디어 오신 것이다.

농사철이 되어 흙 뒤집을 때부터 내 귀히 오실 손님들의 상을 생각하며 각종 씨앗들을 뿌리고 그 양을 조절했었다.

농사지은 무공해 열매들을 걷어 밑반찬을 만들 때도 깊어진 맛에 기뻐할 손님들의 표정을 생각했었다.

산자락에선 쑥과 냉이 머우들이 무성하게 솟아오르고 울 밖 밭에선 마늘과 잔파들이 알맞게 살이 붙고 마당 텃밭에선 불미나리 부추 상추 쑥갓 치커리 시금치들이 먹음직스럽게 자라주었다. 이댁 저댁에서 주신 표고버섯으론 맛스러운 찌개와 부침개 부치기에 넉넉했고 닭장에선 닭들이 유정란을 끊임없이 내놓고 있었다.

묵은 김치도 아껴 놓았고 실가리와 깨중가리 잎도 매달려 있고 말린 가지 호박 무말랭이도 대기해 있고 냇물에서 잡아 배 따놓은 피라미들도 냉동실에서 부를 날만 고대하고 있었다. 앞마당 감나무 감을 깎아 말랑한 채로 걷워 저장해 둔 별미의 감도 후식으로 쓰기 위해 냉동실에 비장해 두고 있었다.

꺼내고 다듬고 가르고 쪼개고 삶아내고 배합하고 무치고 부치고 담아내고 온 정성을 다하여 음식을 만들었다. 미리미리 손질해 둘 것과 삼일 전에 손볼 것 전 날에 할 것 당일 새벽과 늦은 아침에 손질할 것 손님들이 위봉재를 막 넘을 때 만질 것들을 구분하여 그 순서 계획표를 냉장고 문에 붙여놓았었다.

드디어 내 시골 밥상 앞에 손님들이 앉는다.

젊은 집사님 두 분이 밥 솥단지 두 개를 내려놓고 오곡밥 푸고 손 빠른 권사님들이 국통에서 쑥국을 퍼담아 나른다. 온 집안이 그득하고 뜨끈뜨끈 달아오른다.

"아이고 왜 이리 다 맛 있대야!"

일류 요리사 뺨치는 어르신들 입에 뭐가 저리 감탄할 만큼 맛있을까마는 정성과 사랑의 맛이 전달되어서 일 것이었다.

기쁘고 감사해하다가 그만 감격한다.

순서순서마다 기도하며 준비했었다.

내가 내 것을 대접하는 일에도 그 뜻이 온전하게 전달되어지려면 기도해야만 이뤄진다는 것을 알고 있었기 때문이다. 나 혼자만 준비한 잔치가 아닌 셈이다. 기도의 응답은 늘 이렇게 놀랍도록 기쁘고 감격스러운 열매가 되어 주렁주렁 매달리곤 했었다.

내 삶을 점검한 뒤 그 과정과 결과를 내 주권자에게 브리핑 해드리고 싶어 귀한 손님들을 초대한다.

손님들은 이제 곧 손 흔들며 돌아갈 것이지만 그들의 간절한 기도와 훈훈한 덕담과 기뻐하시던 모습들은 오래도록 집안을 덥힐 것이다. 다시 적막해지겠지만 그것은 다시 그들을 초대하기 위한 충일한 준비 기간이 될 것이다.

수만리 통신 12
- 어여쁜 손님들

찾아오시는 어여쁜 손님들을 제일 먼저 버선발로 영접하고 싶어 수만리水滿里 산자락 밑에 창 많은 오두막 한 채를 지어놓고 오 년째 내외가 번갈아가며 불침번을 선다.

첫 번째로 맞닥뜨린 것은 소나기였다. 한여름 어느 한 순간, 하늘이 닫히면서 산봉우리 끝에 걸린 검은 구름들이 시시각각 험한 표정으로 바뀌지고 있었다. '두두두두두…….' 내리꽂히는 물줄기에 골짜기가 흔들리면서 앞산 뒷산 모두 일어선 나뭇잎새들이 까르륵 웃어대고 몸 흔들며 박수치고 있었다. 기세 좋게 골짜기를 흔들어 대던 소나기는 문득 아차 싶은지 뒤늦게나마 마을 맨 앞에 향도처럼 서 있는 우리집 마당 안으로 물방울을 후두둑 흘리면서 허겁지겁 뛰어 들어오고 있었다.

맑은 달빛과 보시시한 햇살이 마루에 오를 때마다 가슴이 두근거렸다. 바람 끝에 묻어오는 달콤한 향기가 골짜기를 메우면 기쁘고 행복했다. 안개와 구름들이 길을 잃고 내 집 마당 안까지 밀려들어오면 가슴이 콩닥콩닥 뛰었다. 별들은 또로록 눈망을 굴리며 마당 위 하늘에서 아예 밤을 지새우곤 했다.

빨간 댕기를 매단 채 저공 비행하는 산새들을 보았고 시간 약속해 둔 듯 단체로 우수수 떨어지는 산자락의 낙엽들을 보았다. 아득히 들려오는 소쩍새 소리 위에 옆산 꿩 울음소리 얹히고 감나무 위 작은 산새 소리들까지 합쳐질 때면 우린 또 꿈을 꾸었다.

겨울이면 유리 한 장을 사이에 두고 폭설 폭한 폭풍 경보들과 맞닥뜨리는데 지난번엔 백년만의 폭설이 들이닥쳐서 벌인 입을 다물 수가 없었다. 거칠 것 없는 깊은 산골로 위풍당당하게 들이닥친 그들 앞 바로 최일선에 우리가 서 있었다. 찻길도 끊긴 설국에서 특파원 된 비장한 마음으로 눈길 닿는 곳마다 널려 있는 특종감들을 주워 올리느라고 정신을 차릴 수가 없었다.

호미로 흙을 일구면 바로 생명밭이 되었다. 바람이 세차게 훑고 지나간 뒤 넘어진 토마토와 서리태 공대들을 일으키려고 그들을 보듬어 안고 허릴 구부렸을 때 풀먹인 무명옷을 정갈하게 입으셨던 고모님들의 체취가 그 그리운 향기가 뜻밖에 코 안으로 스며들고 있었다. 사무치게 그리워했던 것들, 결코 만나질 수 없을 것 같아 아예 잊어가고 있던 아름다운 것들이 지천으로 비장되어 있는 곳이 바로 산골짜기였다.

허락받은 생명 다 살아낸 후 돌아갈 곳이 산이어서인가. 아니면 흙으로 빚어진 육신이어서인지, 흙과 함께 사는게 괜스레 좋아 수시로 혼자서 실실 웃어댄다.

다시 새 봄이 마당에 그득하게 들어와 있다. 계획표대로 우선 완두 당근 상추 쑥갓 옥수수 씨앗들을 땅에 심어놓고, 작년까지 실패만을 거듭했던 희망, 인내, 겸허 절제 믿음의 씨앗들은 겨우내 불면의 밤을 밝히며 호미질 해놓은 가슴밭에 꼬옥꼬옥 심어 놓는다. 골짜기에 내려와 있는 봄의 서기가 한껏 위로해 줘서인가. 살아가는 일에 다시 소망과 용기가 샘솟는다.

수만리 통신 13

– 감사하시게도

"감사하시게도……."

눈시울이 젖어온다. 기도의 첫 어휘가 내 입술에 얹히기만 하면 언제건 가만가만 눈물이 솟는다. 「감사」라고 아뢰지 않고는 견딜 수 없어, 「감사」로 첫 입술을 열면 가슴이 흔들리면서 눈물부터 스며 나오는 것이다.

전쟁이 끝나가던 초겨울 추운 날씨에 아버님은 네 살짜리 동생을 업으시고 빨갛게 언 내 손을 잡으신 채 흥덕에서 정읍까지의 사십 리 길을 걷고 계셨다. 폐결핵을 앓으셨던 아버님은 낯선 농가의 마루에 일본식 멜빵을 풀어 동생을 내려 놓으시고 가쁜 숨을 몰아쉬시곤 했다. 허술한 외딴 집만 보이면 '아빠 쉴까요?' 하였는데 아버님의 불우한 생애와 그 어깨의 중압감을 가슴 깊이 아파했었던 나는 그때 겨우 열 살의 나이에 오르고 있던 때였다.

어머님과 트럭에 올라탄 나는 손짓으로 우릴 배웅하시는 야위신 아버님을 보았다. 전쟁 직후라 차편이 없었다. 사장 끝에 사람들이 몸

비비며 앉아 있는 트럭 짐칸 끝자리에 마스크와 목도리로 얼굴을 가리신 어머님과 올라탈 수 있었다. 사경을 수없이 넘기고 계셨던 어머님은 외가에만 도착하면 살아나실 것이란 희망이 있었기에 12월의 추위도 전연 두렵지가 않았었다.

병든 나는 34kg까지 내려가면서 암환자처럼 말라갔었다. 음식 넘기는 일이 고역이었고 불면의 밤은 계속되었었다. 겨우 서른두 살, 고만고만한 사랑스러운 자식들과 소중한 남편과……. 살고 싶었다. 무너지는 몸으로 새로 지어올린 이층집 지붕만 하염없이 올려다보곤 했었다.

수첩의 알맹이들을 한 장씩 찢어냈었다. 갑작스레 출근을 못하게 될지도 모르는데 인계 받을 사람이 읽어서는 안될, 고통스러울 때마다 끄적였던 낙서들이 통곡처럼 널려 있었기 때문이었다. 되돌아서다가 바라본 학교 지붕 위의 가을 하늘은 유난히 아름다웠다. 멀찍이 눈을 올려 지붕을 바라본다는 것은 참으로 청승맞은 짓이었고 더 물러설 데 없는 서러운 끝자리였었다.

"유감스럽게 되었습니다. 댁의 아드님이……."

큰 아이가 취직 되어 서울로 연수를 떠났는데 갑자기 전화기를 통해 온 낯선 젊은이의 통고는 청천벽력이었다. 아들이 이틀이나 연이어 연탄가스를 먹고 깨어나지 못한다고 했다. 남편은 혈담까지 뱉던 고열 감기에서 겨우 열이 내리고 미음을 먹으며 조금씩 기력을 회복하고 있던 때였다.

'어찌 이런 일이 우리에게…'

상경 차표를 손에 쥔 채 콩나물국에 밥 말아 한 술이라도 더 떠보려고 안간힘을 쓰고 있는 남편의 수그린 모습이 또 가슴을 치고 있었다.

"합격자 명단에 제 이름이 없네요. 아버님 다시 공부하러 들어갑니다."

막내아들은 시험에 연신 떨어지고 있었다. 그의 연하고 젊은 날들이 거의 다 지나가고 있었다. 늘 코피를 쏟았고 몸과 마음이 유별나게 약했기에 안쓰러워서 생활이 보장되고 제 약한 몸까지 돌볼 수 있는 의대 진학을 위해 자연계열로 돌려놓기까지 했는데 우유빛의 연한 볼을 가진 아이는 두꺼운 육법전서들을 펼쳐놓고 피를 말리고 있었다. 도와주던 후배들은 합격하는데 내 아들은 과락 없는 근소한 점수로 떨어지길 계속 반복하고 있었다. 그 애만 생각하면 오장육부가 오그라들었다. 의식 있는 대낮엔 안간힘을 쓰면서 잊었다고 믿고 있었는데 깊은 잠 속에서는 돌아누울 때마다 무방비의 의식 틈새로 비집고 들어오는 슬픔 때문에 자면서도 밤마다 목이 메이곤 했었다.

"감사하시게도…"

지난 겨울 아들은 합격자 명단에 이름을 올렸고 큰 아이는 기적처럼 깨어 났었다. 회생 불가능 판정을 받았던 나는 살아나서 씩씩한 농부로 거듭나고 있는 중이며 부모님은 내 키가 다 자랄 때까지 옆에 계셔 주셨고 어머님은 사남매의 내 아이들까지 잘 키워 주시고 떠나가셨다.

내가 건너왔던 절체절명의 가파른 절벽과 낭떠러지들을 뒤돌아본다. 두렵고 서러웠던 일들이 줄을 이어 정신없이 달려들어왔던 지난 날들을 회상해 본다. 다시 바라보기에만도 고통스러운 그 자리에서 뜻밖에 사랑의 통로가 뚫리고 있었으며 자비로운 손길이 작용하고 있었으며 구원이 시작되고 있었음이 보이고 있었다. 놀랍고도 신비로운 일이었다.

당신께 가장 먼저 올리고 싶어하는 「감사」와 감격의 「눈물」도 거기에서부터 연유하고 있었고 그곳에서부터 시작되고 있었음이 보이고 있었다.

산벚꽃이 흐드러지게 피었다가 막 떠난 수만리 골짜기에 꽃보다 더 아름다운 녹음이 구름처럼 피어나고 있다. 신록의 골짜기에 색색의 철쭉들이 다투어 피면서 온 동네가 눈부시게 빛나고 있다.

"감사하시게도……."

지상의 어휘로만은 미흡해서 수시로 기도가 막히곤 했는데 오늘은 수만리 골짜기에 가득한 저 휘황한 아름다움으로 남은 사연을 채워 올리리라 다짐하고 입을 다문다.

골짜기마다 푸르르게 어우러지고 있는 녹음과 색색으로 황황하게 피어나고 있는 꽃향기들과 지저귀는 어여쁜 새소리들이 내게 주신 평안과 사랑과 감격을 대신한 어여쁜 어휘가 되어 하늘에 오르는 것을 바라보다가 내 입 속에 준비하고 있던 「아멘」으로 그 끝을 곱게 여민다.

수만리 통신 14

– 보고싶은 그리운 아이들

가을이 되니 추수하는 농부들의 일손이 쉴 틈이 없다.

농부들에게 달려온 풍성한 은총을 부러운 듯 바라보다가 문득 내게도 저리 풍요롭게 추수할 수 있었던 은혜로운 날들이 있었음이 기억나면서 그 소중했던 추억의 페이지들을 다시 되돌려본다.

하루가 다르게 몸과 키가 쑤욱쑤욱 자라오르는 아이들의 내면에서 더 쑤욱쑤욱 자라나는 것들의 소리를 듣노라면 그냥 감동이고 감격이었다.

내 추수기는 농부들처럼 가을철만이 아니었고 그 수확량도 예측할 수가 없었다. 아이들은 언제건 시도 때도 없이 여물었고 무한 커나가곤 했었다. 쉴 틈이 없었다. 늘 긴장의 연속이었었다.

수업시간 오십분 내내 아이들의 눈길은 내게서 거의 옮겨지지 않았었다.

단 한 명이라도 내게서 눈길이 떠나면 수업을 진행할 수가 없었고 아이들도 나의 그런 병적일 정도의 결벽증을 알고 있었다.

정숙을 가장한 채 머릿속을 비우고 편하게 쉰다던가 다른 생각에 빠져도 안되었었다. 그들도 한 눈을 팔거나 쉴 틈이 없었다.

내 질문 공세에 지명되리란 가상 하에서 무조건 입 열어 발표할 준비를 하려면 잡념에 빠지거나 쉴 수가 없기 때문이었다.

내 시간 질문은 정답이 정해져 있지 않았었다.

예를 들어 「유관순」에 대해 발표할 것을 지명 받았을 때 정답이 재빨리 정립되지 않으면

'이 아름다운 아침. 유관순 이름만 들어도 기분이 좋습니다'란

조금은 철학적이랄 수도 있는 이런 대답이라도 해야 했는데 이 엉뚱한 대답도 아이들 모두에게 상상력과 사고력을 드높이는데 한몫 하는 아주 좋은 대답이 되었다.

'유관순은 독립만세를 부른 사람입니다'

고교생이 초등학생 수준의 이런 대답을 했다 할지라도 당당하게만 표현하면 모두를 유쾌하게 만들면서 그것만으로도 학급의 면학분위기가 놀랍도록 활활 살아났었다.

'아무 말이라도 좋다. 무조건 말해 보자. 우리는 우리들의 모국어로 우리를 자신 있게 표현할 줄 알아야만 행복하게 살아나갈 수 있다.'

'수다쟁이들이면서 왜 말해야 할 때 꼭 해야 할 말은 말하지 못하는가.'

'몇 가지 질문만으로 평생의 운명이 결정되는 면접과 맞선은 입에서 뱉어지는 우리의 짧은 말들이 우리들의 긴 운명을 결정한다는 것을 증명하고 있다'

'선택하는 어휘, 문장 음성과 억양, 음절과 어절 사이의 간격, 얼굴과 몸의 표정, 어우러져나오는 분위기……. 말 한 마디에서도 말한 사람

의 모든 것들이 다 들어날 수밖에 없다. 한 마디 말의 위력이야말로…….'

'말하기 시작하자. 내용이 문제가 아니다. 당당한 표현은 생각들까지 더 높이 자라게 한다. 용기를 내자. 바로 그 용기가 너희들 앞을 막은 다른 많은 문들도 열어 젖힐 수 있을 것이다. 우린 할 수 있다. 아무 말이라도 한국어로만 하면 되니까 말이다.'

열 여섯, 열 일곱, 열 여덟 아홉 살. 여학생들은 한창 자신의 외모와 자신의 정체성과 자신의 영향력에 대하여 비상한 관심을 가지는 나이에 이르고 있었다.

또한 그만큼 수줍음도 많은 때여서 남 앞에서 발표하는 것을 가장 싫어하였다.

그들은 말해 보기로 결심들을 굳히는 것 같았다.

그러나 아무 말이라도 한다는 것이 실은 더 어려운 일이어서 아이들은 자연 그 읽기 싫은 문장들을 또 읽고 또 읽으면서 예습과 복습을 철저히 하였고 깊이 생각 하면서 남의 말도 빼놓지 않고 듣고 있었다.

아이들의 쑤욱쑤욱 자라나는 소리가 들렸다.

교단에 올라서면 자라는 아이들이 보였다. 잘 익은 들녘의 열매들에 비길게 아니었다. 비장한 각오로 자신을 들어낼 준비를 끝내고 있는, 한 가지로 통일된 오십 명 학생들의 눈길들이 그렇게 아름다울 수가 없었다. 어떤 매스게임의 동작이 이리 아름다울까.

"주인집 아가씨 스테파네트와 그를 연모하던 산 속의 목동이 만나는 것을 전 시간에 공부했다. 밤새도록 별빛이 빛나는 산골짜기에서 어깨에 잠든 소녀의 머리를 얹어 놓고 있던 목동의 가슴속은 어땠을까?"

"제 가슴이 지금도 뛰고 있어요. 선생님. 저에게도 목동에게 들이닥쳤던 것처럼 그리움과 만나지는 기적의 행운이 찾아올 수 있을까요?"

"목동이 스테파네트에게 밤새도록 별 이야기를 했는데요. 참으로 그 어떤 대사보다 신비롭고 아름다웠거든요. 전 누군가에게 그렇게 아름답게 안내할 이야기가 전혀 없어요. 시골에서 살고 있는데도 잡초와 들꽃 이름도 고작 서너 개만 알고 있어요. 그리운 사람에게 할 이야기가 오분도 채울 수 없어요. 제 가슴속은 텅 비어있나봐요……."

수업 시작종이 울리면 가슴속에서 쿵쿵거리는 숨소리를 들으며 복도에서 울려올 내 발소리를 귀 기울여 듣는다고 했다. 나도 교실문 고리를 잡으면서 그 팽팽한 긴장감을 전해받곤 했었다.

그들은 구름처럼 피어오르는 꽃다운 나이였다.

자신의 계획과는 상관도 없이 몸과 키는 불어 오르고 종잡을 수 없는 그리움과 수줍음이 교차되면서 가슴속은 기름에 불이 붙듯 타오르는 활화산이 되고 있었다. 그들은 어디로인가 달려나가 버리고 싶은 헐떡이는 육체와 이유 없이 격렬하게 사무쳐 오는 충동적인 정서 때문에 어찌할 줄 모르고 요동하고 있었다. 갑자기 닥쳐온 뜨거운 젊음만으로도 정신을 차릴 수 없을 만큼 혼란스러운 질풍노도의 시기를 겪고 있는 중이었다.

그들은 견딜 수 없을 만큼의 강력한 연단을 받아야 했고 훈련되어야 했었다.

선생님들은 그들의 전공과목을 가지고 그들을 갈고 닦아냈었다.

체육 선생님은 뙤약 볕에서 쉬임 없는 뜀박질로 수학선생님은 골치 아픈 숫자의 연합과 나눔으로 혹독하게 몰아갔었다. 지도부 선생님은 머리 길이와 치마 길이와 수없이 많은 엄격한 규칙들로 기술선생님은 밤을 새우면서 두드려 만들어 내야만 되는 창작품들을 통하여 지리

선생님은 알 수 없는 먼 나라의 땅 모양과 잡다한 동물들의 분포도와 농산물들을 가지고 연단시키었다. 그들은 하루가 다르게 아름다운 모양으로 갖추어져 갔으며 빛이 나고 윤이 나고 있었다.

국어 담당인 나는 오십분 동안 신출 어휘 몇 개와 지문 몇 토막을 가지고 그들을 간단없이 조이고 누르고 사방팔방으로 뻗어나가려고 하는 잔가지들을 쳐나갔다 신출 어휘 몇 개와 지문 몇 토막을 가지고 온 우주를 유영하게 하였으며 종횡무진 진리를 찾아 달려가게 하였다.

병든 부모님에게로 빚쟁이들이 수시로 몰려오는 바람에 친구들이 기뻐하는 하교하는 것조차 무서웠던 내 고교시절. 숨 쉬기조차 어려웠던 그 고통 속에서도 치열하게 읽었던 문고판 고전들의 행간에서 기쁨을 만날 수 있었다.

빚 갚는 방법과는 하등 관계도 없는 낯선 단어들과 문장을 통하여 위로를 받고 힘을 얻고 소망을 가질 수 있었던 귀한 경험을 떠올리면서 내 아이들도 치열하게 문장을 읽고 치열하게 생각하고 당당하게 발표하면서 그들의 드러내어 알릴 수 없는 많은 혼란과 문제들에서 구원받기 바랬고 용기 얻기를 바랬다.

"너희들의 사랑과 존경을 받고 싶다. 이 교단에 서는 사람은 설혹 너희에게 존경과 사랑을 받을 자격이 없다 할지라도 너희들의 존경과 사랑을 받아야만 너희들을 잘 가르칠 수 있는 기적적인 마력을 얻게된다. 앞으로 일 년 동안 애정과 존경을 담은 눈빛으로 나를 바라보아 주고 지켜줄 것을 부탁한다."

새 학년이 시작되는 첫 시간 새 선생님의 새 첫 말씀을 기록하려고 새 수첩과 새 각오로 앉아있는 새 아이들에게 나는 이런 황당한(?) 부탁을 강요하며 출발시키곤 했었다.

시간이 흐를수록 수업시간 내내 나를 바라보는 아이들의 눈빛이 아름다워지고 눈부셔서 오히려 내 눈 둘 곳을 몰라 내가 수줍음을 타야만 했었다.

'지금 너희들의 그 눈빛이 얼마나 아름다운지 너희들은 모를 것이다. 그 눈빛으로 그 열정으로 부모 형제와 이웃들을 바라보고 자연과 시골을 바라보고 너희들 앞에 닥친 상황을 바라보기 바란다.'

신뢰와 의지가 담긴 반듯한 시선들은 이미 국어점수로는 모두 만점들이었다. 이미 모두 미인들이 되어버리고 있었다.

무엇에인가 쫓기듯 서둘러 명예퇴직하고 산골로 들어온지 이제 사년이 되어간다.

갇힌 교실 안에서 늘 그리운 듯 넘겨다보기만 했던 학교 울타리 밖의 무한한 자유와 들녘들이 지금은 내 앞에 무상으로 펼쳐져 있다. 교실 문고리 잡으며 설렘에 떨었던 손으로 서투르게나마 배추를 가꾸고 마늘을 심고 있다.

그 문고리 저편에서 내 발소리 세어가며 가슴 두근대던 아이들은 어디에들 있는 것일까. 다사로운 눈빛으로 나를 응시해주던 그 아름다웠던 아이들이 그리워서 가슴이 뜨거워 온다.

수만리 통신 15
– 손익계산서

요즈음은 몸이 열두 개라도 모자랍니다. 오월 유월은 우리네의 동종업자들에겐 눈코 뜰 새 없이 바쁜 농번기입니다.

씨 뿌리고 모종한 작물들이 땅 속에서 한꺼번에 단체로 올라온 것입니다. 분초를 다투는 위급한 상황이라며 주인이 오지 않으면 안된다며 아우성들을 치고 있는 것입니다.

이미 한 생을 마감하려는 것들(봄 열무, 대파, 봄배추 등)과 화수분처럼 계속 나오면서 앞선 선배들을 치워주길 외치는 것(상추, 부추, 아욱, 쑥갓, 치커리)들과 익고 있는 열매들(가지, 오이, 고추, 토마토)을 수확해서 출하(지인과 이웃들에게)까지 서둘러야하는 때가 또 바로 이때입니다.

오늘도 시급한 결재안을 들이밀면서 내 손을 기다리는 작물들이 줄을 서고 있습니다.

내일부터 장마가 급습한다 하니 고춧대에 두 번째 줄을 둘러주면서 한 그루씩 다시 기울지 않게 일일이 끈으로 집어 매주는 일이 오늘의 중요 업무입니다. 끈 잡은 김에 강낭콩 밭도 굵은 줄을 둘러줘야만 추수를 코앞에 둔 막판에 비바람에 드러누워 썩는 일을 막아줍니다. 다 먹은 밥에 코 빠트리는 일이 비일비재한 것이 농사입니다.

항상 긴장케 하는 것은 바라구와 비름입니다. 그들이 떴다 하면 비상체제가 되고 긴급 출동령이 발령됩니다. 이 악랄한 잡초는 볼 때마다 '오메 징헌 거!'라는 탄식이 절로 나오게 합니다.

뽑아지지도 않을 뿐더러 뽑아도 다시 나고 뽑힌 뿌리도 다시 부활합니다. 방심하면 몸을 방자하게 넓혀서 옥토를 금세 쑥대밭으로 만들어 버리는 정말로 징한 것들입니다.

호미는 필수 휴대 무기입니다. 다른 업무에 몰두하다가도 눈 밑에서 어여쁜 꼬맹이의 얼굴로 변장하고 눈웃음치는 그들만 보면 떡잎부터 박멸시켜 원천봉쇄해야 합니다. 잡초가 없는 나라로 이민 가고 싶단 말을 수시로 내뱉게 하는 독종입니다.

주인 손 기다리며 상담을 요구하는 것들이 처처에 지천으로 널려 있습니다.

토마토는 잡아매어 놓았는데 다시 키를 꺽다리같이 올리고는 업은 애기 뒤로 제쳐지듯 위험하게 고개를 넘기고 있습니다. 바람만 불면 꺾일 판입니다. 단단히 매어주고 다음날 보면 또 다시 고개가 넘어가고 있습니다.

바짝 붙어 앉아서 고개를 숙여야만 보이는 것이 토마토와 가지의 시도 때도 없이 쏟아내는 사이 순과 무성한 잎사귀들입니다. 내버려 두면 토마토 밭과 가지 밭이 또 쑥대밭이 됩니다.

오이는 타고 올라갈 길을 일일이 만들어줬는데도 옆으로 손 내밀고 고개를 틀어 빼고 시치미를 떼고 있습니다.

남편이 콩밭 매줄 끈을 풀고 있는 그 틈을 이용해 토란 밭 풀을 매면서 보토합니다. 날랜 내 손이 내가 봐도 이젠 프로입니다. 옥수수 곁가지들도 뽑아줘야 하는데 틈이 날 것같지 않아 마음만 먼저 달려가고 있습니다.

돌아서는데 방울 토마토를 칭칭 감고 올라가는 참외 넝쿨을 발견합니다. 반칙을 해도 이만저만한 반칙이 아닙니다.

하늘 향해 올라가는 방울 토마토 그늘 밑에서 영양분만 함께 나눠 먹으면서 너는 밑으로 누워가라고 신신당부해 두었는데도 빠알간 열매 맺고 있는 방울 토마토의 몸을 칭칭 감고 저도 하늘 향해 올라가고 있는 것입니다.

무법자인 참외의 감아쥔 단단한 손을 풀어주느라 아까운 시간을 또 허비합니다.

이백 삼십여 평의 밭과 마당에 층층으로 놓인 네 개의 조각 땅들이 내 남은 생애를 걸고 꿈까지 건 사업장입니다.

기울어진 산자락에서 기어다니다시피 하며 돌과 나무뿌리 캐내고 거친 땅을 호미로 힘차게 두드려 대며 창업을 위한 인턴 과정을 시작했던 것이 꼭 십년 전 일입니다. 골목에서 만나는 농부들이 다 내 스승이었습니다.

사백여 평으로 밭을 늘리고 일곱 가지 콩을 필두로 스물네 가지의 작물을 심고 닭장 지어 달걀과 병아리를 받아내고 벌통을 앉히고 벌들이 우글거리는 통 안을 맨손으로 들락거리는 고단수의 기술까지 전수를 받았었습니다.

금년엔 대대적인 사업 축소를 단행했습니다.

선배들을 본받았던 사업체제에서 나만의 독립체제의 사업으로 방향을 바꾸었습니다.

빌린 땅도 반납하고 작물들의 종류도 대폭 잘라내고 흙을 비닐로 덮어씌우고 고랑엔 판지를 깔아 잡초들과의 전쟁을 피하는 연구에도 돌입하였습니다.

수백 수천 평 되는 광활한 논과 밭에 한 작물씩 심어놓고 기계로 유유자적 농사를 지어 환금하고 저축하고 자식들과 일 년 동안 먹고 살 것들을 해결하는 생업의 그 농사가 아닌 것입니다.

내 사업장엔 시비 파종 재배 방법이 서로 전혀 다르고 얼굴과 성질까지도 서로 전혀 다른 여러 종류의 작물들이 조금씩 오밀조밀 모여 있어 시도 때도 없이 긴급 상황 만들어 사업주를 뛰어다니게 하는 신나는 작물 백화점입니다.

명색이 사업이라 했으니 손익을 따져봐야 할 때입니다. 전혀 환금도 되지 않고 일 년치의 내 먹을 것도 책임지지 못하니 소모적인 무익한 사업 같아 보입니다.

지난 유월에는 내 밭에서 출하된 무공해 오이, 고추(청양, 꽈리, 보통고추) 열무, 가지, 배추, 대파, 쑥갓, 상추, 마늘들을 한 보퉁이씩 여러 지인들에게 나누어 드렸습니다.

말 한마디라도 따뜻하게 건네어주어 내 힘없는 무릎에 힘을 실어준 은혜 입은 사람들에게 입니다.

내 아픔을 위하여 눈물로, 금식으로 기도해 주었던 따뜻한 사람들에게입니다.

또 내가 좋아하는 그리운 사람들과 우체부, 택배, 검침원 아저씨들도 내 사업 나눔의 대상입니다.

지나가던 낯선 여인이 맛있어 보인다고 감탄하기에 열무를 듬뿍 뽑아주기도 했고 오며가며 만나는 동네 분들에게도 집히는 대로 한 아름씩 나누어드렸습니다. 골고루 있으니 무엇이라도 드릴 것은 꼭 준비되어 있었습니다.

어제는 빠알갛게 익은 강낭콩을 추수한 그 자리에서 스무 보퉁이 넘게 만들어서 전주로 서울로 지인들에게 보내고나니 축배라도 들고 싶을만큼 기분이 좋았습니다.

좁은 내 냉장고와 냉동고 그리고 몇 개의 항아리에 저장한 후 남는 더 많은 것들은 모두 내 지인들과 이웃들의 몫인 것이 내 사업의 중요

내규입니다.

가을엔 고지대의 고소한 배추와 향기로운 강화무 그리고 중점적으로 밀고 있는 검은 찰옥수수를 본격적으로 이웃으로 출하할 계획입니다.

보내는 내 기쁨과 받고 기뻐하는 이들의 가슴을 읽어낼 때마다 정신없이 뛰는 바쁜 사업이 더 기쁨이 되고 있습니다.

오지 특파원으로서 작업보고서를 작성하여 도시의 번잡함에 시달리고 있는 지인들을 위로하는 특별자격까지 가지고 있는 나는 행운아입니다.

땅에서 편히 누워 살라는 지시를 받고도 키다리 방울토마토를 쓰러 안으면서 하늘로 오르는 꿈을 꾸다가 주인에게 들켜 혼쭐난 참외 넝쿨 기사가 그들을 미소 짓게 할 것이고 잊었던 향기를 기억나게 할 것입니다.

그들은 무기(호미)를 든 채 사업장에서 열심히 바라구와 싸우고 있는 나를 오래도록 기억해 줄 것이며 나도 모를 내 존재의 본질까지 가슴에 품어주고 있을는지도 모릅니다.

먹을 만큼 돈 번 사람들이 다시 갈증 느끼며 그 목마름을 해결하기 위하여 돈 벌 때보다 더 전력을 다해 뛰는 것을 봅니다.

그들이 사력을 다하여 얻으려는 것들 중의 일부가 내 좁은 사업장에서도 거둬지고 있음에 수시로 감격합니다.

늘 흑자를 기록하는 내 작업장에서 정신없이 뛰는 내 하루하루가 너무나 행복합니다.

6부

신문칼럼

참으로 오랜만에 박수를 보내며

지난 한 해는 부끄러운 해였다. 국민 모두가 욕쟁이가 된 일 년이었다. 너 나 할 것 없이 모두 일어나서 펄펄 끓는 증오심과 적개심을 가지고 손가락질해 대며 욕하기에 영일이 없었던 한 해였다. 그 대상은 정치가와 기업인이 되기도 했고 법조인들과 경찰들 공무원과 언론인, 교육자와 성직자들이 되기도 했다.

나라를 위해서 일해야 할 크고 작은 자리들을 한결같이 개인과 집단의 이익만을 위하여 사용하는 것을 국민들은 반세기동안 당해 오면서 가슴이 끓고 있었다. 그 어떤 약속도 믿을 수가 없었다. 오랫동안 강퍅해져 온 마음때문이었을까. 눈앞에 얼씬거리는 모든 사람들이 못미더워 무차별 비판을 가했고 본 일도 없는 먼 지역 사람들을 욕하고 가까운 이웃과 계원들끼리 심지어는 집안 가족들끼리도 흉보고 트집을 잡았다. 모두들 무던히도 욕하고 욕먹은 참 살벌했던 일 년이었다.

절망의 구렁텅이를 향하여 급전직하로 무너져 내리는 국가의 위기를 속수무책으로 바라보면서 국민들은 분기탱천 흥분하여 서로에게 종주

먹을 대면서 네 탓이고 너 때문이라며 소리소리 질렀고 미워하기에 정신이 없었던 것이다.

다행히 파국 일보 직전에 국내외적으로 존경받던 「준비된 대통령」이 당선되어 구제금융 유치와 정직한 선정을 베풀기 시작하면서 국가는 기사회생하고 있고 바야흐로 곧 출범할 새정부는 국민들과 함께 고통스럽고도 희망찬 회복의 먼 도정에 오르기 위하여 호흡을 고르며 중차대한 역사의 출발선에 서 있다.

그러나 국민들은 이미 먼저 출발하고 있었다. 그들은 빠른 걸음으로 저만큼 달려가고 있었다. 그들은 이제 욕도 안한다. 자신들도 부도 위기의 국가로 몰고 간 가해자 중의 한 사람이라는 것을 알았기 때문일까. 무식하고 무책임하고 계획성 없고 일관성 없고 탐욕적이고 방자하고 낭비적인, 그들이 증오하며 손가락질하던 사람들과 다를바 없는 죄목을 똑같이 가지고 있었음을 알았기 때문인지도 모른다. 자식도 잘못 키우고 부모에게 불효하고 이웃에 냉담하고 잘한 일 하나도 없었던 것을 자책하고 있는지도 모른다.

여기저기 감동적인 애국행렬의 모습이 장관이다. 어떤 캠페인이나 정책에도 요지부동이던 국민들이 모두 일어나서 달려나오고 있다. 요긴하게 쓰려고 장롱속에 비장해 둔 금붙이들을 꺼내들고 순하게 서 있는 긴 행렬이 보는 사람들의 가슴을 친다. 화폐가치도 없어지는 전쟁 때, 배곯는 자식에게 밥 한 술을 얻어먹일 수 있는 유일한 금붙이임을 전쟁으로 겪었던 이 나라 국민들은 금을 유난히 소중히 간직한다. 그런데도 저리 작은 기념품까지 아낌없이 깡그리 들고나오는 저 뜨거운 가슴속들은 도대체 무엇이 불을 댕겨서인가.

백만인의 금대열만이 아니다. 가정에서 직장에서 교회에서 크고 작은 모임들에서 「아나바다(아껴쓰고 나눠쓰고 바꿔쓰고 다시쓰고)」운동을 벌이고 크고 높고 빛나는 것들에게만 부럽게 보내던 시선들이 이제는 따가워지고 대신 부끄러워하는 시선으로 바뀌어지고 있다. 씀씀이를 줄이고 타성을 벗어내고 인생 계획들을 수정하느라고 수시로 고통을 선택한다. 아이들도 불 끄고 수도꼭지 잠그고 음식물을 소중히 다루고 부모 눈치를 살피면서 철이 들어가고 있다. 사천만의 국민들이 그 장엄한 변화의 대열에 모두 나와서 함께 서있다.

허리띠를 졸라맨 모습들이 근천스럽기는커녕, 오랜만에 아름답고 믿음직스럽다. 맑아진 그들의 얼굴에서 모처럼 힘을 본다. 우리는 이겨낼 것이다. 역사를 돌아보면, 위기의 조국을 구하고 비약 발전의 원동력을 제공했던 힘의 바탕은 어느 민족이건 몇몇의 개인에 앞서 깨어있던 다수의 백성들이었다.

앞으로는 자기자리를 지키면서 서로에게 반하고 감동하면서 살게 될 것이다. 이웃에게 감동하고, 국민에게, 위정자들에게, 대통령에게 감동하고 반할 것이다. 자존심 강하고 똑똑한 국민들은 지난날처럼 서로에게 욕하고 미워하다가 국난을 당하는 우둔한 일은 다시는 범하지 않을 것이다.

아직은 좀 이를까. 그러나 참으로 오랜만에 반가운 모습을 보이기 시작하는 내 이웃들에게 박수를 힘차게 보내고 싶다.

– 도민일보 전북춘추(98. 1. 24.)

IMF속에서도 아이들은 자란다

아이들을 통하여 우리는 내일을 꿈꾸고 슬픔을 달랜다.

하루가 다르게 우후죽순처럼 쑤욱쑤욱 자라오르는 아이들을 보면, 먹지 않아도 배 부르고 세상 부러울 것이 없어진다.

언제부터인가, 우리는 그 자식들 때문에 깊은 시름에 잠겼었다.

자식들이 자라지 않는 것이었다. 인내, 끈기, 검소, 절제, 예절, 성실… 어찌된 연유인지 이런 귀한 것들이 우리의 자식들에게서는 자라나지 않고 있었다.

유사이래 가장 잘 먹이고 공부 많이 시켰는데도, 자라나야 할 가장 중요한 것들이 자라나지 않고 있었다.

무절제한 탐식과 과보호 아래 이기적인 주장만 강하고 조심성 없이 커지기만한 몸매가 보기 민망하고 흉하기만 했다.

정규수업 보충수업 심화학습에 조·야간 자율학습 그리고 여러 개의 학원수강과 개인지도는 그들에게 도대체 무엇을 가르쳤을까

동트기 전부터 통학버스에 졸면서 실려 갔다가 살벌한 경쟁터에서

밤늦게 파김치 되어 귀가하는 아이들이 안쓰러워, 부모들은 무한한 자유주고 방종을 눈감았기 때문인가.

막강한 괴력을 발휘하는 TV와 전자오락기에 잡힌 아이들을 부모들은 꺼내올 힘이 없었다.

지긋지긋한 가난 벗겨낼 때, 벗지 않아야 할 덕목들까지 벗어내서였는지 어른들은 본보여줄 것도 없었다.

골목에 들어서면 준엄하게 가르치고 꾸짖는 부모들의 호령소리 대신 당당하게 대드는 자식들의 방자한 소리만 담을 넘는다고 했다.

지난 겨울, 무섭게 불어닥친 IMF 한파는 뼈아픈 고통을 각 가정으로 분배하기 시작하였고, 우리들은 부랴부랴 집안을 정돈하고 계획과 습관을 바꾸기 시작하였다. 무거운 마음을 달래면서 거품 부글거리던 살림들을 치우다가 문득 애물단지 자식들을 바라보았다. 이게 웬일인가.

기대하지 않았던 분재에 뜻밖에 파릇한 새싹이 오른 것을 보고 놀랐을 때처럼, 자식들을 보면서 그렇게 놀라고 말았다.

버리고 깍고 주리고 낮추고만 있는데 자식들은 뜻밖에 쑤욱쑤욱 자라오르고 있었던 것이다.

그 아이들이 우리를 바라보고 있었다.

허리띠를 조여맨 부모에게 보내는 눈빛이 깊어져 있었다. 자신만을 위하여, 자신이 좋아하는 것만을 향하여 열리고 빛나던 그들의 차가웠던 눈이 오랜만에 늙어가는 부모를 향하여 따뜻하게 열려있었다.

전등 끄고 수돗물 아끼고 유명상표에서 돌아서고 나라 형편에까지 관심을 갖는, 참으로 오랜만에 성큼 자라오른 자식들을 보면서 문득 전쟁과 가난으로 통곡하시던 부모들 옆에서 고속으로 철들어 갔던 우리들의 그리운 시절이 떠올랐다.

고통과 상실이 자식들을 키우는가 보았다. 그들은 그들의 꿈과 이상을 펼칠 조국의 신음소리도 들었던가 보았다. 방자하게 살다가 고통 당하는 부모세대를 그들은 이제 교과서로 읽으면서 철이 들어갈 것이다.

허리띠를 졸라매는 부모 옆에서 그들은 인생의 이정표를 알뜰하게 만들지 않을 수가 없을 것이다.

절호의 기회 아닌가. 분담되어온 고통을 자식들에게도 나누어 주자. IMF한파를 그들과 함께 건너가자. '어찌 자식에게까지…….' 이런 무식하고 맹목적인 사랑을 이제는 과감히 접어버리자.

부모의 신음과 눈물과 그리고 과오까지도 보여주면서 상의하고 도움도 부탁하자. 수시로 길을 묻고 찾을 아이들에게 부모로서 먼저 바르고 아름답게 살아서 가장 강한 영향을 주는 가장 가까운 등대가 되자.

이 바쁘고 어려운때에 부모들은 소임 하나씩을 더 부여받았다.

이제 곧 건강하게 회복될 조국의 품안에 거기 주인될 아이들을 바르고 아름답게 키워서 인도해 주어야 하는 막강한 소임 하나를 더 떠맡은 것이다. 부모에겐 경제 회복 못지 않은 아니 더 시급하고 중요한 소관업무일는지도 모른다.

며칠전 친척 결혼식 축하차 상경한 지하철 안에서 비척거리는 맹인걸인이 나타나자, 학생들이 즉각 호주머니에서 돈 꺼내는 것을 보고 눈시울을 적셨다. 우리가 잘못 키웠던 아이들이 혹독한 한파속에서도 상하기는커녕 놀랍도록 건강하게 자라고 있었고 잃었던 것들을 회복해 가고 있었다.

– 도민일보 전북춘추(98. 2. 27.)

자식이 뭐길래

어미가 보는 앞에서 원숭이 새끼를 몽둥이로 때려 죽였더니 어미마저 뒤따라 죽는 이변이 일어났다. 죽은 어미의 배를 해부해 보니 위장이 갈가리 찢겨지고 피가 낭자했다고 한다. 새끼를 자극하면 어미의 내장과 생명에 어떤 영향이 오는가를 알아보기 위하여 인간과 가장 가까운 원숭이로 심리학자들이 실험한 결과란다.

자식의 눈물과 절망은 이렇게 부모의 내장을 녹이고 뼈를 녹인다. 자신의 생명보다 더 애간장을 끓게 하는 자식들 때문에 부모들의 짧은 한 목숨이 여러 번 죽는 비극이 여기저기에서 일어나고 있다.

국민들의 존경과 기대를 한 몸에 받아오던 이 나라의 지도자들이 그 애물단지 자식의 덫에 걸려 국민들을 실망시키고, 한국사회의 신뢰도에 깊은 상처를 남기면서 연이어 추락했던 사건들이 아직도 생생하다. 그 중 대표적인 세 건의 사건만을 다시 한 번 되돌아보면서 생각해 본다.

오랜만에 문민정부가 탄생되고 기라성 같은 공신들이 무대 위로 소개되고 있었을 때다. 하필이면 대통령의 오른팔격인 일등공신이 그 빛나는 자리에 앉기도 전에 자식 때문에 추락할 수밖에 없는 사안이 발생했다.

막강한 권력과 금력으로도 유일하게 범접하지 못했던 대학입시의 성역 안에 그의 아들이 은밀히 들어와 앉아있는 것을, 아버지를 비추던 스포트라이트가 그것까지 들춰내 버린 것이다. 나라를 위하여 긴요하게 쓰라고 국민들이 건네준 막강한 힘을, 자식을 부정입학시키는 데에 먼저 사용한 것이 그만 들통난 것이다.

지난 대선 때는 '법대로'를 외치는 여당 후보에게 국민들은 적지 않은 신뢰를 보냈다. 그의 묵직한 이력과 대쪽 같은 성격에 기대를 걸어보는 사람들도 있었다. 그러나 그는 대선투쟁의 출발선에 오르자마자 국민들에게 외면당했다. 국민들의 자식들은 비장한 각오를 다지면서 용기 있게 완수해내는 병역의무를, 그 두 명의 아들은 교묘한 방법으로 법망을 피해 건너갔다는 의심을 받고 있었기 때문이다. 대쪽 법관이었던 그도 그의 새끼 앞에서는 법전을 슬그머니 덮어놓고 대쪽을 두 번씩이나 굽혀버렸던 모양이다.

비 난리가 끝난 지난 여름, 국민들은 게릴라 소나기 맞듯이 또 한 번 뒤통수를 거세게 얻어맞았다. 한 달여의 수강비가 2천만 원인 족집게 과외사건이 서울대학교 총장 댁에서 터진 것이다. 충격과 분노를 안겨 주었던 앞의 사건들과는 달리 국민들은 그냥 허탈감에 빠졌다.

망국적 과외병을 뿌리 뽑고 한국교육을 정상화 시키겠다면서 의연한 모습을 보였던 어른이었다. '이번만큼은…' 국민들의 기대와 박수를 한 몸에 받으면서 유례없는 서울대 입시개혁안을 과감하게 추진중이던 직선 서울대 총장의 추락은 국민들로 하여금 아예 할말을 잃게 하였다.

고액 족집게 과외를 받고도 자식의 성적이 오르지 않자 홧김에 개혁의 칼을 뽑아들었던 것일까. 아니면 과외 없고 시험 없는 입시제도로 개혁해서 실패한 자기 새끼부터 대학에 넣을 계획이었던가.

옳게 사는 일들이 쉽지가 않았고 애간장 녹이는 내 자식 반듯한 방법으로 바르게 키우는 일이야말로 가장 어려운 일이며 바로 그 대목이 사람답게 건너가야 할 삶의 첫 번째 관문인 것을, 학식 깊고 이름 높은 그들이 모를 리 없었을 터인데 어찌 그 첫 번째의 출발에서부터 그리 쉽게 넘어졌을까.

한국 전쟁의 참전자와 전사자들 중에는 미국 고위직의 아들들이 적지 않았다는 사실 하나만 듣고도, 그 선진국의 빛나는 질서와 처처에 맥맥이 흐르고 있을 눈부신 정의와 양심을 짐작해 보면서 감동한 적이 있다. 먼 남의 나라 전쟁에 정의로운 이름으로 귀한 자식을 바쳤을 그 부모들의 깊은 슬픔도 생각하였고, 사랑하는 자식을 바르게 키우기 위해선 필수적으로 갖춰야 할 부모의 무한한 용기에 대해서도 생각하였다.

이제 곧 입시전쟁의 막이 오른다. 부모들은 시험 치르는 자식들보다 몇 십배 몇 백배 더 가슴을 태우고 있으리라. 한 인간으로서의 떳떳한 자립을 위하여 그들 스스로 길러온 용기와 실력으로 인생의 첫 관문을 떳떳하게 잘 통과하기를 기원한다.

행여 이런 틈을 이용하여 권력과 재물을 가진 몰지각한 지도자들의 부정으로 인한 부정이 또 자행되지 않을까 염려가 된다. 자기 자식부터 올바르게 키우고 국민들의 자식까지도 사랑할 줄 아는 하늘 우러러 한 점 부끄럼 없는 지도자들만이 우리 앞에 서게 되기를 이 기회에 덧붙여 간절히 기원한다.

— 도민일보 전북춘추(98. 10. 21.)

시詩적인 것들이 강하고 아름답다

철통같이 묶여 있던 비극의 휴전선을 열고, 소 떼들을 앞세운 한 노기업인이 자식 · 형제들과 함께 그리운 고향길에 오르는 장면을 온 세계가 숨을 죽이며 바라보고 있었다.

컴퓨터 키를 쥔 채, 21세기 전자기계 시대를 준비하기에 골몰하던 건조한 지구인들이 오랜만에 연하고 촉촉하고 아름다운 인간승리의 드라마를 바라보고 있었다.

이 시대의 마지막 낭만적인 화면이 될 그 장면은 희한하게도 지구의 유일한 분단지역으로 남아서 부끄러운 일만 계속 일어나고 있던 그 경계선에서 찍혀져서 온 세계인의 가슴을 따스하게 적시고 있었다.

유려한 한편의 시였다.

그리움 · 사랑 · 꿈 · 화해 · 용서 · 해후 · 비애 · 고향…….

뜨거운 심장 가장 가까이에 놓인 어휘들로만 짜여진 한 편의 아름다운 시였다. 생애를 송두리째 쏟아부은 한 인간의 회한과 열정이 소방울 소리와 함께 뜨겁고, 아름다운 시가 되어 고향으로 달려가고 있었다.

온갖 방법을 다 동원하여 고향문을 두드리다가 낙심했던 그 기업인은 10여 년 전 우연히 합석한 중견 시인들의 조언을 귀담아 듣고 그때 어떤 결심을 굳혔다고 들었다.

"詩적으로 고향문을 두드려보십시오. 詩가 되어 고향길로 달려가십시오." 시인들은 아마 이렇게 조언했을 것이었다.

모처럼 마음을 열어놓게 된 국어시간 한 여학생이 자신의 비밀을 고백했다.

"중 3때인 지난 1년 동안은 죽고 싶었습니다. 부모님도 이혼하시고 할머님과 어렵게 사는데 친구도 없고 공부도 안되고 희망은 한가닥도 없었습니다. 죽고만 싶었습니다. 때로는 아무렇게나 살고 싶었습니다. 그럴 때마다 책상 앞에 붙여놓은 시를 정신없이 읽고 외웠습니다. 이 시 한편이 저를 구해주었습니다."

외로운 아이를 구해주고 이제는 당당하게 자라서 아픈 기억을 되돌아 볼 수 있게까지 해 준 그 고마운 공로자는 담담한 한 편의 고운 시였다.

워즈 워드 · 키츠 · 릴케의 시는 물론이고 이름만으로도 시가 될 것 같은 정지용, 김소월, 한용운 등 셀 수 없는 많은 시인들의 시들을 학생시절에 외운 거라며 줄줄이 외우던 60대 남자 어른을 가장 가까이에서 바라보면서 신기해하고 감동한 적이 있었다.

그는 홀어머니와 함께 친척집에 얹혀살면서 실업고와 지방대학을 어렵게 졸업한 참으로 척박한 환경이 그의 몫이었는데 사람들마다 좋아하는 그의 순수한 영혼 위에 반듯한 정의감과 따스함 그리고 무궁한 지혜는 어디에서건 빛나는 그의 것이 되어 있어서 그의 생애를 행복하게 덥혀 주고 있었다.

가장 강한 비장의 무기를 뽑아야만 되는 절체절명의 절망과 맞딱뜨릴 때, 사실은 가장 연하고 아름다운 즉 詩적인 덕목들을 먼저 생각해내야 하는게 아닐까.

부드러운 햇살이, 강한 바람도 벗기지 못했던 행인의 외투를 벗긴 동화를 우리들은 알고 있다. 우리가 원하고 반가워했던 강한 것들은 우선은 달고 좋았지만 결국은 우리를 지키거나 구해 주지 못한다는 것도 우리들은 깨달아가고 있다. 반면 강하지도 않은 무한 연한 것들이 신비롭게도 아름다움과 힘을 끝까지 지탱시켜 주고 있다는 것을 눈치채어 가고 있는 중이다.

詩적인 아름다운 것들은, 여유있고 할 일 없는 자들이 취미로 또는 덤으로 챙기는 과외의 것이 아니라 사실은 삶의 정면을 돌파할 때마다 가장 먼저 추켜들고 일어서야 하는 필수적인 것일는지도 모른다.

국가적으로나 가정적으로나 가장 강한 힘이 절실히 필요한 이 어려운 때에, 우리를 구원해 줄 진실로 아름답고 강한 것들은 무엇이며 나는 또 어떤 모습으로 살아야하는가. 이 여름 두루 골똘이 생각해본다.

– 도민일보 전북춘추(98. 8. 5.)

전라도 어머니들의 소망

오래전 일인데 사울야구장 게시판에 '금일 경기 – 군산상고!' 라고만 써 있으면 관전 인파가 구름처럼 몰렸다고 한다. 이어 프로 야구시대가 열리고 빨간 유니폼을 입은 해태의 연승과 꼴찌 쌍방울의 역전이 또 국민들의 가슴에 불을 지폈다. 이 고장의 자랑스러운 아들 이종범과 선동열은 비싼 값으로 수출되어 일본열도까지 달구며 한국인들의 꿈이 되고 있다.

'호남은 야구뿐 아닌가벼. 야구 하나만큼은 참 잘도 허제'

가슴이 아팠다. 어찌하여 우리 고향은 야구만 잘하는 고장이 되었을까.

필자가 여고 아이들을 데리고 설악산 수학여행을 다녀올 때였다. 경상도와 강원도 경계선쯤의 휴게소에서 충격적인 장면을 만났었다.

"아니, 거지 발싸개같이 가난해 빠진 전라도 것들이 무슨 여행이야"

열대여섯 대의 버스에서 꽃다운 소녀들이 재잘거리며 내려서자, 점잖은 신사 두 명이 무심코 뱉어낸 말이었다. 그 모멸에 찬 눈빛과 차가운 말은 날카로운 비수처럼 내 가슴을 후벼 파고 있었다. 동료와 제자들에게 즉각 알리고 맹렬히 싸우고 싶은 흥분을 참느라고 한동안 가슴을 누르고 있어야만 했다.

고향 밖에서 살았던 내 고향사람들 얼마나 외롭고 고통스러웠을까.

처처에서 저 모멸에 찬 냉소와 박대 받으며 꿈을 접었을 내 고향사람들의 쓰린 가슴과 눈물이 보였다. 전라도 출신 장교는 그 본적이 스타진급 첫째 누락 조건이라는 소문이 공공연하게 나돌았다. 대한민국 모든 조직의 요직 승진에서 전라도 사람들은 기회를 박탈당했다. 예산 로비에서 깎이고 사업유치 경쟁에선 들러리로 이름만 올랐고, 가뭄에 콩나듯 실력으로 요직에 임용된 몇몇 사람들도 그 수명이 오래가지 못했다. 이 고장 인재들은 아예 싹틔우지 못했고 떡잎 오르면 그냥 뽑혔다. 위축되고 숨어들어서 손잡아 줄 선배가 없었고 밀어주고 격려해 줄 어른이 없었다. 솜씨 좋고 정 많은 전라도 어머니들은 자식 잘 키워 놓고 남편 내조 잘해도 한숨 쉴 일뿐이었다.

푸르르게 열린 온화한 평야에 인심 풍요롭고 나누고 접대하는 손길 언제나 따스했던 고장이 바로 전라도였다. 예와 멋의 고장인가 하면 의가 아니면 고개를 돌렸던 서릿발같은 사람들이 사는 고장이었다. 역사 속에서는 항상 진리의 마지막 보루가 되고 있었고 용기 있는 자들의 출발지가 되었던 아름다운 땅이었다. 기회 올 때마다 이곳 남자들은 의를 지키기 위한 고난과 핍박받는 걸 선택했었다. 우리는 결코 무능한 가난뱅이도 아니었고 무능한 사람들도 아니었다.

야구장의 경기처럼 정정당당한 규칙과 스포츠 정신으로 뛰게만 하였다면 어디 선동열과 이종범뿐이었을까. 다방면에서 빼어난 우리 고장 인재들이 처처에서 하늘을 날면서 조국 발전을 앞당겼을 것이엇다.

이제 21세기를 눈앞에 두고 우리는 모두 반성의 자리에 서 있다. 절체절명 무겁게 부여받은 구제금융 문제도 풀어가지만, 모두가 저질렀던 여러 잘못들도 바르게 고쳐 잡아야 할 때가 되었다. 지역감정과 특정지역 홀대의 망국 고질병은 특히 완치 판정을 받아내야 할 때가 되었다.

동북아의 중심축으로써 바야흐로 서해안 시대가 열리고 있다. 우리 고장으로 기가 모이고 '우연'이 손잡아 주고 하늘이 돕고 있음을 강렬하게 느낀다.

때 맞추어 전라도 끝 낙도 한 어머니의 준수한 아들이 온세계의 존경과 박수를 받으며, 국민들의 기대와 사랑을 한 몸에 모으며 대통령에 취임하였다.

새로운 역사의 첫 페이지가 장엄하게 열리고 있고, 호남벌 음지에도 눈부신 서광이 강렬하게 쏟아지고 있다. 서러웠던 우리의 고향은 이제 축복과 은총이 물 붓듯이 쏟아지는 가나안으로 회복 되어가고 있다.

대통령 취임식에서는 합수식 합토제의 남다른 의식이 국민들의 가슴을 두드렸다. 이제 한국 어머니들의 자식들은 모두 함께 동등한 자격으로 달릴 것이다. 서로의 낯선 고향 이름을 존중해 주고 낯선 사투리에 귀 기울여주며, 나누고 보태면서 훌륭한 인재되어 국가의 등불되고 버팀목이 될 것이다. 오랜 기간 동안 한반도를 암울하게 묶어놨던 지역갈등은 사라지고 역사에만 입력되어 결코 되풀이 되어서는 안 될 부끄러운 교훈으로 후손들에게 남을 것이다.

전라도 어머니들은 우리의 남편과 자식들만 잘 되기를 결코 바라지 않는다.

생존과 기회와 행복이 있는 따스한 양지에 전날처럼 전라도 사람이라는 이유만으로 억울하게 밀려나지 않고 다함께 오르기를 바랄 뿐이다 이름 다른 지역 일꾼들이 반갑게 만나서, 당당하게 어깨를 걸고 동등하게 경쟁하여 힘껏 달리기를 바랄뿐이다. 뼈아프게 흘렸던 우리의 눈물과 절망은 이제 다른 어느 곳에서도 되풀이되지 않기만을 간절히 바랄뿐이다.

– 도민일보 전북춘추(98. 4. 15.)

초대받고 싶은 회갑연

일회 인생의 회갑은 의미가 깊다. 살아온 걸음을 점검해 보고 다시 출발하기 위한 힘을 얻기 위해서는 사랑하는 이웃들의 관심과 뜨거운 파이팅이 절대 필요한 때이기도 하다. 그러기에 초대장 받은 사람들 벌레 씹는 얼굴 되게 하거나 아까운 시간 쪼개어 달려왔다가 갈비탕이나 뷔페 한 접시씩만 먹고 헤어지는 그런 쓸쓸한 회갑연이어서는 안된다. 전통적인 회갑연이 사라져 가는 이때에 회갑연 필요성을 조심스럽게 제안해 보면서 경제적인 면에서도 피차 부담이 없었던 데다가 매우 감동적이었던 사례 하나를 이 자리에 소개한다.

S박사는 자신의 나이만큼인 육십 장의 회갑연 초대장을 부치면서 감개무량하였다. 이제 한달 후면 육십 평생 살아오면서 그를 사랑하고 그가 사랑했던 사람들, 그의 인생에 깊은 영향을 남겼던 육십 명의 잊을 수 없는 사람들이 달려올 것이었다.

「TV는 사랑을 싣고」란 프로에선 그리운 사람 한 사람만 찾아 만나도 기막힌 사건 되던데, 이제 S박사는 고맙고 그리운 사람 육십 명을 한 자리에서 해후하게 되는 엄청난 기적을 곧 만나게 될 것이었다.

평생 동안 만난 사람들 중에서 육십 명만을 엄선하여 초대 명단을 만들고 그들의 주소를 수소문하는 데에는 많은 시간과 공력이 들었다. 일 년 전부터 아니 이 년 전부터 빛바랜 앨범들과 낡은 수첩이며 묵은 일기장들을 들춰 봐야만 했다. 그는 기억과 추억 속에서 묵은 사연들을 뒤적거리다가 그만 감격하고 말았다. 바로 그 자신이 살아낸 인생과 정면으로 맞닥뜨렸기 때문이다.

그리운 이들을 찾아낸다는 것은 그의 생애를 생생한 화면으로 재생하여 만나게 하는 일로 되고 있었다. 인생 60년은 고통이 더 많은 것 같았는데도 그냥 감동이었다. 그의 생애 처처에서 그렇게 살아내도록 손잡아 주고 밀어 준 많은 사람들에게 감사의 뜻을 어서 빨리 전하고 싶었다.

회갑 당일은 S박사 내외에겐 꿈같은 날이었다. 연회석 출입구에 붙은 좌석 배치도 대로, 그리운 사람들 60명이 모두 달려와서 방명록에 한마디씩 기록해 놓고는 감개무량한 표정으로 앉아 있었다. 축하금은 아예 받지 않았다. 대신 정다운 메시지를 끼워 놓은 선물들이 한쪽 테이블에 높이 쌓이고 있었다. 꽃, 과자, 초콜릿, 책, 장식품, 상품권들로 정감 있고 실용적인 것들이 대부분이었다.

시종 잔잔한 음악이 흐르고 드디어 주인공 자신이 축하객 한 사람 한 사람을 소개하면서 축하연은 시작되었는데 동시에 본인의 삶도 소개되고 있는 셈이었다. 왜냐하면 60명의 손님들은 그의 생애의 다양한 시기와 분야로부터 초대된 사람들이었으니, 소개될 때마다 한 인간의 생애를 여럿의 손길로 어떻게 따뜻하게 도울 수 있었던가가 드러나고 있는 셈이었다. 말하는 이나 듣는 이들에게는 두루 감명 깊을 수밖에 없었다.

어린 시절부터 만났던 인연들을 순서대로 이야기하는 중에, 서른 살이 넘어서야 자기 인생에 극적으로 다가온 그의 아내와 그에게 연이어 축복으로 달려왔던 자녀들과 그 배우자의 소개가 또한 감동적이었다. 종업원들이 조촐한 식사의 시중을 들기 시작할 때쯤, 아내와 자식들은 일어나서 그를 이야기하고 애정을 담아 편집한 그의 생애의 한 컷 한 컷을 슬라이드와 비디오로 보여 주었고 손님들도 사이사이 일어나서 그와의 에피소드를 이야기하였다.

몇은 일어나서 그 시절 그와 함께 불렀던 노래를 부르면서 재회의 눈물을 뿌렸고 그를 살려냈던 주치의로 초대된 의사는 시종 미소만 띄고 있었다.

자녀들과 그 친구들이 중심이 된 축하연주가 이채로웠고 S박사가 각 테이블로 돌아다니며 건배를 거의 다 돌릴 때쯤 축하객들은 한 줄로 늘어선 채 그와 포옹하면서 5시간 여의 축하연은 흐뭇하게 끝나가고 있었다.

축하객들은 타인의 생애 결산에 자신이 초대된 것에 감동하고 있었다. 자신의 삶도 물론 소중하지만 타인의 생애에 영향을 드리우고 초대까지 받을 수 있다는 것은 흐뭇하고 신명나는 일일 것이었다. 역동적으로 살아온 자신의 인생을 증명받고 축하받는 자리도 되기 때문이었다. 회갑연은 주인장과 초대손님들이 함께 기뻐하는 자리가 되고 있었다. 그러기에 회갑연 초대장이 오는 날은 기쁜 날이었다. 달력에 표시해 놓고 본인 못지 않게 설레이는 마음으로 기다릴 수 밖에 없을 것이었다.

먼 나라 사람의 꿈같은 축하연 소식을 들으며 그럼 나는 몇 장의 회갑 초대장을 받을 수 있으며 내 회갑연의 60명 초대손님은 누구누구여야 하는가 생각하는데 문득 숙연해지며 옷깃이 여며지고 있었다.

(위 예는 지난겨울 독일 킬 현의 장학사 슈베르트씨의 60세 잔치를 소개한 것임. 독일에선 육순 잔치를 의미 있게 치르는 풍속이 있으며 계원과 친구들에게서는 간단한 회식으로 따로 축하 받는다고 한다.)

– 도민일보 전북춘추(99. 7. 21.)

귀원전거

일곱 개의 수려한 산봉우리가 품을 열어 아늑하게 보듬어 안아주고 있는 동상면 수만리 학동에, 남은 생애를 의탁할 누옥 한 채를 짓고 있는데 미리부터 만나지는 기쁨이 한두 가지가 아니다.

갑작스런 소나기를 여러 번 만나 옷을 적셨는데 돌담을 쌓아주시던 이장님 설명으론 구름들이 학동 산마루에만 걸리면 매번 그렇게 소나기로 쏟아진다는 것이다.

'두두두두…….' 숲 속의 잎새들이 일제히 기립해서 손뼉치며 까르르 웃어대는가 싶어 놀라고 있으면 빗방울들이 격렬하게 지상을 치곤 했는데 소나기 한 줄기도 그렇게 감동과 장관으로 달려온다.

수도꼭지에 입을 대고 마시는 생수는 달디 달고 끊임없이 달려오는 이름 모를 새소리와 벌레 소리들도 귀청에 달디 달다. 일 년에 한두 번 소풍 때만 밟아 봤던 논두렁길이 늘 내 발 앞에 있고 달콤한 흙향기가 시종 코밑을 간질이니 유년의 뜨락으로 되짚어온 게 아닌가 하루에도 몇 번씩 꿈꾸는 사람이 되곤 한다.

머루, 오디, 앵두, 살구가 고샅고샅 탐스럽고 취, 망촛대, 머우, 쑥, 두릅, 고사리들이 산자락마다 지천이고 노오란 원추리 꽃들이 발밑에서 웃고 있다. 집 앞 맑은 냇물에선 여인네들이 한가롭게 대수리를 잡고 아이들이 왁자지껄 물고기 몰아대는 모습을 보고는 또다시 꿈꾸는 눈이 된다.

"저녁밥 먹고 나오면 저 산마루 위에 북두칠성이 있어요. 저쪽 고개에서 요렇게 떠오르기 시작하는 달은 목욕재계한 것처럼 말쑥해서 어여쁘기 짝이 없지요."

은퇴 즉시 이곳으로 들어와 뜨락에 가지, 상추, 고추, 치커리, 홍화씨, 호박, 아욱, 옥수수, 콩……. 고랑고랑 푸르게 가꾸는 김선생님의 생각과 말씀이 시와 그림처럼 어여쁘다.

건강하게 살아있는 아름다운 터 위에 내 마음대로 방과 마루를 설계하는 기쁨이 이렇게 괜찮을 줄은 몰랐다. 안방 머리맡엔 창호지창을 만들어 거기에 오를 달빛과 햇살을 매일 만날 수 있게 설계했다. 조그만 누옥이지만 남쪽으로 향한곳은 모두 벽 없는 투명 유리창으로 터 놓는 호사 하나는 부려 놓고 뜨락과 들녘에 은밀히 내릴 우주의 낌새를 놓치지 않고 살필 수 있도록 장치해 놓았다.

기술자들이 세워 주는 설계도에 그려진 공사는 거의 끝났다. 꿈꾸는 설계도 공사는 이제부터 가꿔 나가야 할 우리 부부만의 몫으로 남아있다. 마당 앞 뒤로 매실, 살구, 앵두, 오디, 감을 제 설자리 잡아 심어 놓고 돌 사이사이엔 철쭉과 진달래를 심고 그것들 사이로 달려오는 아름다운 계절과 신의 섭리를 만날 계획이다. 새벽이면 흙마당에서 들려오는 싸그락거리는 대비질 소리로 사랑하는 이를 깨울 계획도 끼워넣었다.

앞 텃밭엔 파, 마늘, 상추, 부추를 두 줄씩만 심고 넝쿨지는 호박은 돌담으로 올리고 가지, 토마토, 고추모는 다섯 그루를 넘지 않게 심을 예정이다. 뒤란에 닭장을 짓고 토종 암탉 네 마리와 수탉 한 마리를 넣고 매일 따끈한 유정란을 받아내 올 생각이다. 밀원이 가까워서 벌통을 놓아도 좋겠다는 마을 김 집사님의 말씀이 있었으니 화단에 토종 벌통 한 개도 놓겠다.

아파트에선 게으르고 무식해서 들여놓는 화분의 생명들마다 거의 살리지 못했지만 이 뜨락에선 거의 다 살려낼 수 있을 것 같은 확신이 있다. 중병환자들을 약 없이도 치유했다는 이 마을이 가지고 있는 건강한 생명력은 우리 부부의 서투른 손길에서도 작고 고운 생명들을 다치지 않게 살려낼 것이다.

많은 인연들을 만나게 해 주고 직업과 가정을 갖게 하고 자식을 낳아 키우게 해 준 젊은 날 치열하게 달리게 해주었던 기적의 도시가 그러나 나이든 은퇴자들을 위해서는 남겨지는 것이 하나도 없는 황량한 곳임을 알게 되었을 때 막막했었다. 도시에서마저 은퇴하고자 결단을 내린 우리에게 '시골은 심심하고 불편할텐데 어떻게 살려고'하며 염려해 주는 분들이 많았다. 그러나 우리는 요즈음 이곳에서 또다른 기적을 만날 것 같은 설레임으로 잠을 설친다.

'학 같으신 내외분 이제 나래 접고 학 마을에 새 둥지 트셨으니 그 마음 그 자태 고우셔서 이 시 한 수 골라 함께 드립니다.' 저명한 중문학자인 L교수께서 과분한 덕담과 함께 보내주신 陶淵明의 시 '歸園田去'를 또 감격해하면서 읽는다.

…뒤 처마에 버드나무 그늘 드리우고/ 복상아 오얏나무 앞뜰에 늘어섰네/

저반치 벌리 마을이 있고/ 하늘하늘 연기 피어오르네/ 집안에는 세속잡사 얽매임 없고/ 휑한 방에는 한가함 남아도네/ 오래도록 장안에 갇혀있다가/ 이제 다시 자연으로 돌아왔다네/

– 도민일보 전북춘추

필사의 도망자

온 나라가 신창원을 찾고 있다.

24시간 풀가동되는 전담 수사본부를 차린 경찰은 길목과 마을 어귀를 막아 놓고 검문검색을 강화하고 있고, 국민들은 불심검문에서 신창원이 아닌 것을 확인받아야만 통과되는 절차를 하루에도 수없이 치르고 있다.

전국 방방곡곡 신창원 사진이 붙어 있지 않은 벽이 없고, 그가 네 번째 나타났다가 사라져 버린 지난 봄 이후부터는 초중고학생들이 공부하는 교실의 뒷벽 학습란까지도 그의 사진이 중요한 교육 환경물처럼 붙어 있게 되었다.

앞에서 걸어오는 사람들의 얼굴을 유심히 살펴보는 없던 버릇들까지 생겼다. 도망자 한 사람을 찾기 위하여 온 국민들과 경찰이 그를 찾고 쫓는 마치 영화 스토리와 같은 희한한 일이 벌어지고 있다.

그는 도대체 어디로 숨어든 것일까.

전직 대통령들과 애국자연했던 수 많은 큰 사람들이 나라를 망친

추악한 죄를 지은 것이 들통나며 쇼킹한 뉴스의 주인공들로 속속 나타나고 있던 지난해, 돌연 부산교도소의 군건한 철창문을 뚫고 세상으로 탈출한 신창원 그도 거물들 못지 않는 스포트라이트를 받으며 주인공 대열에 올라왔다. 그와 함께 나타났던 정치 경제계의 거물들 심지어 현직 대통령의 아들까지 모두 잡혀 들어가는데 거꾸로 세상으로 탈옥한 신창원 그만은 다시 잡아들이지 못하는 것이 점차 사람들의 관심을 끌기 시작했었다.

그가 나타나는 지역마다 비상이 걸리고 수천 명의 군경이 포위하고 군견들이 달려가고 헬기가 떴었다. 십여 명의 경찰과 혈투를 벌이고 얼굴에 가스총을 쏘고 골절상을 입히고 매스컴이 합세하여 물샐틈없는 그물망을 쳤는데도 그는 놀랍게도 끝내 잡히지 않고 있었다.

어떤 재주를 가졌기에 알려진 얼굴을 들고도 그는 그렇게 잘 도망다니는 것일까.

하지만 위장하고 도피하고 변장하고 거짓말하며 도망치는 기술이야말로 이미 잡혔던 거물들을 어느 누가 감히 따를 수 있을까. 그들은 법과 제도까지 고쳐가면서 죄로부터 필사적으로 도망쳤었고 막강한 권력을 이용하여 철저히 은폐하였지만 결국은 그 더러운 방법까지도 만천하에 들통나며 꼼짝없이 잡혀들어 갔었다.

굴지의 권력자 집을 샅샅이 보아 버린 도적 조세형의 입을 막기 위해 사상범도 아닌 그를 십오 년간 수갑을 채워 독방에 가두었다는 새로 터진 뉴스가 이젠 별로 놀랍지도 않다. 밀실에서 은밀하게 감추려고 했던 것일수록 더 샅샅이 백일하에 드러났던 것을 우리는 너무도 많이 보아왔기 때문이다. 추악한 권력자들의 필사적인 도망 모습과 그 불의의 도망을 돕고 있는 용기 없고 어리석은 자들의 모습이 추하고 안쓰러울 뿐이다.

'도망'이란 단어는 도망칠 수 없다는 것을 알리기 위하여 사전에 올라 있는 경고용 단어일 것이다. 부끄러운 죄를 이쪽에서 저쪽으로 잠시 동안 옮기고 가릴 수는 있어도 죄로부터 영원히 도망칠 수는 있어도 죄로부터 영원히 도망칠 수는 결코 없다는 것을 우리들의 역사는 분명하게 증명해 주고 있다. 이승 다음의 저 투명한 영원의 세계에서는 그 더러운 죄를 또 어떻게 감출 수 있을 것인가.

남다른 변장술과 백미터 십이초의 빠른 발과 이단 줄넘기 세시간 연속 될 수 있는 선천적인 체력 그리고 철창을 빠져나오기 위하여 단시일에 이십kg 이상을 체중감량한 무서운 집념으로 일시적 도피를 성공시키고 있는 신창원 그도 완전한 도망은 결코 있을 수 없다는 것을 지금쯤은 절실히 깨달아가고 있을 것이다. 자유롭기 위하여 육중한 쇠창살을 뚫고 세상에 나왔으나 교도소에서보다 더 옥죄어오고 있는 구속감으로하여 그는 지금 어느 외로운 곳에서 뼈아픈 후회와 자책을 하고 있을 것이다.

그가 도망친 거리만큼 도망친 시간만큼 그가 누릴 자유는 더 소진되어 나가고 그의 마음 또한 소망없이 무섭게 꽁꽁 묶여 간다는 것을 그는 지금 절감하여 몸부림 치고 있을 것이다.

신창원 그가 하루라도 빨리 돌아오기를 기원한다. 한 걸음의 자유도 없는 슬픈 도망자의 입장에서 그래도 그가 누릴 몫의 자유와 사랑이 남아있는 우리들의 이 질서 안으로 그가 스스로 돌아오기를 간곡히 바란다.

– 도민일보 전북춘추(98. 5. 13.)

오! 해피 코리아!

아! 그 6월이 지나갔다.

지난 한 달 동안은 둥둥둥둥 매일 기뻤고 설레임 때문에 매일 잠을 설쳤으며 아침이면 다시 더 보태지는 기쁨과 희망으로 하여 벌떡벌떡 일어날 수밖에 없었던 참으로 행복했던 6월이었다.

온 국민들이 대한민국을 가슴에 품어 안고 뜨겁게 뜨겁게 울어보았던 참으로 감격스러웠던 6월이었다.

폴란드전에서 황선홍의 왼발 논스톱 천금 축포가 터지면서 기적의 문이 활짝 열리는 것을 보았었다.

이어 유상철의 오른발 슛이 그물을 출렁이게 하였을 때는 온 국민들이 벌떡 일어섰었다. 펄쩍펄쩍 뛰었고 울었으며 얼싸안았었다. 이게 어찌된 일일까. 오랫동안 안 되는 일들뿐이었고 혀를 찰 일들만 눈에 못이 박히게 보아왔기에 처음엔 어리둥절하기까지 했었다.

미국에게 아름다운 청년 안정환이 만회의 한 골을 넣고 태극전사들과 함께 보여 준 것은 지구인의 눈들을 동그랗게 뜨게 한 쇼트트랙 세레모니였다.

그 기상천외한 세레모니로 하여 관련 고위직들이 달려들어 천금과 천 날들을 소비해가며 싸워도 얻기 어려웠을 교만한 강대국의 오판과 오해와 오만들을 완벽하게 해결해 버리는 것도 보았었다. 시원하고 통쾌했다.

에워싼 적들 사이에서 달려든 공을 가슴으로 받아 오른발로 옮겨서 다시 왼발로 차 적진의 골망을 가르던 그림같은 박지성의 신기를 보면서 우린 또 울었다.

피 튀기는 듯한 격전이 벌어진 적의 골문 앞 아수라장 속에서도 날렵하게 한 골을 뽑아내던 대한의 태극전사 설기현을 보면서 또 흐느껴 울었다.

날으는 새처럼 달려들어 자신만만하던 이탈리아의 골문을 부숴버리던 안정환을 보았고 연장전까지의 혈투가 끝난 뒤 이제 한 골이면 두 민족의 사활이 갈라지고 새 역사가 쓰여질 그 순간 홍명보의 다리에서 날아간 공이 스페인의 철통 수문장의 손을 넘어 골망을 흔드는 것도 보았다. 우리는 감격하고 또 감격하면서 환호하며 울었고 얼싸안고 뛰었다.

전문가들의 예상과 짐작과 계산을 뒤엎으며 유럽의 헤비급 우승 후보국들이었던 폴랜드를 이기고 포르투갈을 이기고 아주리 군단 이탈리아를 이기고 무적함대 스페인을 이기고 거듭된 혈전으로 탈진한 몸을 가지고도 전차군단 독일과도 당당히 싸우며 4강신화를 이룬 자랑스러운 태극전사들을 지켜보았다.

그리고 혈맹 터키와의 아쉬우면서도 아름다웠던 마지막 싸움과 더욱 타오르던 붉은 축제도 지켜보았다. 한국의 흠을 앞다투어 보도하던 세상의 언론들이 한국을 존경하게 되었고 한국을 본받아야한다고 입을 모으는 것도 보고 들었다.

"대~한민국! 대~한민국!" "오오 필승 코리아! 오오 필승 코리아!"

기도였을까.

하늘 향하여 웅장하고도 붉게 퍼지던 그 함성은 아팠던 역사에 대한 울음같기도 했고 스스로에게들 다짐하는 새로운 맹세같기도 했다. 지나간 모든 것들을 용서하고 이젠 일어서야할 때라고 서로에게 보내는 간절한 격려도 같았으며 세계를 향한 당당한 선언같기도 했다.

우리 편에 서 계신 절대자에게 올리는 뜨거운 기도같기도 하였으며 짧기 그지없었지만 우리들을 먼저 감동시켰고 지구인들을 감동시켰던 강하고도 감격적인 긴 외침이었다.

갈갈이 흩어지고 찢어졌던 한국을 하나로 묶어주고 아시아를 하나로 묶어주고 세계까지도 하나의 감동으로 묶어버렸던 붉은 악마들의 그 함성이 사천 칠백만 국민들의 함성이 지금도 귀청에 쟁쟁하다.

압박수비의 최전선에서 온몸 다 바쳐 맹렬하게 싸우던 태극전사들만 생각하면 길을 걷다가도 눈물이 난다며 독일에서 공부하는 필자의 딸애는 전화 속에서 울먹이고 있었다.

스페인전이 끝난 후 끝없이 통곡하던 후배의 고.3 아들이 고칠 길 없던 버릇을 기적처럼 고치고 일어선 것을 보았다. 이혼을 결심했던 부부가 화해했고 고질의 병증이 치유되었다는 소식들이 줄을 잇고 있다.

'당신들의 최고 수준의 뮤지컬을 보니 왜 한국이 축구를 저리 잘하게 되었는지도 알겠다.'

일본 곳곳에서 기립박수 받으며 뮤지컬 「갬블러」의 공연을 마치고 돌아온 배우들의 증언도 6월이 끝나는 대목에서 함께 들었다.

이미 준비되어 있던 국민들이 자랑스럽다.

이젠 국민들이 태극전사들처럼 온몸 바쳐 진군할 때가 되었다. 우리 앞에 달릴 수 있는 탄탄대로를 놓아주고 꿈의 구름다리까지 놓아준 태극전사들이 고맙다. 그 태극전사들을 또 그렇게 당당히 달리게 해준 히딩크 아저씨가 얼마나 고마운지.

일어나서 달리자.

지난 6월처럼 기쁨으로 설레며 잠 설칠 날들이 머지않아 또 돌아올 것이 분명하다. 해낼 수 있음을 우린 이미 알아버렸고 세계가 먼저 저렇게 놀라고 있지 않은가 말이다.

"오!필승 코리아! 대~한 민국!"

– 도민일보 전북춘추(2002. 7. 4.)

간肝 보호 정책도 시급하다

조상들은 봄만 되면 오장육부 중에서 말이 없고 참을성이 제일 강한 肝을 꺼내어 풋풋한 봄바람 속에 내놓았다. 타장기들에게 힘을 분배하느라 쉴 틈이 없었고 인생사 번민과 음식 독소들의 공격을 최일선에서 막아내느리고 일년동안 만신창이가 된 간을 위로하고 치료하기 위해서였다.

신기한 것은 들녘에서 향기로운 봄바람 쐬고 골짜기 얼음녹는 소리 들으면서 나승개(냉이) 캐고 지천으로 열린 신 매실과 살구를 따먹으면 노르께한 얼굴로 춘곤증을 앓던 사람들이 금세 기운을 차리면서 내어놓았던 肝들을 거둬들이고는 농사일을 시작할 수 있는 것이다.

東方生風 風生木이니 木生酸이라. 酸生肝 肝生筋하고 筋生心이니 肝主目이라(동녘에서 부는 다사로운 바람과 신 열매들을 데리고 오는 봄철의 고운 모든 것들은 간 치유의 기적을 베푼다.)

봄은 창조주에게 임명받은 肝 치유의 명의들과 함께 오고 있었고, 자연은 이렇게 생명을 돕고 치유하는 약속을 지키면서 운행되고 있었다.

현대인들은 肝을 앓는다. 조상들처럼 봄에만 잠깐 앓는 춘곤증이 아닌 사시사철 앓는 심각한 肝 병이다. 병원에 가서 투시해 보면 병도 아니라는데 증세는 은근히 심각하다.

벌떡증, 번열증, 울화증, 조급증, 우울증, 피해망상증에 만성피곤이 돌덩이처럼 매달려서 몸과 마음이 항상 천근만근이다. 눈들은 벌겋고 만성두통에 작은 자극에도 분기탱천 흥분으로 치닫고 관절과 내장과 이목구비에 수시로 탈이 붙는다. 정체불명의 불안이 수행비서처럼 따라다니고 참을성은 아예 외출하고 없다. 끈기없이 포기하고 오해하고 의심하고, 가끔씩 누구에겐가 사나운 개처럼 마구 달려들고 싶어진다. 오염되어 쇠약해진 간에 스트레스로 활활 끓는 화火들이 가득 들어차서 생기는 여러 증상들이다.

간은 계략 지모를 담당하며 용기 담력을 저장하고 폐의 魂과 간의 魄이 맞잡아 생명을 이루는 중요 장기다. 침입하는 독을 분해해 내장들을 보호하고 윤기와 생기와 총기를 열 두 장기에 분배한다. 정서의 평형을 유지해 주고 치료의 근원이 되어주는 봄(春) 장기다. 간이 건강하면 사람이 건강하고 크다. 예부터 간덩이가 큰 사람이 큰 일을 한다고 했다.

그 소중한 장기가 비명도 지르지 못하면서 지금 망가져가고 있다. 현대문화의 배설물로 인한 가치파괴와 인간들의 타락으로 인한 정신적인 충격이 최일선에 보초선 간을 물리적 정신적으로 계속 협공하고 있기 때문이다.

약을 먹어도 낫지 않는다. 그 약이 오히려 간을 공격할 뿐이다. 치유할 길이 없고 명의도 없다. 조상들의 춘곤증을 해결해주고 치유해주던 늘 거기에 있었던 아름다운 자연의 질서와 순서도 뒤바꾸어지거나 아예 없어져 버렸다.

계절과도 무관하고 모양까지 변종시킨 과일들은 농약과 방부제로 목욕하고 있어 이제는 치유제이기는커녕 간을 공격해오는 무서운 독소 중의 하나가 되었다. 과일만이 아니다. 입맛나게 가공한 모든 먹거리들이 그렇고 환상적인 문화의 소산물들이 또한 그렇고 名醫의 소임으로 찾아오던 자연까지 오염되어 인간생존 그 자체를 위협해 오고 있다. 비상한 인간 두뇌로 만들어진 찬란한 문화는 인간의 간을 아니 생명을 어찌 일차 공격목표로 삼게 되었는지 모른다.

조상들은 쇳물을 마시고 울화증을 눌렀다는데(金克木 · 木=肝) 만성간증세와 울화증을 앓는 현대인들은 쇳물 받을 틈 없고 명의가 없으니, 아예 입에 칼(金)을 문 기구한 모습으로나마 벌떡증, 울화증을 달래야하는 것은 아닐까.

아이들도 옛날 같지 않고 인간들을 싹수 없어져 간다고들 입을 모아 한탄한다. 정치가는 서둘러 인간의 간부터 치유 · 보호해주는 정책을 세우고 학자들은 가보호의 위기와 심각성을 목소리 높여 가르쳐야 할 때가 온 것 같다.

오존층이 갈라져서 하늘이 표정을 바꾸고 기상과 생태계의 질서가 깨어지며 예측할 수 없는 재앙이 달려오고 있다. 공기와 물과 땅, 자연 모두가 하나같이 독소에 오염되고 중독되어 신음하고 있다. 지구는 하루가 다르게 망가져간다고 한다. 두렵다. 급하게 달라져가고 있는 자연의 모습도 두렵고 귀를 기울이면 우리의 무너지는 내장과 영혼의 절규도 예사롭지가 않다.

– 도민일보 전북춘추(99. 3. 3.)

수줍음도 가르쳐야 되는데

현대화의 빠른 급물살에 휩쓸려 흔적도 없이 사라진 것들이 그리워질 때가 있다.

새하얀 박꽃을 함초롬히 이고 있던 초가지붕도 그립고 두레박 풍덩 빠뜨리던 우물도 그립고 앞마당과 뒤란 고샅을 몇 바퀴씩 돌아보아도 심심하기만 했던 그 적막까지 그리워질 때가 있다.

비록 지독했던 가난으로 먹고 입는 것 부끄러울 만큼 궁하게 살았지만 두레박질로 얼굴 씻고 섬돌 위에 고무신 가지런히 놓아가며 순하게 살았던 사람들의 모습이 간절하게 때로는 사무치도록 그리워진다.

지금처럼 우상이 될 스타들은 없었어도 골목 안에서 만나지던 이웃들이 우리들에겐 그냥 이정표 되었고 꿈이 되었었다. 남루를 걸친 우리들이었지만 고운 이웃들 바라보며 어여쁘게 자라갔었고 제 나이에 알맞게 철들어갔었다.

그런데 지금 아이들은 왜 철이 들지 않는 것일까.

역사 이래 가장 잘 먹이고 잘 입히고 많이 가르치는데도 철이 들지 않아 가정의 심각한 문제가 되고 사회와 국가의 문제가 되어 어른들이 골머리를 앓고 있다.

부모들이 허리 휘도록 번 돈으로 걸음마 떼자마자 여러 개의 학원 보내기 시작하고 정규 수업말고도 보충에 야자(야간자율학습)까지 받고 또 은밀히 과외 받고 나라에선 교육부 장관을 수없이 바꿔가며 제도를 고치고 있는데도 아이들은 제 욕심 채우려는 목소리만 억세게 커져갈 뿐 그들 안에서 자라나길 바라는 귀한 것들은 종무소식인 것이다.

철 들어가는 자식들 바라보는게 부모의 사는 기쁨이고 보람이었는데 지금은 낯설고 기막힌 충격만 새롭게 안겨주는 자식들로 하여 부모들의 탄식과 한숨이 하늘을 찌르고 있다.

두레박 빠트리던 우물대신 손가락 하나로 수돗물 틀기 시작하며 인터넷 핸드폰 등 끝 간 데 없이 치닫고 있는 편리 지향주의 문화에 홀려서일까.

바람과 향기 데불고 햇살과 달빛 매일 번갈아 오르던 마루대신 모든 것들의 통행을 엄중 차단시킨 시멘트 집에 갇혀살기 대문인지.

아니면 지붕 위에 하얗게 피어나는 박꽃 바라보고 하늘의 별 헤이며 꿈꾸는 대신 컴퓨터 전쟁게임에 정신 없이 좌판 두드리면서 귀한 시간과 에너지 다 소진해버리기 때문일까.

그들이 바라보며 감동할만한 이웃들과 아름다운 표정들도 없어졌기 때문인지도 모른다.

유별나게 잘 먹고 잘 차려입었는데도 어찌된 일인지 감추어지지 않는 뻔뻔스러움 때문에 서로 바라보기 민망해서 외면하고 말았던 우리 어른들 아니던가.

만들어진 스타에게 악악거리며 달려가면서 텅 빈 마음 채우려는 아이들만 흉보고 한탄했었는데 그럴 일이 아닌 모양이다.

얼굴 붉히며 조심스럽게 말 걸어왔던 더벅머리 삼촌 친구들. 온몸에 수줍음 가득 서려 눈부시게 아름다웠던 세라복의 고모 친구들. 순하기 짝이 없고 하나같이 부끄럼쟁이들이었던 우리들의 친구들. 인내와 성실과 자애로움으로 우릴 감탄시키며 홀린 듯 바라보게 했던 어른들. 지금은 눈 씻고 볼래야 찾아 볼 수 없는 그리운 사람들이고 그리운 표정들이다.

'인간은 그들 손으로 만들어가는 찬란한 문화에 결국은 발목이 감겨 무너질 것이다. 어른들에 앞서 먼저 그들의 아이들이 지구상에서 하루에도 수십만 명씩 영혼이 죽어갈 것이다.'

서양의 한 석학이 오래 전에 예언해둔 말이 가슴 철렁하게 내려앉게 하고 시리게 한다.

방자한 수다와 절제 없이 먹고 마시고 노는 것과 수단 방법 가리지 않고 경쟁에선 이겨내야하는 것만을 배우면서 몸만 커져가고 있는 우리의 아이들 영혼 안에 시급히 온기를 넣어주어야겠다.

수줍음을 가르치자.

이목구비와 오장육부를 갖추고 태어날 때 창조주께서 인간다운 인간 되도록 인간에게만 넣어주신 고운 수줍음을 다시 기억시키자.

모든 덕목들이 수줍음에서 출발되고 수줍음 안에서 성장한다.

수줍어할 줄 아는 인간이야말로 얼마나 사랑스럽던가. 아이건 어른이건 수줍음어린 그 겸손한 모습이야말로 가까이 하고 싶고 도와주고 싶고 축복해주고 싶지 않던가. 그것만 가지고도 사랑받을 수 있는 보증수표 되었었다. 강력 성장 촉진제 되고 방부제 되던 수줍음만이 아이들을 구해줄 예방주사가 될 것이다.

교육부에서도 수줍음 커리큐럼을 마련하고 수줍음 전문 지도자를 배양할 것이며 부모들도 자식을 위하여 아니 먼저 자신을 위하여 부끄러워할 줄 아는 멋쟁이가 되어 아이들이 바라보고 싶어할 스타가 되어 보자.

단단하게 굳어져가고 있는 아이들에게 연한 수줍음을 어디서부터 어떻게 가르칠 것인가. 심각하게 연구해볼 문제이다.

전국에 번지고 있는 다이어트 열풍보다 먼저 더 뜨겁게 일어나야할 시급한 국민운동이다.

– 도민일보 전북춘추

여자 대통령 만들기

여자는 모름지기 속마음을 드러내선 안되고 조신해야만 여자다운 여자가 될 수 있는 거라며 학교와 가정교육을 엄격하게 받으면서 자랐다.

본능적으로 터져나오는 웃음도 손등에서 끝내고 창자에서부터 불거져나오는 통곡도 부모님 초상난 것이 아니라면 옷고름에서 끝내야한다고 했다.

오천 년 역사를 되돌아보면 그렇게 누르고 눌러온 여자들의 속울음과 한숨과 한이 귀청 안에 함성되어 들리는 듯 해서 숙연해진다.

유별나게 불우했던 이 땅의 아버지와 남편과 아들들. 그들을 위하여 묵묵히 헌신 희생하며 인내 절제했던 음전한 여인들과 어머니들로 하여 남자들이 세워지고 조국의 목숨도 부지되었으며 이만큼의 평안과 행복도 만들어졌을 것이란 생각이 든다.

부산에서 목포 쪽으로 가던 여객선이 마주 오던 배와 충돌하여 겨울 바다속으로 내동댕이쳐졌던 대형 참사로 온 나라 안이 떠들썩했던 적이 있다.

8시간이나 지난 후 구조 손길이 도착했을 때는 생존자 열두 명만 남아 있었다.

놀라운 것은 이백 팔십여 명의 승객들 중 구조된 그 기적의 주인공들이 모두 여자들뿐이었다는 점이다. 삼십 년도 훨씬 넘는 오래된 일이다.

뉴스를 보던 이 땅의 여자들은 속내를 들킨 듯 흠칫 했었으리란 생각이 든다.

겨울바다 한가운데 그 절망 속에서도 생명 끈 치열하게 붙잡고 놓을 수 없었던 독한 그것. 그것이야말로 바로 이 땅 여자들의 내림 아니었던가.

요즈음 그 여자들이 변했다고들 아우성이지만 수천 년 막혔던 봇물 터져 우선 소란한 것이지 어찌 맥맥히 흐르던 그 음전함과 내림까지 변할 수 있을까.

조금 있으면 군 · 시 · 도의원에서부터 군수 · 시장 · 도지사 · 국회의원과 대통령까지 다시 뽑게된다.

이번에야말로 능력과 비전 · 양심과 겸손 · 지혜와 용기 등을 두루 갖춘 사람들로만 제발 뽑혀주길 기도하고 그리고 뽑아야겠다고 잔뜩 벼르고들 있다.

바로 그런 덕목들을 고루 지닌 사람들이 있어 추천한다.

겨울 바다 속에서도 생명 끈 놓지 않는 그런 괴력으로 혈연들을 지켜온 그리고 손등과 옷고름 안에 누르고 감추고만 있었던 비장의 능력과 잠재력을 꺼내들고 드디어 일어서기 시작하는 이 땅의 장한 여성들을 추천한다.

자살특공대를 조직하고 인금 인상을 주장, 자살자의 시체까지 짊어지고 위협해 오는 노동자들을 영국의 여성총리였던 대처가 기마 경찰대로 해산시키자 야당의원들이 가혹한 인권유린이라며 들고 일어섰었다.

"다시는 기마병을 투입하지 않겠습니다. 대신 탱크를 투입하겠습니다."

흔들림 없는 강경 소신정책으로 영국신사들도 엄두를 내지 못하던 고질 망국병들을 그녀는 일괄 척결하고 경제부흥의 영국으로 바꾸는 쾌거를 올리며 박수를 받았었다.

댄서 출신인 아르헨티나의 이사벨 페론은 세계 최초의 여성대통령이 되어 빈민과 소외된 계층들을 어머니처럼 보살피는 배려 깊은 정책으로 국민들의 존경과 사랑을 한 몸에 받았고 지금가지도 그리운 지도자로 추앙 받고 있다.

지금 이웃나라 일본에서는 외무부 장관에서 해임된 다나까 열풍으로 들끓고 있는 중이다.

10년 침체기에 허우적이던 국민들은 우유부단한 남자 정치인들에게 환멸만 느끼던 차에 속사포처럼 정곡 찌르고 거침없이 비판하며 동료 정치인들과 정부관리들을 쩔쩔매게 하는 강한 리더쉽 · 높은 안목 · 추종 불허하는 카리스마를 발휘하고 있는 다나까를 총리후보 1위로 올려놓고 일본침체의 돌파구요 희망으로 응원하고 있다.

우리네처럼 남존여비의 찌든 전통을 가졌던 나라의 일이어서 신선하고 통쾌하기까지 하다.

각 분야에서 이 땅의 낭자군들도 진즉부터 세계정상을 정복하며 달리고 있는 중이다.

섬세한 솜씨와 탁월한 영감 뜨거운 사랑과 담대한 용기…

한국 여성의 손길마다 기적이 일어나고 있음이 반갑고 놀랍다.

한국의 다나까와 대처 페론으로 우뚝 설 아니 그보다 더 유능한 정치가가 될 재목들이 우리 여성들간에서 곧 나올 것이란 생각만으로도 가슴이 설렌다.

지난 오천 년 동안은 조신함으로 이 땅을 지켜내었다면 이제부턴 담대하게 부르짖는 한국의 잔다르크 되어 시의원 되고 군수 · 시장 · 도지사 되고 대통령도 되어 가장 낙후된 정치판에서 남자들과 어깨 겨루며 조국부흥에 동참하길 바란다.

여자들이 여자들에게 먼저 신뢰 보내고 밀어주자.

같은 여자인 나는 주저앉아있는데 너는 왜 갑자기 일어서서 잘난 척하느냐며 발목잡고 외면해버리는 어리석음에서는 이젠 깨어나자.

일단 세워주고 키워주자. 조국이 급하게 일할 일꾼 부르는데 우리가 어떻게 관망만 할 수 있단 말인가.

'여자가 무슨'

귀에 못이 박히도록 들어왔던 이 서러운 말은 이제 박물관에 유물로 보내자.

준비된 여성들이여! 과감하게 출사표를 던지길 바란다.

– 도민일보 전북춘추

칭찬받을 사람들

「칭찬합시다」란 T.V 프로를 열심히 본다.

선행하며 살아가는 아름다운 이웃들을 만나는게 기뻐서다.

그들로 하여 눈시울을 붉히며 뜨거운 감동에 잠길 수 있는 시간이 소중하고 그들로 하여 나 자신을 포함한 다른 인간들에 대하여서도 희망을 가질 수 있는게 또 좋아서 그 프로를 기다린다.

그 중에서도 조금 오래된 프로지만 「오경장」을 보면서는 많이 울었다.

가난한 말단 경찰관으로 박봉을 헐고 틈틈이 아르바이트까지 해 가며 24시간 온몸으로 돌보는 소년 가장과 독거 노인들이 불쌍하다면서 씩씩한 남자가 아이처럼 서럽게 울고 있었는데 그러나 오 경장 따라 흘린 나의 눈물은 그이처럼 불쌍한 그의 관내 독거 노인과 소년가장 때문은 아니었었다.

현대인들이 대개 그러하듯이, 내 안에도 독거노인과 소년가장 때문에 흐느낄 수 있는 따뜻한 눈물은 한 방울도 고여 있지 않았었다.

오경장의 눈물을 보고서야 잊고 놓지고 있던 귀한 것들이 무엇이었던가를 깜짝 놀라며 알아채고 있었던 것이다.

그것은 또 알게 되었다고 해서 쉽게 흉내낼 수도 없는 까마득히 높고 먼 것인 것도 함께 알아채고 있었다.

"세상에, 노인이 덮을 이불이 없어요." "아이 혼자 먹는 밥상을 보면……."

그는 그렇게 말하면서 흐느끼고 있었는데 그의 울음은 한시 바삐 우리들도 그처럼 연한 마음자리로 회복되어 돌아오기를 바라는 간절한 외침같기도 하였다.

현대인들을 감염시킨 무서운 불감증에 그만은 전연 다치지 않은 모습으로 남아서 울고 있는 것이 너무 신기하고 반갑고 고마웠다. 눈물을 떨구지 않을 수가 없었다.

추위가 기승을 부렸던 섣달 그믐날 밤,

딸 아이를 마중하기 위해 고속버스장 앞 횡단보도를 건너려다가 중앙선에 엉거주춤 서 있게 되었다.

길바닥에 그려진 횡단보도는 밤엔 효력이 없는 모양인지 헤드라이트를 밝힌 채 바쁜밤 길을 재촉하는 차들의 도도한 행렬은 끊길 줄을 몰랐다. 포기하고 서 있는데 차 한 대가 속도를 늦추고 있었다. 헤드라이트를 잠시 껐다가 켜면서 망설이는 나에게 신호를 보내고 있었다.

얼굴도 알 수 없는 한 인간에 대하여 오래 동안 생각하게 되었다.

계속 달려도 될, 깜깜하고 살벌한 바쁜 밤 길 위에서 낯선 인간 하나를 위하여 엑셀에서 발을 옮겨 부레이크를 밟고 한 손을 올려 스위치를 작동하여 불을 끄고 타인 한 사람을 건너가게 해준 그의 따뜻한 가슴과 배려의 손길이 오래도록 내 가슴속을 덥히고 있었다.

피해의식과 강박관념으로 들들 끓던 가슴과 꼬여진 시선이 오랜만에 풀어지면서 세상을 향하여 기분좋게 손을 흔들어보이고 싶은 흥이 잔잔히 일어나고 있었다.

'살만한 세상인걸. 나도 그들처럼 아름답게 살고 싶다'

갈수록 강팍해져가는 현대인들을 위로하고 성장시키며 구원해 주는 것은, 우리 앞에서 장담만 하고 있는 저 정치인들과 힘 있고 잘난 사람들에 의한 것이 결코 아니라는 것을 요즈음은 통절히 깨달아가고 있는 중이다.

오히려 그들이 준 상처와 절망 때문에 병들어가는 우리들의 치유를 담당하며 희망이 되어주고 있는 쪽은 뜻밖에도 낮은 쪽에 있는 저 보통 사람들 아닌가.

오늘도 칭찬 릴레이에 오른 한 수녀님의 사랑과 눈물을 만나면서 탁해진 가슴을 씻는다.

이 순간에도 인간 양심의 외로운 불침번이 되어 묵묵히 사랑을 실천하고 있을 이웃들의 웅장한 발자욱 소리가 귀청 가득히 울려온다.

– 도민일보 전북춘추

전라도 사투리로 써본 연서戀書

이 고장 출신 트로트 가수 송대관이 지난 세밑 공중파 방송국 두 곳에서 분야별 가수왕 자리에 등극하는 기염을 토하였다. '차표 한 장 손에 들고 떠나야 하네'와 같은 편하고 친근하기 짝이 없는 가사와 곡조의 노래들로, 현란한 춤과 립싱크로 때우는 떼거리 어린 가수들과 쨱쨱거리는 그들의 팬들만으로 요란한 무대판에서 그는 여전히 남녀노소 온 국민들의 사랑을 뜨겁게 받고 있었음을 재삼 확인받고 있었다.

국민들은 그의 노래보다 구수한 그의 전라도 사투리를 더 사랑하는지도 모른다. 입만 열면 전라도 사투리를 떳떳하고 맛깔스럽게 쏟아내는 그의 인간 자체를 더 사랑하는지도 모른다.

"껄쩍찌근하게 그 머시다요. 나는 포도시 먹었응게 쪼매만 드시어. 체헝께"

전라도 말과 억양은 물론 전라도 본적까지 흉이 되고 흠이 되어 모두들 그것을 숨기고 싶어 했던 저 서러웠던 시절부터 당당하게 전라도 인임을 드러내며 전라도 사투리로 소신있게 말했던 그에게, 전라도 사투리가 한국인의 속정을 들어내고 삶의 진솔한 맛을 표현하는 데는 타의 추종을 불허하는 최고의 언어임을 증명까지 해내고 있는 그에게 뜨거운 박수를 보낸다.

세상은 변해서 지금은 어찌된 일인지 전라도 사투리가 온 국민들의 귀청에 거부감 없이 무상출입하고 사랑까지 받는 언어가 되었다. 조국이 절체절명 위기에 처했을 때부터 조바심이 난 국민들이 높이 걸어놓고 희소식을 간절히 기다렸던 청각의 안테나에, 위로와 용기를 주고 다시 일어서도록 힘을 주었던 「준비된 대통령」의 귀한 말씀들이 바로 토백이 전라도 말이었고 전라도 억양이었기 때문인지도 모른다. 잘나가는 개그맨일수록 전라도 사투리를 애용하고 방송국 속에서도 중요한 배역들이 전라도 사투리를 구사하고 있다.

참으로 반가운 현상이다. 내 친구들도 잊어가던 아니 잊으려고 했던 그리운 사투리들을 하나씩 찾아내고는 즐거워하며 아득한 그리움에 잠긴다.

"그약꼬 됩때로 쑹냉께 간짓대기로 다지게 맞았쟈? 작년맹키로 힜다간 모다들 솔찬히 안좋을 것이당께. 그랑께 왜긍고니 벼랑빡에 지대그빡 찧는샘이제. 긋따고 쇳때나 철룽때로 끈내끼 감아 껍딱 베낄 것이냐. 인나바라이"

바람과 토양이 표정과 걸음새 만들고 기후와 산세가 성격과 운명에 영향주고 풍광과 햇살이 어휘와 억양을 결정하는지도 모른다. 지방마다 흐름과 리듬 다르고 성격 다르고 어휘 억양이 다른 것을 보면 재미있고 신비롭다.

아늑한 평야에 기후 좋고 인심 좋아 판소리 흐드러지게 돌아가던 전라도 땅. 솜씨 맘씨 맵씨 재주 좋고 풍류 즐기고 속심 깊은 전라도의 맛과 전통이 저리 정답고도 푸짐한 전라도 사투리와 억양을 만들어냈을 것이었다.

해방 직후부터 표준어를 급조하고 그 소중함을 강조하기 위해 지방 사투리를 배척하였지만 이제는 고향 사투리도 찾아 보호하고 사랑할 때가 된 것은 아닌지. 모든게 획일화되어 가는 답답한 이 시대에 타지역의 낯선 사투리가 반가워서 달려가 보고 싶다. 누군가의 입에서 튕겨나온 전라도 사투리 하나가 그리운 고향과 옛 어르신들을 뵈온 듯 또 마음속을 흔들고 기쁨을 준다.

함께 늙어가고 있는 내 소중한 남자에게 못다한 고백을, 전라도 여자답게 질펀한 전라도 사투리로 정감 넘치게 써보내고 싶은 마음 간절한데.

"저 거시기 나같은 거 데꼬 사니라고 욕보시오. 지발 오래 살으시오……."

– 도민일보 전북춘추(2000. 2. 5.)

바람불어 좋은 날

바람이 분다. 우리들을 불행하게 했던 그 괴력을 발하던 무서운 바람이 아니다. 그리운 바람 완연한 가을바람이다. 머리카락 흩날리게 하고 옷고름과 머플러도 휘날리며 무한정 걸어보고 싶은 기분 좋은 바람이다. 바람으로 흐트러진 모습이 더 고와서 바람만 불면 미인 되던 젊은 날도 있었다. 그 젊음은 이제 다 지나가고 바람결 옆에 서서 그 깊은 맛을 조용히 음미할 수밖에 없는 나이에 이르렀는데 이 또한 싫지 않으니 감사할 따름이다.

이른 봄부터 내가 살고 있는 산골짜기 학동 마을에 오후만 되면 굉장한 바람이 찾아오기 시작했다. 마당에 놓인 물건들이 날아다니고 닭모이를 덜어주는 제법 큰 그릇들도 제자리에 놓여 있는 때가 없었다. 겨울도 다 지나갔는데 웬 바람이 이리 심한가 의아해했더니 '봄이 되면 강한 바람으로 나무들을 흔들어주어야 겨우내 땅속에서 잠자던 뿌리들이 깨어나서 줄기로 물을 올리우게 된다. 이맘때면 잊지 않고 불어주는 고마운 바람이다'란 농부의 설명을 들었다. 한 가닥의 바람까지도 괜시리 불어대는게 아닌 모양이었다.

바람의 행적을 알고싶어 동양의학 관련 서적을 더듬어보니 지금 산들거리며 불고 있는 저 늦여름의 서남풍은 다 자란 열매들에게 한창 제 맛을 들이고 있는 중이라고 한다. 땅속에서 잠자던 생명들을 깨워 일으키고 줄기와 잎을 올리우고 꽃과 열매를 맺게 하고 목적한 만큼 자라게 해서 제 맛을 들이고 있는 중이라고 한다. 땅속에서 잠자던 생명들을 깨워 일으키고 줄기와 잎을 올리우고 꽃과 열매를 맺게 하고 목적한 만큼 자라게 해서 제 맛을 깃들게 하여 완숙시킨 후 씨를 떨구게 하고 낙엽 만들고 다시 모든 기운들을 땅속으로 숨어들어 잠자게 하는 바람의 위력에 새삼 감탄하지 않을 수가 없었다.

바람은 사람의 내장에까지 불어주는 데 봄에 부는 동풍은 계략과 지모의 장기이며 인간의 혼이 머무는 간장을 강성시키고 여름에 부는 남풍은 장기중의 군주격인 심장을 강성시키고 가을에 부는 서풍은 위장에서 보내오는 지상의 곡기를 받아서 하늘의 천기를 호흡하여 생기를 만들어 전신으로 공급하는 폐장을 강성시키고 겨울에 부는 북풍은 근심과 두려움으로 상해질 수 있는 생명의 장기 신장을 강성시키고 있었다.

바람이 열매를 익게 하고 사람의 장기를 함께 보살피는 것을 보면 사람과 자연은 같은 처방전으로 치료되는 아주 가까운 동질의 생명체임이 분명했다.

사람의 머리와 지구가 함께 둥글고 발과 땅이 함께 울퉁불퉁하며 초목은 사람의 모발과 같고 흙과 돌은 사람의 살과 뼈와 같으며 지하의 수맥은 사람의 혈맥과 같고 사계절은 사람의 사지와 오대양 육대주는 사람의 오장육뷰와 365일은 사람의 365혈과 일월은 사람의 안목과 주야는 사람의 기상과 뇌전은 사람의 희노와 우로는 사람의 제로와 하늘의 금석은 사람의 손톱 이빨과 같음이 신기하고 신기해서 새삼 광활한 하늘을 보고 내 작은 몸을 둘러보았다.

바람이 불면 지상의 생명들과 사람의 오장육부가 함께 반길게 분명하다. 어디 그뿐인가. 바람이 불면 사람들의 메마르고 굳었던 가슴도 흔들리며 깨어난다. 용기도 솟아오르고 그리움과 사랑도 용솟음치며 올라온다. 전에 없던 자책지념도 생기고 무조건 누군가 용서하고픈 너그러운 마음으로 돌아오기도 한다. 바람이 창문을 두드리면 잊었던 추억들도 달려오고 희망과 비전도 보이기 시작한다. 호주머니에 넣어 두고만 있던 손도 슬그머니 꺼내어 화해의 악수를 먼저 청하고 싶고 누군가의 이름도 간절히 부르고 싶어진다. 바람은 내장을 거쳐 깊숙하게 감춘 영혼에까지 찾아와 불어주고 있었던가 보았다.

향기로운 사남풍이 불어온다. 저 산들거리는 바람을 온팔을 벌려 반갑게 맞을 일이다. 쿵더쿵 쿵더쿵 하늘이 천기를 쉬임없이 받아들이고 있는 가슴속의 폐장을 위하여 심장과 위장을 위하여 오장육부에 돌아가고 있을 생기를 위하여 탁해져버린 영혼의 세탁을 위하여 깊게 깊게 호흡할 일이다. 낡은 생각들을 털어내고 사랑할 사람을 사랑하며 서랍도 정리하고 그리운 사람들에게 편지라도 쓸 일이다. 바람이 살랑살랑 불어오니 굳어있던 마음이 흔들리며 아주 연하고 연하게 녹아져 내린다.

언제부터인가 지상의 숲이 상해가고 숲속의 생명들의 종류가 줄어들며 기상이변이 잦고 사람의 내장과 영혼도 상해가고 있다는데 혹연 저 바람이 제 역할을 못하고 있는 게 아닐지 의심스럽다. 공해가 바람까지 망가뜨린 것은 아닐까. 지난봄부턴 중국의 황사까지 몰고와서 바람을 외면까지 했었는데. 지상의 생명들과 모두의 행복을 위하여 저 바람만은 제발 건강해야하는데…….

불어오는 바람이 아직은 향기로워서 기쁘고 반갑다. 바람 속에서 제맛을 찾아가고 있는 저 가을의 열매들처럼 우리들의 내장과 영혼도 제맛으로 잘 익어가게 하고 다시 미인도 되고 싶어 주저없이 마당으로 나가서 바람을 맞는다.

– 도민일보 전북춘추

국명자
깊은 밤에 홀로 깨어

인쇄 2016년 05월 30일
발행 2016년 06월 02일

지은이 국명자
발행인 서정환
펴낸곳 신아출판사
주소 전북 전주시 완산구 공북 1길 16(태평동 251-30)
전화 (063) 275-4000 · 0484 · 6374
팩스 (063) 274-3131
이메일 shina2347@naver.com sina321@hanmail.net
출판등록 제465-1984-000004호
인쇄 · 제본 신아출판사

ISBN 979-11-5605-332-3 03810
값 15,000원

이 도서의 국립중앙도서관 출판시도서목록(CIP)은 서지정보유통지원시스템 홈페이지(http://seoji.nl.go.kr)와 국가자료공동목록시스템(http://www.nl.go.kr/kolisnet)에서 이용하실 수 있습니다.(CIP제어번호: CIP2016013145)

Printed in KOREA